物权法理论
研究

王彩云◎著

中国水利水电出版社
www.waterpub.com.cn

内容提要

本书以我国《物权法》为依据，结合民事审判经验，对物权法的基本理论进行了详细的阐述。全书力求体现最新的立法、司法和学术研究动态，对物权法的基础理论、物权的变动、保护、所有权、用益物权、担保物权以及占有等方面内容进行了全方位的剖析。书中语言通俗易懂、论述深入浅出，在严格遵循新颁布的《物权法》的法律术语，紧跟最新动态的同时，也凸显了全书基础性、简洁性和实用性的特点。

图书在版编目（CIP）数据

物权法理论研究 / 王彩云著 . -- 北京 : 中国水利水电出版社 , 2015.6（2022.9重印）
ISBN978-7-5170-3393-6

Ⅰ . ①物⋯ Ⅱ . ①王⋯ Ⅲ . ①物权法 – 研究 – 中国
Ⅳ . ① D923.24

中国版本图书馆 CIP 数据核字 (2015) 第 163777 号

策划编辑：杨庆川　责任编辑：陈　洁　封面设计：崔　蕾

书　　名	物权法理论研究
作　　者	王彩云　著
出版发行	中国水利水电出版社 （北京市海淀区玉渊潭南路 1 号 D 座 100038） 网址：www.waterpub.com.cn E-mail：mchannel@263.net（万水） 　　　　sales@mwr.gov.cn 电话：(010)68545888(营销中心)、82562819（万水）
经　　售	北京科水图书销售有限公司 电话:(010)63202643、68545874 全国各地新华书店和相关出版物销售网点
排　　版	北京鑫海胜蓝数码科技有限公司
印　　刷	天津光之彩印刷有限公司
规　　格	170mm×240mm　16 开本　17.75 印张　230 千字
版　　次	2015年11月第1版　2022年9月第2次印刷
印　　数	2001-3001册
定　　价	54.00 元

前　言

《物权法》是规范财产关系的民事基本法律，是民法的重要组成部分。它的制定是坚持社会主义基本经济制度的需要，是规范社会主义市场经济秩序的需要，是维护自然人、法人和其他组织权益的需要。

长期以来，由于各种因素，我国物权法律制度未得到应有的确立和发展。1986 年颁发的《中华人民共和国民法通则》对有关所有权、他物权制度有所规定，但是由于其规范过于笼统与简单，我国亟需制定一部完整的、体系化的物权法。在《物权法》颁布之前，尽管我国民法典未制定，但国家制定了一系列法律，如《民法通则》《土地管理法》《城市房地产管理法》《农村土地承包经营法》和《担保法》，调整因物的归属和利用而产生的民事关系。这些单行法律都属于广义的物权法，是物权法的重要渊源。2007 年 3 月，十届全国人民代表大会第五次会议对物权法草案进行第七次审议，最终《物权法》获得了 97% 的赞同票被顺利通过，并于 2007 年 10 月 1 日正式实施。《物权法》的颁行是我国立法史上一个十分重要的里程碑，也标志着我国民法典的制定已经取得了重大突破。

本书以我国物权法为依据，结合民事审判经验，阐述物权法的基本理论和原理。在注重基础知识的完整性和准确性的同时，力求体现最新的立法、司法和学术研究动态。本书共六章，第一章主要对物权法的基本理论进行研究；第二章主要对物权的变动和保护进行研究；第三章主要对所有权问题进行研究；第四章主要对用益物权问题进行研究；第五章主要对担保物权问题进行研究；第六章主要对占有问题进行研究。

　　本书采用深入浅出的论述方法，语言通俗易懂，严格遵循新颁布的《物权法》的法律术语，紧跟最新动态，主要有以下三大特点：第一，基础性。本书的内容定位于对基本理论、基本概念、基本知识的阐释和对基本法律实务技能的培养。第二，简洁性。本书以各学科成熟的理论体系为主，不涉及太深的法律问题，主要以通俗和主流观点为主，除核心观点、理论有简要论证外，避免过多论述有争议的观点。第三，实用性。本书突出实用性，不仅适合法学专业本科生自学或者作为教师辅导用书，而且可供法律实务工作者和研究人员参考使用。

　　本书在撰写过程中，参考了大量的资料和文献，限于篇幅，笔者并未一一列出。在此，作者向这些文件的作者、出版机构表示最诚挚的感谢！

　　尽管尽了最大的努力，但由于民法学的体系庞大，涉及面广，特别是由于近年来民商事审判改革中出现了很多新做法、新经验、亦产生了一些一时不好把握的新问题，加上作者的水平、能力有限，本书的不足之处在所难免，恳请同行和专家批评指正，在此表示衷心的感谢。

作者

2015 年 5 月

目　录

第一章　物权法的基础理论研究

经济社会的发展需要法律来指导和规范。在市场经济中交易前后交易关系的界定、调整和保护同样需要法律来发挥作用。物权法顺应时代潮流应运而生，与合同法一起是调整、规范交易的最基本的法律规范。在调整、规范交易的过程之中，物权法与合同法各自发挥作用的时间和目的是不一样的。合同法只能调整交易关系，对于交易前提的界定和结果的保护难以发挥作用，这就需要通过物权法来弥补，物权法可以确认物的归属（财产的所有权关系），确定市场交易关系得以进行的基础和前提，从而可以维护社会所有制关系。

第一节　物权法的含义、调整对象与性质

财产所有权受到法律的保护，随着我国经济的发展，国家财产、集体财产和私有财产的种类和数量越来越多，将这些财产进行界定和保护是人民的迫切要求，也是经济发展的迫切要求。物权法是规范人对物的支配关系的法律规范。本节主要介绍物权法的含义、调整对象和性质。

一、物权法的含义

对于物权法含义的界定在学术界并没有形成共识，逐渐形成了广义的物权法和狭义的物权法。

（一）广义的物权法

广义的物权法，是指财产归属法，即关于人对于财产支配关系的全部法律规范。而民法上的"财产"这一概念所涵盖的范围甚广，既包括动产、不动产等有体物，也包括著作权、专利权、商标权等知识产权中的无体财产权。

（二）狭义的物权法

狭义的物权法仅指规范有体物的归属，及规范某些特定权利（如权利质权）的归属的法律规范的总称。人们在现实的生活之中通常称谓的物权法即指狭义的物权法。

二、物权法的调整对象

法律是调整一定的社会关系的，从调整关系的角度看，物权法调整的是归属关系和利用关系。

（一）物的归属关系

所谓物的归属关系，是指基于物的归属而在物主与其他人之间形成的财产关系，物主对其物有着排他的独占的地位，而其他任何人则不得侵占或损害其物。物的归属关系所要解决的是物归谁所有的问题，在法律上体现为物权法中的所有权制度。所有权制度是一切社会最为基本的法律制度，它不仅决定了人们在法律上对所拥有的物质财富的支配力和独占性，而且还将决定人们由此带来的其他利益和社会地位，甚至包括人的尊严和自由。因此，所有权制度是任何社会下的最重要的法律制度，这种制度试图通过对财产的归属的规定，保障一定社会所确认的物质财富不受到他人的侵犯，以此来构建一定社会的财产秩序。我国实行的是公有制为主体多种经济成分并存的基本经济制度，反映在物权法上就是确认和保障不同主体的财产所有权。《物权法》第五章"国家所有权和集体所有权、私人所有权",不仅规定了国家财产所有权的性质即全民所有（第45条），规定了许多属于国家尤其是国家专有的财产（第46—53条），而且也规定了集体财产所有权（第58—61条）和公民个人财产所有权（第64条、第65条）。这些规定对于切实保障我国各种不同主体的财产所有权尤其是私有财产所有权具有重要的现实意义。

（二）物的利用关系

所谓物的利用关系，是指基于物的使用价值和价值的利用而产生的财产关系。通常物的使用价值和价值由所有权人自己利用，法律上仍属于所有权关系的范畴，不会引起新的财产关系的发生。然而，如果基于一定的法律事实，物的使用价值或价值由非所有人加以利用，则会引起新的财产关系的发生。例如，国家将国有土地出让给开发商建设使用，就会在开发商与国家（国有土地所有权人）之间以及开发商与其他人之间引起新的关系的发生，开发商对取得的国有土地有独占性地加以利用的权利，国家和其他任何人都不得加以干涉。又如，债务人张三将其房屋抵押给债权人李四，也会在李四与张三之间以及与其他任何人之间就抵押房屋的价值的利用形成新的财产关系，当张三不能偿还到期债务，李四就享有变卖抵押房屋所得价值优先得到偿还的权利。通常基于对物的使用价值的利用而产生新的财产关系，反映在法律上是用益物权制度，在我国包括建设用地使用权、农村土地承包经营权和地役权；基于对物的价值的利用而产生的新的财产关系，反映在法律上则是担保物权，包括抵押权、质权和留置权。用益物权和用益物权合称他物权，与所有权共同构成完整的物权制度。物尽其用，是物权的功能之一，也是物权法的宗旨之一（《物权法》第1条）。物权法不仅规定所有权制度，而且也规定各种他物权制度。

在我国，不仅《物权法》规定了各种他物权，《担保法》、《房地产管理法》和《农村土地承包法》等法律也对担保物权、建设用地使用权和农村土地承包经营权作了规定。

需要指出的是，物的利用关系不完全由物权法调整，债法也调整一定的物的利用关系。例如，租赁和借用同样涉及物的利用问题，也属于非所有人对物的利用，但是在民法的制度框架内，租赁关系和借用关系属于合同之债关系，由债法调整，而不由物权法调整。哪些物的利用关系由物权法调整，应按照物权法定原则（《物权法》第5条），由物权法规定；物权法未加规定的物的利用关系则由债法调整。

三、物权法的性质

（一）物权法的特点

在大陆法系国家，物权法和债权法是民法中的两个最重要的组成部分，它们分别构成了民法典中的物权编和债权编。物权法和债权法虽都属于财产法，两者之间具有密切的联系（物权是债权的前提与归属），但物权法仍具有不同于债权法的以下四个特征。

1. 调整财产关系的静态性

财产关系可分为静态的财产关系与动态的财产关系。物权法调整的是人对物的支配关系，这种支配关系是一种静态的财产关系。从这个角度上来看，物权法具有调整财产关系的静态性的特点。

2. 法律规范效力的强行性

根据法律的适用是否绝对，可将其分为强行法和任意法。前者是绝对适用的，不以当事人的意思为转移；后者的适用与否，则取决于当事人的意思，当事人的约定优先于法律而适用，任意法的价值在于弥补当事人意思表示的不足。在民法中，有相当一部分属任意性规范，特别是在调整财产流转的合同法中尤其如此，以适应财产流转的复杂性和随机性的需要。而物权法因其与社会公共利益有重大利害关系，其规定的物权有对世效力，所以其中多强制性规定，当事人必须适用而不能任意变更。因此，物权法原则上是强行法，但也有不同程度的任意规范供当事人选择或者补充适用。物权法作为民法的一部分，同样适用私法自治的规定，但与债权法相比，物权法的强行法色彩较为浓烈，这也是与物权的绝对效力相适应的，从而便于物权的保护和公示。

3. 规范内容的本土性

规范内容的本土性也是物权法与债权法的一个重要区别。债权法调整的是财产流转关系，债权是动态财产权，其社会机能是超越时空障碍，获取交换的财产，故各国的债权法往往是大同小异，很少有实质性差别。而物权则是静态财产权，其社会机能是保护标的物的永续状态，侧重于财产的静态安全。相应地物权法因各国的所有制、历史传统等的差异，往往呈现出很大的不同，不仅在立法的指导思想和原则上有不同，在实质性的规定上也有差别。

4. 维护利益的公共性

物权法所调整的财产关系并非纯粹私人性的关系，而常常涉及第三人及社会公共利益，具有公共性。物权法一方面要维护物权人对其财产的正当支配的利益；另一方面也要对物权进行适当的限制，防止物权的滥用，来维护他人利益和社会公共利益，以谋求个人利益与社会利益的协调发展。

（二）物权法的性质

1. 物权法为财产法

自罗马法以来，私法就有所谓的财产法与身份法的划分。规范经济生活，维护财产秩序的法律，为财产法；规范伦理生活，以保护身份秩序的法律，为身份法。从这个角度进行理解，物权法当属财产法。财产法又分为财产归属法与财产流转法。物权法规范人对物的支配关系，故其为财产归属法。

2. 物权法是私法

尽管对区分私法与公法的标准有各种不同的观点，但一般来说，私法规范的是民事法律关系，以权利为核心，以主体的平等和自治为基本理论的内容，体现私人利益。民法是私法的基本法，物权法作为民法十分重要的一部分，当然也属于私法。物权法之所以为私法，贯彻着私法自治的原则，认为每一个人都可以而且应该自由地按照自己的意志去决定私法方面的一切关系。

3. 物权法是民事普通法

物权法是适用于全国领域、规定一般事项、并且无适用时间限制的民事法律。物权法确认各种基本的财产权，是有关财产关系的基本法。至于具体规范有关财产关系的单位法律则是特别法。

第二节　我国现行物权法的法律体系

物权法的体系是指物权法依据一定的逻辑结构所构成的规范体系。随着时代的逐渐发展，物权法的法律体系也在逐渐的发展完善之中，物权法的体系是指构成物权法内容的各个部分及其有机联系的整体构成。从物权法的内容看，主要包括以下两个部分。

一、物权法总则

物权法的总则是指关于物的归属和支配性利用的共同性问题的法律规定部分。主要包括物权法的基本原则，物权设立、变更、转让和消灭等共同性规定。我国物权法第一编即是总则，规定了基本原则，物权的设立、转让和消灭和物权的保护等三章内容。总则规定一般可以适用于分则规定的各类具体物权。

二、物权法分则

物权法分则是指关于各类物权制度的具体法律规定的部分。从物权法的内容上看，主要有以下几个方面的内容。

（一）所有权

所有权者，乃于法令限制范围内，对于所有物永久全面与整体支配之物权。所有权是物权形态中最完整、最充分的权利形态，是物权制度的基石和核心。所有权是唯一的完全物权、自物权，是许多其他种类物权的派生体。

（二）用益物权

用益物权是指权利人对他人所有的不动产或者动产，依法享有占有、使用和收益的权利。用益物权是从所有权中分离出来的他物权。用益物权作为物权的一种形态，用益物权具有物权的一般法律特征。

（三）担保物权

担保物权是指在借贷、买卖等民事活动中，债务人或者第三人将自己所有的财产作为履行债务的担保，债务人未履行债务时，债权人依照法律规定的程序就该财产优先受偿的权利。提供担保财产的人被称为担保人。担保人既可以是债务人，也可以是债务人之外的第三人。享有担保物权的债权人，则被称为担保物权人，债权人就是担保物权人。用于担保债务履行的财产，被称为担保物。担保物权的基本社会功能是保障债权的圆满实现，另一个重要社会功能是媒介融资，企业筹措资金最为便捷的方式是向金融机构融资，考虑到贷款风险，设定担保物权是金融机构最乐于接受的方式。

（四）占有制度

占有制度也应当是物权法中的一项重要制度，对于法律界定的财产，财产的所有者依法拥有占有权。

由以上结构可以看出我国物权法在立法技术上采用的是"由抽象到具体，由一般到特殊的立法技术"。将物权共同性的问题抽象出来作为总则作一般规定，而将各类具体物权在分则作具体规定，在分则对于各类物权的共通性问题抽象出来在每编的第一章作一般性规定，对各类物权的特殊问题再作具体规定。"此种通则化的立法技术系民法的特色，有助于体系构成，精简条文。"[1]

第三节　物权法的基本原则

物权法是调整财产关系的基本法，其体系庞大、制度精微。如果物权法没有基本原则，就不能建立起科学的物权体系。物权法的基本原则是物权法的核心和灵魂，是物权法作为调整物的归属和支配性利用关系的民法，由其调整对象及其调整规律决定的对各项物权制度和规则体系具有统领作用的指导思想和根本原则。

一、物权法定原则

（一）物权法定原则的概念

法律的特征之一是法律的强制性，物权法定原则即物权的种类和

---

[1]　王泽鉴.民法物权：通则·所有权.北京：中国政法大学出版社，2001，第 4 页

内容由法律强制规定，而且一经规定不能轻易改变，不允许当事人依其意思设定与法律规定不同的物权。有关物权的法律，不仅包括民法典中的物权编，还包括在民法典其他各编中有关物权的规定以及其他民法特别法中的规定。物权法定原则与合同自由原则形成鲜明的对照，后一原则是合同法的基本原则，它表明法律对当事人意志的尊重，即当事人自己可以任意设定合同的种类和内容。

虽然物权法定原则为大陆法系各国物权法所承认，但由于各地有不同的法律传统、政治制度、经济制度和文化背景，从而导致各国法律认可的物权种类和内容有很大的不同，并各有自身独特的物权类型，如德国民法中有土地债务、实物负担，日本民法中有先取特权，我国民法中有土地使用权、土地承包经营权等。甚至一些为各国民法所共同承认的物权（如抵押权），其具体类型、内容和实现方式也不一致。而且，即使是在一国之内，物权类型和内容并不是亘古不变的，其也会随着时代的发展而逐渐的改变和完善。

（二）物权法定原则的内容

物权法来源于大陆法系，根据大陆法系各国的学理研究和立法，物权法定主义的内容不仅包括物权类型和公示方法的法定，还包括物权的效力和内容的法定。具体内容分述如下。

1. 物权的类型法定

物权由法律所赋予，而不得由当事人随意创设，当事人在获得物权的过程之中需要注意，通过合同自行约定设立的和与设立的与法律相违背的物权是不受法律认可和保护的，而且所获得的也不是真正的物权。但物权体系并不是封闭的，立法可以设定新的物权类型，只是在立法确认前，当事人不得自行创设新的物权类型。

2. 物权的公示方法法定

我国《物权法》及相关法律有明确的规定，所有权的转移有两部分，其一是动产的转移，动产必须在交付之后才能进行转移；其二是不动产的转移，不动产的所有权转移必须在登记之后。公示的方法根据我国法律的相关要求一般有交付和登记，当事人一般不得协商不通过公示而移转所有权，而且通过这种方式转移的所有权也是不受法律承认的。

3. 物权的效力法定

关于留置权的效力，根据我国法律的相关规定，当事人通过协议对留置权的效力加以设定的过程是不受法律认可的。

4. 物权的内容法定

我国法律规定，当事人不得创设与法定类型的物权内容相异的物权类型（例如，不得创设不移转占有的"质权"），但当事人仍有一定程度的意思自治（例如，地上权的期限、地租等）。

（三）物权法定原则的立法理由

关于物权的创设，历史上曾经出现过放任主义（自由主义）与法定主义之分。物权法定主义源于罗马法，当时虽然没有形式意义上的物权，但是有实质意义上的物权。罗马法之所以采物权法定主义，目的在于将其与债权区别开来，同时罗马法上的物权被理解为对物的直接支配，使其在绝对性、排他性上比债权有更强的效力。虽然后来日耳曼法曾经出现过放任主义（自由主义），但是更多的立法采用物权法定主义，其理由大致有以下几点。

1. 物权法定原则反映了物权本身的内在要求

首先，物权是对标的物进行直接支配的权利，任何人不得侵害或干涉，所有权更是贵在其对于标的物拥有完满与永久性支配的权利，倘若当事人对物权的种类和内容任意约定，则物权无法确定，从而失去物权本来的意义。其次，物权具有排他性，通常会涉及第三人的利益，这要求物权的存在及变动应力求透明，以有利于交易安全和充分发挥物的作用。法律只有对物权的种类、内容、效力、公示方法等作出明确的规定，社会公众才能知晓该权利，并对权利人的权利予以尊重。

2. 整理旧物权类型的需要

封建时代的物权制度与身份制度相结合，所有权人利用其身份上的特权，任意对他人设定物权，使物权变成支配人的工具，这是资本主义所要求的自由的所有权制度所不能容忍的，所以有必要对旧物权加以整理，使物权脱离身份的支配，成为自由的财产权。

3. 物权的社会地位决定了物权法定原则对于一国基本制度的重要性

与其他法律制度相比，对于经济制度有着最直接的反应的应该是物权法，物权法直接为社会关系的所有制服务，这决定了物权是社会的基本财产权，财产权的确定能够直接影响社会经济关系，社会经济关系的稳定发展对于国家和社会有着积极的推动作用，故而不允许当事人随意创设物权。只有法律明确规定的物权类型和内容，才能从法律上确认和巩固社会经济关系并维护正常的社会秩序。

（四）违反物权法定原则的后果

物权法定原则属于物权法中的强制性规范，当事人必须遵守。依据物权法的基本原理和各国物权立法的经验，违背此原则，一般而言，会产生如下三种法律后果。

（1）违反物权法定原则，当事人创设的不是物权，不发生物权的效力。如我国《担保法》第37条规定学校的教育设施不得抵押，但未规定违反该规定的法律效果。如果有人以学校的教育设施设定抵押，则会因违反了法律的禁止性规定而无效。

（2）部分违反物权法定的原则，但该部分不影响其他部分效力的，其他部分依然有效。根据我国《民法通则》第 60 条的规定，"民事行为部分无效，不影响其他部分的效力的，其他部分仍然有效"。如果当事人设定将抵押物移转于抵押权人占有的抵押权，抵押物的转移占有与《担保法》第 33 条不转移对抵押物的占有的规定相悖，但这只导致该转移占有的行为无效，抵押权的设定本身还是有效的。

（3）法律有特别规定时，从其规定。如该行为符合其他法律行为的生效要件，则可以发生相应的效力。比如，当事人之间设定或者移转土地使用权的，如果土地使用权的设立或者移转的物权行为未有效成立，则应许可当事人以其意思成立债权法上的租赁关系，这一处理不但对当事人无害，而且也不违法理。

物权法定主义的发展，对整个物权法制度的发展起了积极作用。但随着社会经济的进一步发展，物权法定主义的内涵也需要随之变化，而不能一成不变。物权法定主义的理论基础，就在于确保物权的支配性，适应社会经济的发展，以及便于物权的公示，保障交易自由、安全与便捷。物权法定主义未来的发展，也不能脱离这些理论基础。因此，新类型的物权或具有新内容的物权，是否为物权法定主义所允许，应以其理论基础作为判断的标准。如果符合这些标准，则认可其与物权法定主义并不违背，通过物权法定缓和的运用，对之加以接受。当然，当实践中有新类型的物权出现时，最佳的办法是尽快立法，将其法定化。

二、公示公信原则

（一）公示原则

公示原则，是指在物权发生变动时，必须以一定的公示方法表现其变动，从而使第三人知悉物权变动情况之原则。公示制度是绝对权变动所特有的制度，债权为相对权，因其不具有优先效力和排他效力，无须公示。

在合同订立的过程中，合同当事人具有均等的意思表示的空间，双方的权利和义务由双方协商一致而确定，而且合同之效力仅对双方当事人具有约束力。物权则与合同截然不同，物权具有绝对排他之效力，物权之得丧变更，第三人没有参与之余地，但物权之变动往往与市场交易秩序息息相关。因此，这就要求物权的变动必须具有一定的外在表现形式，从而使其法律关系透明，避免给第三人造成不测之损害，以保护交易之安全。例如，张三有一宗土地，价值10万元人民币，他第一次到银行借款时用该宗土地作抵押，借得款项10万元，此后，张三在到另一家银行，谎称自己的土地从未设定过抵押，再次以同一宗土地作抵押，又借得款项10万元；如果依同样的方法共抵押了5次，共借款项50万元，那么当张三不能如期归还欠款，债权人欲实现其抵押权之际，银行才知道该宗土地早已进行了数次抵押，银行不得不因张三的欺诈行为而遭受损失。因此，基于物权的排他性效力，为保护交易的安全，法律要求物权的变动应当具有可以为不特定人由外部辨认的外在表现形式，即为物权变动之公示方法。

物权变动之公示方法，主要有两种，即交付和登记，具体则因其属于动产或不动产而有差异。我国《物权法》第六条规定："不动产物权的设立、变更、转让和消灭，应当依照法律规定登记。动产物权的设立和转让，应当依照法律规定交付。"动产是以交付为其公示方法，不动产物权变动则以登记为其公示方法。

1. 不动产之登记

不动产的价值一般较大，而且不动产具有不可移动的特点，便于管理，建立登记制度所需的成本较低。因此，为保证不动产交易秩序，建立不动产登记制度就十分必要和可行。土地登记制度是国家公权力之对市民社会的适度介入。登记作为不动产物权变动之公示方法，使不动产交易的权利归属与变动清晰明了，维护了交易的安全，而且登记制度的建立也使不动产物权变动可以不以实际移转占有成为可能，使当事人在同一不动产上可以成立数个物权，并以登记之先后确定其效力之优劣，对整个社会经济的经济发展大有裨益。

登记制度之创设，目的在于通过公示彰显物权之变动与归属，维护不动产交易的安全。但在具体的制度设计上，登记的法律效力如何，各国并不一致。最为典型的就是登记对抗主义和登记要件主义。

（1）登记对抗主义

登记对抗主义以法国为代表。1804 年《法国民法典》中并未规定登记制度，直到 1955 年 1 月 4 日才通过法令的形式建立了较为完善的不动产公示制度。根据登记对抗主义，不动产物权的得失变更，依据当事人之意思表示而生效，登记只是不动产物权变动的对抗要件，而不是生效要件，没有登记的物权，只在当事人之间产生效力，不能对抗第三人。《日本民法典》也采用了登记对抗主义。登记对抗主义体现了对交易当事人私权自治的尊重，同时以未经登记不得对抗第三人之方式维护了交易秩序之安全，但该制度设计的缺陷也十分明显。从理论上讲，物权为支配权，其效力具有对世性，而根据对抗主义，物权仅在当事人之间有效，似乎与物权的权利属性不符，在理论上难以自圆其说；从实践上讲，由于不经登记就可以产生不动产物权之变动，使物权变动无任何可以使第三人判断权利状态之外观，所以让与人在没有登记而转让其不动产以后，有可能再次将同一不动产多重转让给第三人的机会，容易发生纠纷。

（2）登记要件主义

根据登记要件主义，如果当事人之间仅仅具有物权变动的意思表示，但是没有办理登记，那么物权变动就不发生效力。其不仅不能产生对抗第三人的对抗效力，就是在交易当事人之间也不发生物权变动效力，登记为物权变动的生效要件。《德国民法典》和我国《台湾民法》均采用了登记要件主义。登记要件主义强化了登记公示的法律效力，有利于加强国家对不动产的管理和维护不动产的交易秩序。

2. 动产之交付

动产与不动产比较而言，动产种类繁多，价值大小不一，而且因其具有"能动"之特点，异地甚至跨国交易均十分频繁，因此，对于动产，如果以登记为其公示方式，不仅成本巨大，而且难以奏效。这就决定了动产不可能以登记作为公示方式，只能以交付为其公示方法，使交易的对方当事人凭借占有之外观判断其物权之归属。动产物权之让与，必须同时具备让与合意与交付两个条件才能产生让与之效力。

所谓让与合意，系指以动产物权之让与为内容之合意。交付有现实交付、简易交付、占有改定、指示交付，后三种交付主要是为了顾及交易的便捷而成立的现实交付的替代形式，在学说上称为观念交付。现实交付公示力最强，至于简易交付、占有改定或指示交付，并不发生实际的占有移转，虽然简便快捷，但无法充分公示物权之变动与归属，其公示力较现实交付为弱。因此，为维护交易安全，须借助动产善意取得制度以弥补其公示力较弱之缺陷。

（1）简易交付

如果受让人在动产物权让与之前已经取得动产之占有时，那么在当事人达成让与合意时，即刻产生物权变动之效力，学说上称之为简易交付。法律之认可简易交付，目的在于照顾交易便捷。例如，甲有一块手表，借给同学乙使用，后乙表示希望购买此表，甲表示同意。若按照现实交付处理，则必须由乙先将手表返还甲，甲在取得占有以后再交付给乙，如此反复，毫无实益。如果交付的标的物运输不便且当事人相距遥远，那么更是费时费力，不胜其烦。因此，在这种情况下，法律规定在双方达成让与合意时，即可发生物权变动之效力，无须进行现实交付。

（2）现实交付

占有，是指对物的事实上的管领力。交付，是指对占有之移转。现实交付就是使动产物权的受让人取得直接占有。现实交付为我们现实生活之常态，我们到超市购买日常用品、去书店买书、去市场买菜等多为现实交付，在所有的交付形式中居于主导地位。

（3）指示交付

当事人让与动产物权，如果该动产由第三人占有时，让与人可以将对第三人之返还请求权让与受让人以代替现实交付。学说上称之为指示交付或返还请求权之让与。例如，甲有一批货物，交给乙保管，根据保管合同，甲在保管期限届满时有返还请求权；此后，甲与丙订立货物买卖合同，将该笔正在保管之货物出售给丙，此时，甲可以将其对保管人乙的返还请求权让与丙，以指示交付代替现实交付，使丙取得该笔货物的所有权。必须注意的是，返还请求权之让与，不以征得第三人的同意为必要前提，但让与人有义务通知第三人。如果让与人没有通知第三人，第三人将动产返还给让与人时，其行为有效；第三人对受让人不再承担返还之义务，受让人只能依照不当得利之规定向让与人请求返还占有。

（4）占有改定

占有改定为简化交易的另一种方式。

所谓占有改定，是指让与人在让与动产物权以后仍继续占有动产，由让与人与受让人通过订立合同使受让人取得间接占有而代替现实交付的交付方式。例如，甲有一台电脑，出卖给乙，但甲为撰写毕业论文，希望在转让所有权以后再继续使用一个月，甲就可以与乙达成让与合意的同时订立租赁契约，由甲继续对电脑占有使用，而乙仅取得间接占有以替代现实交付。

（二）公信原则

公信原则，是指公示方法所表现的物权即使不存在或存在权利瑕疵，但对于信赖此项公示物权之存在并进行物权交易的人，法律仍承认其具有与真实物权存在之相同的法律效果并加以保护之原则。[①]例如，甲有一套房产 A，被登记机关错误登记为乙所有，乙与丙订立买卖合同并办理了登记转让手续，此后甲发现了登记错误，但房产 A 已经登记为丙所有。问题的关键是，乙是名义上的权利人，甲才是真正的权利人，但显然丙与乙之所以发生交易，就在于丙根据登记簿相信乙拥有合法的所有权。那么面对甲的追夺，丙对房产 A 的所有权是否应受法律保护，这就涉及公信力的问题。

物权变动的公示原则和公信原则，其功能不同。公示原则，目的在于将物权变动的事实公之于众，使公众可以通过交付或登记了解物权变动的实际情况。公示原则要求权利的外在表现形式应与权利的实际归属符合客观真实。公信原则则不同，公信原则不考虑公示的内容是否客观真实，而在于保护信赖公示的第三人，也就是说，即使公示的内容是错误的，但第三人信赖该公示的内容为真实的并根据公示的内容进行了交易，那么第三人从交易中获得的利益就受法律保护，第三人信赖公示而取得的权利不因公示的错误而受追夺。

物权为支配权，具有排他效力和追及效力。物权变动的公信原则实际上削弱了物权的追及效力，在一定程度上削弱了对真正权利人的保护。面对真正权利人和善意第三人之间的利益冲突，而法律又不能使他们的利益同时获得满足，立法者不得不在彼此冲突的利益之间作出取舍。在真正的权利人和善意第三人之间，由于善意第三人实际上就是整个市场交易秩序的化身，不保护善意第三人，整个市场的交易安全就无法获得保护，市场交易将无法进行，所有的市场交易主体都

---

① 谢在全.民法物权论.北京：中国政法大学出版社，1999，第 60 页

将成为缺少交易的安全感而无法进行正常的交易。所以，利用公信原则削弱物权的追及效力是立法者作出的合理的制度设计。我国《物权法》第 106 条规定："无处分权人将不动产或者动产转让给受让人的，所有权人有权追回；除法律另有规定外，符合下列情形的，受让人取得该不动产或者动产的所有权：①受让人受让该不动产或者动产时是善意的；②以合理的价格转让；③转让的不动产或者动产依照法律规定应当登记的已经登记，不需要登记的已经交付给受让人。"我国《台湾土地法》第 43 条明文规定："依本法所为之登记，有绝对效力。"将登记事项赋予公信力，目的在于加强对善意第三人之保护。必须注意的是，公信原则在于保护信赖登记的第三人，在尚没有第三人取得权利之前，真正权利人当然可以请求登记机关办理更正登记，以恢复真正权利人之权利。

三、一物一权原则

（一）一物一权原则的内涵

关于一物一权的内涵，既存诸学说中主要可以概括为两类：一为日本和我国台湾地区以及我国大陆部分学者的观点，他们认为一物一权是指一物上仅仅能设定一个所有权，一所有权之客体，以一物为限。① 二为我国内地一些学者的观点，认为一物一权是指一物上仅仅能设定一个所有权而不能存在两个以上所有权，同时一物之上不能设定两个以上的内容不相容的物权。② 综上，根据我国大多数学者的观点，一物一权原则，又称物权客体特定主义，是指大陆法系国家奉行的在同一物上只能成立一个所有权，不能成立两个或两个以上的所有

---

① 谢在全. 民法物权论（上册）. 北京：中国政法大学出版社，1999，第 18—19 页
② 彭万林. 民法学. 北京：中国政法大学出版社，1994，第 185 页

权的法律原则。可见一物一权包含两个方面的含义：其一，从权利的角度来看，一方面，一物一权是指一物之上只能设定一个所有权，而不能同时设立两个以上的所有权；另一方面，也是指在一物之上不能设立两个以上在性质上相互排斥的他物权。其二，从客体的角度来看，一物一权是指一个物权的客体必须是一个独立的、特定的有体物。数个物之上应设立数个物权而非仅设一个物权。

（二）一物一权的内容

1.一个物权的客体仅为一个物

根据一物一权原则，一个物权的客体仅为一个特定的独立物，各个物的集合原则上不能成为一个物权的客体，而只能成为多个物权的客体。如日本学者我妻荣认为："物的一部分和物的集合物，不能作为一个物权的客体，这是一物一权主义的原则。"[①] 一物一权原则强调物权的标的独立性和特定性，但是构成集合物的各个部分如果能够作为一个整体存在，具有独立的经济价值，那么集合物也能成为一个所有权的客体。例如，国有企业财产权、公司财产权等。同时，应注意到，一物的某一部分不能成立单个的所有权，物只能在整体上成立一个所有权，而一物的某一部分如果没有与该物完全分离，则不能成为单独所有权的客体。比如，附属于主物的从物。

2.一物之上只能存在一个所有权

按照一物一权原则，一物之上只能有一个主人，不能同时属于两个以上的人。但并不是说一个特定物之上的所有人不能为多数，数人对一物享有所有权并不是指多重所有权，所有权仍然是一个，只是为多数主体所共同享有。如在建筑物区分所有权的情况下，专有部分的

---

① 　[日] 田三辉明．物权法．北京：法律出版社，2001，第 12 页

权利应为独立的所有权，而不能形成多重所有权。

3.同一物上可以并存数个并不矛盾的物权，但同一物之上不得成立两个所有权或成立两个在内容上相互矛盾和冲突的物权

一般而言，所有权和他物权可以同时并存。在同一物上可以设定数个担保物权；用益物权与担保物权可同时存在。在实践中，因一物之上并存数个物权而发生物权冲突时，其解决原则如下：第一，如果是同一类型的物权，彼此之间发生了冲突和矛盾，在多个物权并存的情况下，先设定的物权优先于后设定的物权。第二，对一些特殊的物权冲突，法律上设定了解决物权冲突的规则，则可以直接依据法律的规定来解决，如法定物权优先于约定物权等。

四、物权取得和行使受限制原则

物权是权利人对特定物直接支配并排他的权利。物权的这一本质属性决定了法律对物权的取得和行使必须作出必要的限制，否则权利人就会利用物权的排他性滥用权利，损害社会利益和他人利益。因此，物权的取得和行使受限制的原则就是法律规定的物权的取得和行使，应当遵守法律，尊重社会公德，不得损害公共利益和他人利益的原则。

建立在自由资本主义阶段的近代民法，为了反对封建关系的束缚，适应资本主义自由发展的需要，奉行个人本位和权利本位，规定个人民事权利的绝对自由。在物权法领域奉行所有权绝对原则。个人的土地所有权可以"上达无限天空，下及无穷地底"。但由于过分强调个人的权利和自由，出现了个人权利滥用损害社会公共利益的社会问题。自19世纪末20世纪初以来，各国民法遂开始修正个人权利绝对不受限制的观念，而代之以社会本位的观念。强调个人权利不得滥用，不得损害公共利益和他人权利。立法对个人的所有权作出限制。例如，1919年的《德国魏玛宪法》第153条规定："所有权负有义务，

于其行使应同时有益于社会公益。"《德国民法典》第903条规定：
"所有权人的权限，在不违反法律和第三人利益的范围内，物的所有
人可以随意处分其物，并排除他人的任何干涉。动物的所有人在行使
其权利时，应当注意有关保护动物的特别规定。"第904条规定："对
所有权的限制，如果他人的干涉是为防止当前的危险所必要，而且其
所面临的紧急损害远较因干涉对所有权人造成的损害为大时，物的所
有权人无权禁止他人对物进行干涉。物的所有人可以要求对其所造成
的损害进行赔偿。"《法国民法典》第537条规定："个人得自由处
分属于本人的财产，但应遵守法律所规定的变更限制。"《瑞士民法
典》第641条规定，物的所有人在法律规范的限制范围内，对物得自
由处分。《意大利民法典》第832条规定，所有权人在法律规定的范
围内和遵守法律规定的义务的前提下，对所有物享有完全的、排他的
使用和处分的权利。《日本民法典》第206条规定："所有人于法令
限制的范围内，有自由使用、收益及处分所有物的权利。"可见，物
权受限制是各国民法的普遍规定。

我国《物权法》的立法指导思想就是要维护国家的基本经济制度，
维护社会主义市场经济秩序，明确物的归属，发挥物的效用，保护权
利人的物权。这一指导思想就体现着个人利益与社会利益的统一。因
此，为在保护个人物权的同时防止个人权利的滥用损害社会公共利益
和他人利益，《物权法》第7条将物权受限制作为基本原则明确规定，
为对所有权的取得和行使进行具体指导和限制提供了依据。在我国物
权法上物权的取得和行使受限制原则除第7条规定的基本内容外，具
体体现在以下几个方面。

（一）物权取得应遵守法律的规定

物权的取得遵守法律的规定主要包括物权取得的法律事实合法
和物权客体合法。

1. 物权取得的法律事实合法

主要是指主体取得物权应当依据法律规定的法律事实取得，不得依非法事实取得。例如，《物权法》第64条规定："私人对其合法收入、房屋、生活用品、生产工具、原材料等不动产和动产享有所有权。"这就表明，私人只能对其合法获得的财产才能享有所有权，无论劳动取得，还是财产收入取得，法律行为事实取得，还是依事实行为取得，都必须符合法律的规定。法律只承认合法财产的所有权。以法律所禁止的非法行为所获取的财产是非法财产，法律否认其所有权的产生。例如，任何盗窃、贪污、侵占、抢劫、抢夺、诈骗、走私、赌博等行为获取的财产不但不能取得所有权，而且要被没收或者返还、退赔；构成犯罪的，还要追究其刑事责任。又如，将拾到的遗失物不归还失主而占有，不符合法律的规定，也违反公共道德，因而不能取得所有权。国家、集体所有权的取得的法律事实也要合法。例如，国家可以通过征收、罚款、收税等方式取得财产所有权，但国家征收集体土地或者私人的动产和不动产，都要依法进行，要符合公共利益目的，依照法律规定的程序，并给予集体和私人合理的补偿和安置。国家收税、罚款都要依法进行。

2. 物权的客体合法

主要是指主体欲取得的物权的标的物是法律允许其取得的物，不是法律所禁止的。例如，土地属于国家或者集体所有，私人就不得取得土地的所有权。法律规定属于国家所有的文物、野生动植物资源，私人就不得取得所有权。

（二）物权的行使受限制

物权的行使应当遵守法律规定、尊重社会公德，不得违反社会公共利益和他人利益。主要体现在以下几个方面。

1.物权行使受到特定义务的限制

物权行使要受到以物权性质决定的特定义务的限制。例如，所有权人不得干涉他物权人正常地行使他物权，他物权人也不得损害所有权人的利益。我国《物权法》第71条针对业主的建筑物区分所有权规定："业主行使权利不得危及建筑物的安全，不得损害其他业主的合法权益。"如果个别业主不遵守法律、法规以及管理规约，任意弃置垃圾，排放污染物或者噪声、违反规定饲养动物、违章搭建、侵占通道、拒付物业费等损害他人合法权益的行为，就是违反《物权法》第7条规定的，物权取得和行使，应当遵守法律，尊重社会公德，不得损害公共利益和他人合法权益。

2.物权的行使受到公共利益限制

例如，《物权法》第42条规定："国家为了公共利益的需要，依照法律规定的权限和程序可以征收集体所有的土地和单位个人所有的房屋及其他不动产。"第44条规定："因抢险、救灾等紧急需要，依照法律规定的权限和程序可以征用单位、个人的不动产或者动产……"第184条规定："土地所有权不得抵押；耕地、宅基地、自留地、自留山等集体所有的土地使用权除法律允许抵押外，不得抵押；学校、幼儿园、医院等以公益为目的的事业单位、社会团体的教育设施、医疗卫生设施和其他社会公益设施不得抵押；所有权、使用权不明或者有争议的财产不得抵押；依法被查封、扣押的财产不得抵押。"这些规定都表明物权行使要受到公共利益的限制。

3.物权的行使要遵守相邻关系的限制

《物权法》规定的相邻关系的实质就是对不动产物权人行使其不动产物权予以限制，以防止其滥用权利损害相邻不动产权利人的利益。例如，不动产权利人应当为相邻权利人用水、排水提供必要的便利；

对自然流水应当在不动产相邻人之间合理分配利用；对自然流水的排放，应当尊重自然流向。不动产权利人对相邻权利人因通行等必须利用其土地的，应当提供必要的便利。不动产权利人因建造、修缮建筑物以及铺设电线、电缆、水管、暖气和煤气管线等必须利用相邻土地、建筑物的，该土地、建筑物的权利人应当提供必要的便利。建造建筑物，不得违反国家有关工程建设标准，妨碍相邻建筑物的通风、采光和日照。不动产权利人不得违反国家规定弃置固体废物，排放大气污染物、水污染物、噪声、光、电磁波辐射等有害物质。不动产权利人挖掘土地、建造建筑物、铺设管线以及安装设备等，不得危及相邻不动产的安全。这些关于不动产相邻关系的规定体现了物权法关于物权取得和行使，应当遵守法律，尊重社会公德，不得损害公共利益和他人合法权益的基本原则的精神。

第四节　物权法的发展趋势

20世纪以来，尤其是自20世纪60年代以来，各国物权法的发展一直呈现出蓬勃的发展生机与新的发展动向。物权法的发展动向称为趋势，归结起来，主要有：物权的国际化、物权价值化、物权种类的增加、物权社会化、用益物权的消长、物权关系扩张化、担保物权机能的强化与担保形态的多样化、所有权的价值化、所有权的社会化等趋势。

一、物权法的国际化

物权法的一个特性在于本土化，即指各个国家的物权法与该国家的经济制度、政治制度、文化制度等方面有着紧密的联系。所以每一个国家的物权法在一定程度上都能够反应其国家的一些基本的性质，有着强烈的民族色彩。但是，随着各国经济间的经济交易越来越频繁，特别是在进入二十一世纪之后，经济一体化、信息全球化以及交通全球化的发展愈加明显，国家间的交流更多，造成对财产的支配关系的物权法国际化。大陆法系各国民法中的物权制度因此出现了大同小异的趋势，渐渐地将原先的巨大差异逐渐减小，但是仍然会有一些体现本民族特色的差异。[①] 例如，对于财产所有权，各国物权法大多规定，财产所有权负有社会义务；关于依法律行为的物权变动，多数国家的物权法均采债权意思主义（买卖合同、赠与合同、互易合同）与登记或交付相结合的原则；关于用益物权的种类，多数国家的物权法一般都规定了建设用地使用权（地上权）、地役权、农地使用权（土地承包经营权、农地权）及宅基地使用权；在担保物权领域，各国的法律几乎类似，存在的差异几乎可以忽略。

在大陆法系和英美法系之间，这种融合的趋势也是逐渐明显，在第二次世界大战结束后，法律的地位由美国逐渐取代德国，在这种变换的趋势之下两大法系关于财产权的观念逐渐碰撞、融合，两者之间的差异也在逐渐的缩小。例如，英美法系的附条件买卖制度、浮动担保制度以及按揭制度等，都不同程度地被大陆法系国家的立法、判例所采纳，特别是被学说理论广泛讨论。

二、物权价值化

物权尤其是所有权的内容，原本只是为了实现对标的物的现实支配，由所有权人对其占有、使用、收益和处分。为了充分发挥物的各种价值，也为了促进经济贸易，现在情况下所有人可以不必亲自占有、利用其标的物进行交换贸易或者是生产，而可以将所有权的权能予以分化，将物的使用价值分离出去，由他人支配从而形成用益物权。这样由他人对物进行利用，而自己收取租金，使物的价值得以最大化发挥。除此之外，所有人还可以将物的交换价值分离出去，由他人支配

---

① 谢在全．民法物权法（上册）．北京：中国政法大学出版社，2004，第 12 页

从而形成担保物权，借以获取融资，满足经济发展对资金的需要。于是，物权由本来注重对标的物进行现实支配的实体利用权，演变为注重于收取代价或获取融资的价值权，这种物权的转化能够直接促进经济的交流和发展，又能够给所有权人创造更多的价值，使其获得更多的收益。

三、物权种类的增加

物权种类的增加是时代发展对物权提出的要求，是物权逐渐完善的必经之路。例如在担保物权领域，出现了担保物权的种类增多的现象。尤其是在抵押权领域，分化出了各种各样的新的抵押权形态，包括浮动抵押（《物权法》第181条）、权利抵押、财团抵押、最高额抵押、证券抵押、所有人抵押等；在质权领域，可以用来设定权利质权的权利在不断地增加，如依《物权法》的规定，高速公路、桥梁、渡口等的收费权（应收账款）都可用来设定权利质权，以此担保向银行融资；在留置权领域，在一般的留置权之外，又产生了特殊留置权，包括企业之间的留置权（《物权法》第231条）、不动产出租人的留置权和营业主人的留置权等。所有的这些，是传统的担保物权在种类上的发展。它们的崛起及其广泛运用，标志着现代各国已经建立起了保障债权得以实现的比较完善的担保制度体系，主要是担保物权体系。

四、物权社会化

私权神圣不可侵犯是民法的传统理念之一，而私权主要包括人格权和所有权，当人民依法享有这两种权利的时候必须受到法律的保护而不得被人侵犯。其中所有权神圣渊源于罗马法，法国1789年的《人权宣言》第17条将其表述为"所有权为神圣不可侵犯之权利"。1804年的《法国民法典》第544条又规定："所有权是对于物有绝对无限制地使用、收益及处分的权利，但法令所禁止的使用不在此限。"

在 18 世纪及 19 世纪初所有权被广泛接受和认可的时候，所有权在促进资本主义经济发展的同时，亦造成许多社会弊端，人们对这一原则的正当性开始发生怀疑。到了二战后，这种怀疑达到顶点，社会性立法在民法领域空前活跃，这一趋势被描述为从"个人本位"到"团体本位"的转变，公共利益原则、诚实信用原则和禁止权利滥用原则得以确立。尊重公共利益，禁止权利滥用，增进社会福祉被强调为所有权行使的指导原则。这种趋势被学者称为所有权社会化。与所有权的绝对性受到法律限制相一致，他物权的规定也侧重于公共利益，整个物权也表现出社会化的趋势。

五、用益物权的消长

在现代民法上，用益物权同时出现了两个相反的发展方向：一方面是某些用益物权的日渐式微；另一方面是新崛起了一些新的用益物权类型，或者某些用益物权类型获得了新的发展空间，呈现出蓬勃的生机。

先看德国的永佃权。德国法上的永佃权，是指支付佃租而利用他人的农地的可以让与、可以继承的权利，与地上权相同，在法律上将其作为土地对待，是一种独立的用益物权。尽管德国民法典没有把它规定为一种独立的用益物权形态，但根据《德国民法典施行法》和某些州的法律，一些州特别是梅克伦堡（Mecklenburg）地区，是承认并实行了这一制度的。但第二次世界大战后（1947 年 2 月 20 日）制定的"废除世袭农场法与对农地、林业地的新规定施行法"，即将该永佃权废除了。此为德国法上用益物权消亡的实例。用益物权中的地上权（建设用地使用权、宅基地使用权）的发展。1900 年施行的《德国民法典》对地上权仅有 6 个条文的规定，但至 20 世纪 20 年代，随着实际生活的需要，原有的规定已不复使用，于是在 1919 年 1 月 15 日制定了 39 个条文的"地上权条例"，促使地上权得到前所未有的发展。于是，在地上权这一制度之下，土地所有人可以在自己的土地上为自己设定"所有人地上权"（NJW 1957，1194）；也可以以二个或二个以上的土地设定一个地上权，是为"共同地上权"。此外，还可以设定"下级地上权"，即在地上权上所设定的地上权，以及"连带地上权"。

在日本，设定地上权、永佃权的情形，亦变得越来越少。并且，立法上将这两种权利纳入特别立法中将它们和租赁权一并规定，这也表明此两种用益物权呈现出衰退的迹象。与此同时，日本于 1966 年于民法第 269 条之二追加规定了区分地上权（空间地上权）。此一追加规定，为日本地上权的发展开辟了新的发展空间，使地上权的发展呈现出广阔的前景，实为地上权发展的"第二春"。

在我国台湾地区，其"民法"规定的永佃权因实施耕者有其田的政策，基本上已无人设定。此为台湾地区用益物权式微的例证。而地役权，每年设定者也只有数百件。此外，典权在台湾地区也日益丧失其重要性。[①]

在我国大陆地区，为适应社会经济发展的需要，《物权法》第136 条规定了空间建设用地使用权（空间地上权）。此外，实务中也迫切要求承认空间（地）役权制度。应当看到，空间建设用地使用权与空间（地）役权制度的建立，将使我国的用益物权制度的发展呈现出广阔的前景。另外，《物权法》将由特别法规定的采矿权、探矿权、取水权和使用水域、滩涂从事养殖、捕捞的权利置于用益物权体系中并作概括保护的规定，这是我国用益物权的发展充满生机和活力的表现，也值得注意。

六、物权关系扩张化

物权关系的扩张化主要是指法律关系构成的扩大化和物权形态

---

① 王泽鉴.民法物权.北京：中国政法大学出版社，2001，第 32 页

新型化。法律关系构成的扩大化主要包括三点：①物权的主体扩大化；②物权客体的多样化；③物权的内容复杂化。就物权形态新型化也主要包括三个方面：①在所有权方面主要有空间所有权、建筑物区分所有权和新型相邻权等新型物权出现；②在他物权方面，随着物权价值化趋势的发展，物权由原来注重对标的物的现实支配的实体权，演变为注重于收取代价或获取融资的价值权，促使一些新型的用益物权和担保物权出现；③物权形态的新型化还表现为一些传统物权形态因不合时宜而衰落，甚至消亡。

七、担保物权机能的强化与担保形态的多样化

债权人为了自己的合理合法的债权而努力，是现代市场经济的一个重要特征，也是各国的一个普遍现象。为了确保债权的实现，只有建立完善的多种多样的当事人可以选择的担保形态才能实现这一目的。因此，从上 20 纪五六十年代以来，已经有民法典的国家如日本、德国、法国等，在民法典之外，又以单行法创建了诸多新的担保形态，这些新的担保形态，被称为特别法上的担保形态或非典型担保。

在担保物权的发展上，从罗马法到 19 世纪近代各国制定的民法典，各国在民法上创建的担保物权体系一般包括法定担保物权和约定担保物权。法定担保物权有留置权、法定抵押权（如《合同法》第286 条规定的建设工程承包人的工程价款优先受偿权即是一种法定抵押权）；约定担保物权有质权、约定抵押权。这一时期，民法对担保物权的种类的规定比较有限。往后随着市场经济的发展，为了融通资金和保障市场交易的资本顺畅流通的需要，各国主要通过制定民事特别法来建立各种特殊的抵押权制度，同时又在裁判实践中承认经济交易中自发地成长起来的担保形态的效力，如承认所有权保留、让与担保和假登记担保的效力。另外，原来本不属于担保领域的制度，现今为了担保资本流通的需要，也将它视为担保的形态。这些担保形态主

要有：担保性抵销、转账指定、代理受领和买回等。所有这些均表明，民法上的担保物权制度业已完成了它的重大的发展过程。随着经济交易实践的发展，还将涌现出新的担保形态。担保物权发展、变迁的这种情况表明，担保物权的体系并不是一个封闭的体系，相反它是一个开放的、不断扩大、不断发展的动态的体系。

我国自 1949 年新中国成立起至 1986 年民法通则颁布的近四十年时间里，成文的、系统的担保物权体系始终没有建立起来。1986 年通过的《民法通则》，首次在民事立法上建立了抵押权、留置权制度。适应市场交易保障资本顺畅流通和融通资金的需要，1995 年制定的《担保法》在《民法通则》规定的抵押权和留置权的基础上增加规定了质权。2000 年最高人民法院根据实践的需要，又对该《担保法》的适用作出了司法解释（以下简称《担保法解释》），在解释的过程中又承认并创设了一些新的担保形式，如反担保；再进一步的发展，是 2002 年 12 月，全国人大公布的《中国民法（草案）》，借鉴多数国家的经验而规定了让与担保，2007 年通过的《物权法》采纳了学者的建议，于第 181 条规定了浮动抵押权制度。可以预计，随着我国经济交易的发展及不断融通资金的需要，我国的担保物权体系还将会不断地得到扩大和发展。

八、所有权的价值化

所有权的价值化，亦称所有权的观念化，指所有权以价值的形态表现其存在。亦即，财产所有人对自己的所有物，不注重对它的实体的把握、支配，而是依法律规定的方式将所有物交由他人占有、使用，使他人保有对物的使用价值，或者是将自己的所有物设定担保物权给债权人而获取金钱融资。此时，债权人所支配者，是所有人的所有物的交换价值。

在现代民法体系下，取得对他人的所有物的使用、收益，主要有两种途径：一是通过债的方式取得对他人的所有物的使用、收益，包括根据租赁合同、借用合同取得对他人的所有物的使用、收益。二是通过物权的方式取得对他人的所有物的使用、收益。依《物权法》的规定，国家或集体可以将其拥有所有权的土地设定建设用地使用权、土地承包经营权、宅基地使用权、地役权给他人，使他人因此而取得对土地的使用和收益；对于动产，其所有人可以将其设定抵押权或质权给债权人而获取融资。总之，在现代社会，财产所有权已比较注重其利用，与前资本主义时代的物权系以所有为中心、以对所有物的实体支配为主导迥乎不同。财产所有权关系的这种变化，称为"由所有到利用的转换"。随着经济生活的向前发展，未来财产所有权的这种价值化趋势还会表现得越来越充分，其范围也会越来越广阔。

九、所有权的社会化

自 20 世纪以来，各国物权法上的所有权制度有不断社会化之趋势。1919年德国《魏玛宪法》第153条第3项明文规定所有权负有义务，其行使应顾及公共利益。此后，各国家或地区的立法大多承认并明定所有权的社会化。我国《物权法》的立法方针虽着重于国家所有权、集体所有权和私人所有权的平等保护，并特别强调私人所有权的保护对国家、民族之进步和发展的重大意义，但该法仍明确规定"物权的取得和行使，应当遵守法律，尊重社会公德，不得损害公共利益和他人合法权益"（第 7 条），"为了公共利益的需要，依照法律规定的权限和程序可以征收集体所有的土地和单位、个人的房屋及其他不动产"（第 42 条第 1 款）。这表明，我国《物权法》在一定程度上仍承认所有权的社会化。另外，环境保护、城市规划等法律的发展对所有权等物权的行使也加以了诸多限制,而且对物权关系的影响日益显著。不过，鉴于我国的国情及所经历的发展道路与德国、日本等西方国家的情况不同，所以对《物权法》的所有权制度的解释、适用，在未来一个相当长的时期内，仍应着力强调其绝对性、对世性乃至神圣不可侵犯性这一面，此点值得注意。

第二章 物权的变动和保护研究

物权变动是物权法中最重要的问题之一。我们传统民法学术著作中，一般均认为物权乃静态的财产权，物权法也就是规范静态财产关系的法律。事实上，在现实生活中，物权常常处于变动状态中，某一特定物上物权的发生或设立、物权的转让、物权内容的变化以及物权因某种原因的出现而消灭，都是常见的现象。因此，法律必须加以规制，以维护物的归属秩序和促进交易的发展。

物权的保护是维持物权权利人正常享有和行使其物权的基本保障。这种保护是全方位的和整体的，物权的保护不仅有公法上的保护，也有私法上的保护，它们共同发挥作用保护物权的正确、全面的行使。

第一节 物权变动的一般原理

物权变动即物权的取得、变更、转让或消灭，是动态中的物权，依据物权变动根据的不同，物权变动可以分为如下两种：①基于法律行为的物权变动；②非基于法律行为的物权变动。而基于法律行为的物权变动涉及物权的交易和安全的保护问题，所以是各国物权法规范的重点。

一、物权变动的含义

物权变动从物权自身角度而言，是指物权的产生、变更和消灭。如果从物权人角度来看，物权变动则表现为物权的取得、变更和丧失。

物权的变动，作为一种制度与学说，则是近现代民法的产物。改革开放以前，我国大陆民法由于受前苏联民事立法的影响，民法理论中只有所有权的原始取得和传来取得学说而无物权变动的理论。改革开放后，适应市场经济的发展要求，在理论和立法上，构建适合我国国情的物权变动制度则势在必行。因此，我国《物权法》虽然未就物权变动的含义作出定义性规定，但该法第二章的标题和内容即是有关物权变动的含义及内容的规定。

二、物权变动的形态

物权的变动包括物权的取得、变更与消灭三种形态。

（一）物权的取得

物权的取得又称物权的发生，是指物权与特定主体的结合。包括物权的原始取得和继受取得。

1. 物权的原始取得

物权的原始取得又称"物权的固有取得"或"权利的绝对发生"，是指物权人取得的物权非因他人既存的物权为前提，而是基于一定的事实或法律规定而独立产生的全新的物权。如劳动者依照法律的规定对劳动成果取得所有权的事实即物权的原始取得。

所谓"非因他人既存的权利"包括：第一，在权利人取得物权之前，作为该物权客体的物从未成为任何民事主体的权利客体，或者该物虽曾为某一民事主体的权利客体，但嗣后被抛弃或因其他原因丧失了该权利。此种情形以先占为典型形态。第二，在权利人取得物权之前，作为该物权客体的物一度是某人权利的客体，但是权利人并非基于该人的意志而取得物权，而是直接依照法律的规定取得。

一般而言，物权的原始取得多为基于事实行为取得的物权。此种取得方式不涉及他人既存的权利，所以物权客体上原有的一切负担均因原始取得而消灭。原权利人不得就该物主张任何权利，物权人也无权要求原权利人承担瑕疵担保责任。

2. 物权的继受取得

物权的继受取得又称"物权的传来取得"或"物权权利的相对发生"，它是指基于他人既存的权利而取得的物权。一般而言，基于法律行为取得的物权，均属于继受取得。因此，原权利人不得将大于自己权利范围的权利让与他人，受让人须继续承受标的物上既有的一切负担。

依继受取得方法的不同，继受取得可分为移转的继受取得与创设的继受取得。移转的继受取得，是指对他人的物权依原状而取得，如基于买卖、赠与而取得的物权。创设的继受取得，是指在他人所有的标的物上设定用益物权或担保物权而取得的定限物权，如抵押权、地役权等他物权的设定。应需注意的是，创设的继受取得，仅能设定所有权以外的定限物权，所有权不能创设取得。

依继受取得范围或形态的不同，又可将其分为特定继受取得与概括继受取得。特定继受取得是指对特定物的继受取得。概括继受取得是指就他人的权利义务予以全部继受的取得，因继承而概括地取得被继承人的权利和义务，是典型的概括继受取得。法律区分特定继受取得与概括继受取得的意义在于后者取得中，取得人不但继承前手的权利，也要继承其义务。而特定继受取得中，取得人只继受特定物的权利而不及于前手关于个人的义务，即使义务因该物而产生。

（二）物权的变更

物权的变更，有广狭两义说。广义的变更，包括物权主体的变更、客体的变更和内容的变更；狭义的变更，则仅指物权客体和内容的变更。在物权法上一般采用狭义说，仅指物权的客体、内容等的部分改变。物权客体的变更，又称物权的量的变更，指物权标的物在量上有所增减。例如，所有权的客体因附合而增加，抵押权的客体因部分毁损而减少。物权内容的变更，称为质的变更，即物权发生内容上的扩张或缩减、期限上的延长或缩短等变化。

（三）物权的消灭

物权的消灭，就物权主体方面而言，为物权的终止或丧失，即物权与其主体分离。物权的消灭，分为绝对消灭与相对消灭两种。前者指权利人的物权消灭，且他人也不能取得该物的物权。例如，物权标的物的灭失，从而导致物权绝对消灭，任何人均不能再享有该物权。后者指物权虽与原主体分离，但又与另一新主体相结合。例如，物权的转让，从原权利人的角度来说，为其物权的消灭；而从权利取得人的角度来说，则为物权的继受取得。故而，物权的继受取得与物权的相对消灭，实质为同一问题的两个不同的层面。

三、物权变动的原因

物权关系作为一种民事法律关系，因一定的法律事实而发生、变更或消灭。引起物权关系发生、变更或消灭的法律事实，即物权变动的原因，主要包括以下几种。

（一）法律行为

法律行为是物权变动的主要原因。例如，权利人因买卖、赠与、遗赠而取得标的物的所有权，因财产设立担保而取得抵押权、质权，因土地使用权出让合同而取得土地使用权，因抛弃标的物而使所有权归于消灭，都是基于法律行为而发生的。

（二）继承

被继承人死亡，其生前遗留的财产依继承法规定由其继承人继承，继承人因继承取得被继承人遗产中的所有权及其他物权。

（三）遗失物之拾得、埋藏物之发现

依《日本民法典》第 240 条、第 241 条规定，遗失物、埋藏物经依法公告的六个月内无人认领的，拾得人、发现者取得其所有权；在他人物内发现埋藏物的，发现人与该物所有折半取得其所有权。我国《民法通则》则规定，所有人不明的埋藏物、隐藏物归国家所有。

（四）时间的经过

在大陆法系国家的民法中，占有时效是物权取得的原因之一。如《德国民法典》第 937 条规定："自主占有动产经过十年的人，取得其所有权。"第 900 条规定："未取得土地所有权而作为土地所有权人登记入土地登记簿的人，如果登记已经过三十年，并且此人在此期间自主占有该土地时，即取得该土地的所有权。"我国民法未规定取得时效。不过《合同法》第 104 条规定，债权人自提存之日起五年内未领取提存物的，提存物在扣除提存费用后归国家所有，也确认时间经过发生提存物所有权取得的效力。此外，依我国法律规定，土地使用权、土地承包权因土地使用年限届满、承包期满而消灭。

（五）主权利消灭

具有从权利性质的他物权，因主权利的消灭而消灭。例如，主债务因清偿、免除等而归于消灭，担保物权也归于消灭。需役地灭失，供役地上之地役权归于消灭。

（六）添附

属于不同所有权人的物因加工、附合、混合成为新物时，原物的所有权归于消灭，新物的所有权依法律规定由新所有权人取得。

（七）混同

混同是引起民事权利消灭的法律事实之一。物权的混同是指同一标的物上存在的不同物权因同归于一人的客观事实，物权发生混同引起物权的消灭。所有权与同一物上存在的他物权混同时，他物权归于消灭。如甲以其房屋为乙设立抵押权，后乙购买该房屋取得所有权；对于该标的物，乙既有所有权又有抵押权，所有权和抵押权发生混同，乙享有的抵押权则归于消灭。以土地使用权设立抵押的，如抵押权人之后受让该土地使用权，同一地块上存在的土地使用权和抵押权发生混同，该抵押权也归于消灭。

（八）没收

没收是依据法律的规定，强制将违法人员的财产收归国有的一种措施。没收财产是刑法规定的刑事责任和行政法规定的行政法律责任。没收的财产归国家所有，由国家取得所有权。

（九）先占

先占取得是大陆法系国家动产所有权取得的方式之一。《德国民法典》第 958 条、《日本民法典》第 239 条均规定，自主占有无主动产者，因占有取得该动产所有权。我国民法未规定无主物先占取得制度。

（十）划拨

通过行政划拨的方式设立国有土地使用权，是我国国家机关、国有企事业单位取得国有土地使用权的基本方式。

（十一）标的物灭失

物权为支配权，标的物灭失，物权绝对地消灭。

四、物权变动的模式

（一）基于法律行为的物权变动模式

从民法的发展历史看，由于各国立法的历史和传统的不同，在民法上规定物权变动的模式也不一样。在世界各国的立法中，关于物权变动的模式大致有以下几种。

1. 公示要件主义

公示要件主义是指物权发生变动时，除了当事人间的意思表示外，还需要进行法定公示，方能发生物权变动的法律效力。该主义以《奥地利民法典》为代表。《奥地利民法典》第380、424、425条规定，除债权契约外，还须交付或登记等形式要件才发生物权变动的效力。这种模式中，债权契约和公示共同发生效力，这就是公示要件主义。其基本要点是：①债权的意思表示即为物权变动的意思表示，与意思主义无异；②仅有债权意思表示还不够，还需覆行登记或者交付的法定方式，登记或者交付是物权变动的成立或者生效要件。

2. 债权意思主义

债权意思主义是指物权变动仅以债法上当事人的意思表示而发生法律效力，不认为有直接引起物权变动的其他合同存在。《法国民法典》是其典型代表。该法第 1583 条规定，当事人就交易达成一致时，即使标的物和价金尚未交付，合同即告成立，标的物的所有权依法在当事人间发生变动。我们可以看到，当事人的意思表示在此有变动物权的绝对效力，但是绝对贯彻意思主义，将使第三人无法知悉物权变动的情况，对第三人不利，也有害于交易安全。所以法国又于 1855 年制定了《不动产登记法》，规定物权的变动不登记不得对抗第三人。这种登记仅仅是对抗要件，于当事人间的效力没有任何影响。我们以买卖合同为例，甲欲将自己的一部手机卖与乙，双方订立了买卖合同，甲并依约定将手机交付给了乙，此时所有权就转移到了乙。这里的交付不需要含有让与所有权的意思表示，即无须物权合意。事后，如果该买卖行为被确认为无效或者被撤销，那么手机的所有权并没有发生转移，仍归出卖人甲所有，甲可以依据自己的所有权要求乙返还，此时的请求权是物权请求权。债权合同乃是物权变动的唯一动因。在该案例中，债权合同（买卖合同）有效，且进行了公示（交付），则物权发生变动；如果债权合同无效，即使进行了公示，物权也不发生变动。

3. 物权形式主义

物权形式主义是指物权以独立存在的物权合同和公示发生变动。该主义以《德国民法典》为代表。《德国民法典》认为债权合同仅发生债权效力，而物权的变动依物权合同发生效力，不动产不登记、动产不交付不发生物权变动。我们以动产买卖合同为例，买卖合同的成立或生效并不发生动产所有权的移转，还需履行交付，在交付的过程中要含有让与所有权的意思，这样动产所有权才能发生转移。这种立法模式对债权行为和物权行为进行了区分，以物权行为作为物权变动的依据。物权变动仅以物权行为发生效力，债权行为是物权行为的原因行为，原因行为是否有效并不影响物权行为的成立与否，这就有了物权行为的无因性和独立性的理论，在此不赘述。

4.登记对抗主义

登记对抗主义是指物权的变动不登记不得对抗第三人。该主义以《日本民法典》为代表。《日本民法典》在立法时采纳了《法国民法典》的做法，但是更进一步地把不动产的登记扩大到了动产。《日本民法典》第176条规定，股权变动以当事人的意思表示一致而生效；第178条规定，不动产不登记，动产不交付，不得对抗第三人。这种立法以登记作为对抗主义的要件，但是我们可以看到，其本质还是债权主义。

我们可以看到登记对抗主义的本质还是意思主义，登记在此仅仅起对抗第三人的作用，物权的变动还是依债权的意思而发生效果。

（二）我国物权法的立法选择

在我国物权法的立法过程中，关于物权变动的立法模式的选择问题在法学界引起了热烈的讨论。由于意思主义立法模式存在着固有的缺陷，即物权的变动不能使第三人从外部了解，公示仅仅是物权变动的对抗要件，而非生效要件，如果物权人不进行公示则物权的对世效力很难实现，义务主体的消极不作为义务很难履行，更主要的是交易安全很难得到保障。因此，很少有学者主张我国的物权变动的立法应选择意思主义模式。争论的焦点主要集中在是采物权形式主义还是采公示要件主义立法模式。两种立法模式的根本区别在于是否采纳物权行为无因性理论。物权行为无因性理论虽然具有保护交易安全的优点，但其缺点也是比较明显的，如理论比较晦涩，人为拟制性较强，严重脱离人们的正常生活实际，且严重损害出卖人的利益，有碍民法的公平原则的实现等。所以，学者大多反对我国物权法采纳物权行为理论，进而反对物权变动的立法模式采物权形式主义，而主张采公示要件主义。

《物权法》第 6 条规定："不动产物权的设立、变更、转让和消灭，应当依照法律规定登记。动产物权的设立和转让，应当依照法律规定交付。"第 9 条规定："不动产物权的设立、变更、转让和消灭，经依法登记，发生效力；未经登记，不发生效力，但法律另有规定的除外。"第 15 条规定："当事人之间订立有关设立、变更、转让和消灭不动产物权的合同，除法律另有规定或者合同另有约定外，自合同成立时生效；未办理物权登记的，不影响合同效力。"第 23 条规定："动产物权的设立和转让，自交付时发生效力，但法律另有规定的除外。"由此可见，我国《物权法》基于法律行为发生的物权变动采取的是"合意加公示"的形式主义立法模式，这里的合意是"债权合意"，而非"物权合意"，也就是说，我国采取的是公示要件主义模式。

第二节　不动产登记和动产交付

不动产登记是不动产物权变动的法定公示手段，在市场经济发达的今天，起着极为重要的作用。不动产登记制度是物权制度的重要基础，没有健全的不动产登记制度，就没有完善的物权法律制度。

动产交付与物权变动具有密切的联系，根据《物权法》的有关规定：动产物权的设立和转让，自交付时发生效力，所以交付在物权法上具有重要的意义。

一、不动产登记

（一）不动产登记的内涵

不动产物权登记是指由国家专门的登记机关根据当事人的申请，将不动产物权的取得、变更、转让和消灭等物权变动的事项记载于登记簿的行为。

许多国家自古就有不动产登记制度，但那时的不动产登记主要是为了实现国家对不动产事务的管理以及课税的需要。近现代国家的不动产登记制度，虽然在一定程度上还保留了古代登记制度的旧有功能，但其主要功能已经转化成为实现不动产物权公示原则的载体。现代不动产登记制度所具有的主要价值或功能体现在以下几个方面。

（1）登记是不动产物权变动的决定要素和时间点。在形式主义立法模式下，登记是基于法律行为而发生的物权变动的生效要件和时间点，未经登记，不动产物权就不发生变动。

（2）界定不动产的归属，明晰不动产的产权关系。登记制度能够使得在法律上对不动产物权的抽象界定在实践中得到具体确定，使产权关系确定化和明晰化，为不动产交易奠定重要的基础。

（3）保护交易安全，维护不动产的动态安全。这是现代不动产登记制度最主要的价值所在。通过赋予登记以公信力，来保护交易安全。

（4）降低权利人对不动产的保护成本，维护不动产的静态安全。权利人只要到登记机关办理权利登记手续，明确自己是权利主体，也明确权利客体的范围，一旦发生权利归属的纠纷，可以通过最权威的证据——登记簿来证明权利的真实状态，起到定分止争的作用。

（二）不动产登记的功能

登记制度的建立体现了不动产交易关系的干预，不动产登记的目的主要在于公示，通过登记将不动产物权的设立、移转、变更的情况向公众予以公开，使公众了解某项不动产上所形成的物权状态。不动产登记的功能主要表现在以下几个方面。

1. 登记具有较严格的程序要求，可信度高

登记有一套相对比较严格的审查机制。登记要经过申请、受理、审查、记载等几个环节，有着程序要求和程序性规则。一般而言，登记所记载的事项与实际的事项比较吻合，具有公开性，可信赖性强。交易当事人基于对登记内容的信赖发生的交易，其利益可以受到充分的法律保护。特别是当前，市场经济高度发达，交易名目繁多，交易频率甚高，导致交易双方信息的不对称现象极为严重。受让人往往可以不必考虑因为登记错误而对他所获得的预期交易的可能影响，他完全可以绝对信赖登记簿的记载而放心地进行交易，即使其购买的财产是出让人无权处分的财产，仍然能免受真正权利人的追索，从而取得合法的财产权。[①] 特别是我国新颁布的《物权法》对不动产善意取得制度的确认，进一步为登记制度的可信性的发挥奠定了基础。

2. 由于公共权力的介入，登记的公示力强

登记制度是国家实现对不动产交易的宏观调节和监控的手段。无论登记是由法院还是由行政机关完成，登记过程均依赖于公共权力的介入。一方面，登记机关对物权状态进行记载并制作表明权属和客体状况的证书，是对财产归属关系事实的社会确认，更明确地记载权利人享有的物权类型，比占有更容易表征标的物上的物权，更加有利于确定物权归属，解决物权的冲突。另一方面，公共权力的介入，使得登记具有一定的公共性和较强的权威性，世人基于对公共权力机构权力来源可靠性的认同及对于公共权力本身的信赖，很自觉地认同登记的公共效力和权威。对登记记载内容的信赖，更好地保障交易的安全和迅捷。

---

① 许明月.财产登记法律制度研究.北京：中国社会科学出版社，2002，第28页

3.减少交易费用，提高交易效率

在现代社会，社会财产流动性不断增强，欲获得为进行财产交易的必需信息的成本大大增加。登记制度使信息完全公开化，不仅为交易当事人提供了极大的方便，而且因为公信制度的设立使当事人能够充分信赖登记记载的内容，因此，在进行交易之前，交易当事人不必投入过多的精力和费用去现身调查、了解对方当事人是否对转让的财产享有合法的物权，或者被转让的标的物之上是否设有负担等物权的情况，从而大大减少了交易的费用，提高了交易的效率，有利于社会财富的增加。

4.登记记载的内容具有稳定性，便于公众查阅

根据世界各国的登记实践，只要不动产存在，不动产的登记簿就会存在，不得由任何机关销毁。有的国家的不动产登记簿保存的资料已经有数百年的历史。这种长期保存的资料，对不动产交易的安全提供了切实的保障。[①] 可见，登记的资料在不动产交易中具有极为重要的作用。登记是有专门的登记机关、登记官员、登记簿等，登记一经记载，非经法定的程序和符合法定的要求就不得轻易更改，如果要变更就必须办理变更登记。如此，登记的信息具有较强的稳定性，人们可以非常便捷地查阅了解某一标的物上物权变动的情况，从而大大地促进不动产的交易。

（三）登记的基本内容

1.初始登记

所谓"初始登记"是指不动产的所有人依法在规定的时间内对其权利进行第一次登记，例如，房屋建成后明确房屋所有权的登记。

---

① 孙宪忠.中国物权法总论.北京：法律出版社，2003，第224页

初始登记发生在所有权登记中，有人称之为总登记。因为是第一次登记，其权利对于以后的不动产变动具有原始根据的意义。

但需要注意的是：新建成的房屋即使没有登记，权利人也享有所有权。所以，在此情况下，登记并不是所有权享有的条件，而是他再次处分的条件。

2. 他项权利登记

所有权之外的其他权利的登记，称为他项权利登记，它们是不动产所有权确立之后对所有权的各项限制。它们主要是指创设物权的登记，如在土地上创设地上权、抵押权等。

他项权利登记是在不动产的初始登记的基础上产生的，是所有权人对其不动产进行各种处分而产生的物权形态登记。

3. 变更物权登记和废止物权登记

变更物权登记包括主体变更登记与内容变更登记，如改变地上权的期限等。

废止物权的登记是指物权因法律规定的原因而消灭时的登记，如抛弃所有权、标的物消灭等。废止物权的登记也称为涂销登记。

4. 预告登记

（1）定义

预告登记是指为保全对不动产物权的请求权而将此权利为对象进行的登记，该登记具有物权的排他性效力。德国法、日本法、瑞士法都规定了这种登记制度。例如：A 与 B 签订商品房买卖合同，A 为了保证将来 B 交付房屋，避免 B 将房屋卖给第三人，于是将对 B 的房屋的请求权进行登记。一旦登记之后，未经 A 的同意，B 不能在物权意义上处分该不动产。

（2）预告登记的法律意义

首先需要说明的是：预告登记所登记的是债权请求权而不是物权，但法律承认该债权登记具有物权的效力。

①顺位保证作用

预告登记在保全所有权的同时还有保证顺序的作用，如抵押权预告登记后，其顺位可以对抗后顺序的抵押权。

②保全请求权的作用

对于不动产的请求权一旦登记，即可对抗与之冲突的物权，如一物二卖的情况。

（3）我国法律上的具体规定

《物权法》第 20 条规定："当事人签订买卖房屋或者其他不动产物权的协议，为保障将来实现物权，按照约定可以向登记机构申请预告登记。预告登记后，未经预告登记的权利人同意，处分该不动产的，不发生物权效力。预告登记后，债权消灭或者自能够进行不动产登记之日起三个月内未申请登记的，预告登记失效。"

对这一规定可以做以下理解。

①预告登记为任意事项，即是否登记需要当时人约定，而不是法律的强行性规定义务。

②预告登记后，未经登记权利人同意，则不能处分该不动产。但是，我们认为并非对该不动产的任何处分都不发生物权上的权利，仅仅当处分行为与登记的权利发生冲突时，才不具有物权效力。

③预告登记后，债权消灭或者自能够进行不动产登记之日起三个月内未申请登记的，预告登记失效。这里的"债权消灭"主要是指买卖合同无效、解除或者被撤销等。因为，从我国《物权法》第 20 条的规定看，似乎应当理解为仅仅在买卖房屋或者其他不动产物权时，才允许预告登记，而设立抵押权是否能够预告登记，是一个需要解释的问题。

5. 异议登记

（1）异议登记的定义

所谓异议登记是指以真正物权人及利害关系人对现实登记权利的正确性提出的异议为内容的登记。

（2）异议登记的法律意义

①保护真正权利人及利害关系人的权利

由于公示公信原则的作用，登记簿上记载的权利人享有权利的外观，当真正权利人及利害关系人通过诉讼或者其他方式主张自己权利的过程中，登记名义人有可能处分该不动产。而异议登记，就是为了防止这种情况的发生，以保护真正权利人及利害关系人的权利。

②对抗第三人

如果在不动产登记簿上对某项不动产权利进行了异议登记后，该不动产的登记名义权利人处分该不动产权利的，该处分不得对抗异议登记申请人。

（3）我国《物权法》上的具体规定

《物权法》第19条规定："权利人、利害关系人认为不动产登记簿记载的事项错误的，可以申请更正登记。不动产登记簿记载的权利人书面同意更正或者有证据证明登记确有错误的，登记机构应当予以更正。不动产登记簿记载的权利人不同意更正的，利害关系人可以申请异议登记。登记机构予以异议登记的，申请人在异议登记之日起十五日内不起诉，异议登记失效。异议登记不当，造成权利人损害的，权利人可以向申请人请求损害赔偿。"从这一条规定可以看出：

①在我国《物权法》上，更正登记是异议登记的必经程序。只有当不动产登记簿记载的权利人不同意更正的，利害关系人可以申请异议登记。

②登记机构予以异议登记的，申请人在异议登记之日起十五日内不起诉，异议登记失效。异议登记的目的在于为诉讼做准备，有诉讼

保全的功能。如果在一定期间内不起诉，由表及里可能影响登记名义人的权利。因此，要求必须在特定期间内起诉，否则异议登记失效。

③异议登记不当，造成权利人损害的，权利人可以向申请人请求损害赔偿。一旦对某项不动产权利进行异议登记后，从实际效果看，该项不动产就难以处分。如果因提出异议的人在异议登记后没有起诉或者诉讼后败诉，则应对登记名义人造成的损失承担赔偿责任。

（四）登记机关与登记簿

1. 不动产登记机关

（1）登记机关的特征与立法模式

不动产登记是通过国家专门设立的登记机关的行为来完成的。不动产登记机关具有以下特征。

①登记机关的法定性。包括登记管辖的法定性，登记职责的法定性，登记程序的法定性等。

②登记机关既是管理机关又是服务机关。一般来说，登记机关与申请人的关系是管理与被管理的关系。

③登记机关最具权威性。无论登记机关设在司法机关还是行政机关，均属于国家机关，其登记行为属于国家行为。

登记机关通过对登记申请进行审查，而对当事人的不动产交易行为实施监督和管理。同时，登记机关又是一个服务机关，它接受当事人的申请，为其完成不动产交易的公示行为提供服务。

（2）我国的登记机关

我国的不动产登记机关属于行政机关。在《物权法》实施之前，我国没有统一的不动产登记机关，而是根据不动产的类别，分别由不同的机关办理登记，即实行的是"多头执政"。在《土地管理法》、《城市房地产管理法》和《担保法》等法律中都规定有登记机关，即土地由土地管理机关登记，房屋由房产管理机关登记，林木由林业主管机关登记，矿产由地矿管理机关登记。这种登记机关的分散设置和"多头执政"，在现实中危害极大。

为此，《物权法》改变了登记机关"多头执政"的状况，实行统一的登记制度。《物权法》第10条规定："不动产登记，由不动产所在地的登记机构办理。国家对不动产实行统一登记制度。统一登记的范围、登记机构和登记办法，由法律、行政法规规定。"第246条规定："法律、行政法规对不动产统一登记的范围、登记机构和登记办法作出规定前，地方性法规可以依照本法有关规定作出规定。"至于究竟统一到哪个机关，《物权法》并没有解决，有待于未来的《不动产登记法》来规定。

（3）我国登记机关的职责

《物权法》第12条规定了登记机关的法定职责如下。

①查验申请人提供的权属证明和其他必要材料。

②就有关登记事项询问申请人。

③如实、及时登记有关事项。

④法律、行政法规规定的其他职责。

申请登记的不动产的有关情况需要进一步证明的，登记机构可以要求申请人补充材料，必要时可以实地查看。

《物权法》第13、22条是对登记机关的禁止性规定，即登记机关不得有下列行为。

①要求对不动产进行评估。

②以年检等名义进行重复登记。

③超出登记职责范围的其他行为。

④不动产登记费按件收取，不得按照不动产的面积、体积或者价款的比例收取。

2. 不动产登记簿

不动产登记簿记载了不动产物权的权利状态。它是一种证明文件，证明了不动产物权公示的方法，该证明是由国家专门的不动产登记机关制作的。

（1）登记簿的特点

不动产登记簿的特点如下。

①统一性。在一个区域内，将各种不动产物权的归属和变动都登记在同一个不动产登记簿上，准确反映物权变动状况，以实现登记的公示效果。

②权威性。不动产登记簿是由国家专门机构通过特别程序制作并妥善保管的档案文献，具有国家行使公权力的属性，如发生权属纠纷，则具有最高的证据效力。

③公开性。不动产登记簿的公开性是指该文件上的即在资料必须公开，为社会大众所熟知，当事人和利害关系人有对此进行查阅复制的权利和便利，并且应为当事人查阅提供方便。这是物权公示原则的当然要求，是建立登记制度的根本目的所在。

④持久性。这是由不动产本身的恒久性决定的，不动产登记簿必须由登记机关长期保留，只要不动产存在，登记簿就应当存在，以维持不动产权利的稳定性。

（2）登记簿的作用

不动产登记簿的作用，表现在以下几个方面。

首先，它是一种载体，该载体实现了物权公示的原则，这一原则的登记结果就表现为登记簿。

其次，它是一种证明文件，以其最权威的证据效力证明了不动产物权状态。这种由国家登记的行为决定了其最高的权威性。虽然不动产权属证书也具有证据效力，但其证明力不如登记簿，根据《物权法》

第 17 条的规定，当权属证书记载的内容与登记簿记载的内容不一致时，除有证据证明不动产登记簿确有错误外，则以登记簿的记载为准。

最后，它是一种实现途径，这一途经充分实现了不动产登记的公信力。

（3）登记簿的内容

不动产登记簿所记载的内容大致可以分为两方面：一方面是包括不动产位置、面积等自然状况的有关不动产现状方面的记载；另一方面是包括所有权和新产权的关于不动产权利方面的记载，如所有权的归属，抵押权、典权、地役权的设定等。

（4）登记簿的公示

《物权法》第 18 条规定："权利人、利害关系人可以申请查询、复制登记资料，登记机构应当提供。"此外，建设部颁布的《房屋权属登记信息查询暂行办法》和国土资源部颁布的《土地登记资料公开查询办法》对于查询主体、查询的客体范围等也做了具体的规定。

（五）登记的效力

在我国《物权法》上，登记的效力有两种：一是登记生效，二是登记对抗。

1.登记生效方式

这种方式主要适用于不动产，即《物权法》第 9 条规定的方式："不动产物权的设立、变更、转让和消灭，经依法登记，发生效力；未经登记，不发生效力，但法律另有规定的除外。"而在我国具体来说，登记生效的不动产物权主要有以下几方面。

（1）房屋所有权的设立、变更、转让和消灭。

（2）建设用地使用权的设立、变更、转让和消灭。

（3）以不动产为标的抵押权的设立、变更、转让和消灭，主要是指以建筑物和其他土地附着物、建设用地使用权、土地承包经营权、正在建造的建筑物抵押权的设立、变更、转让和消灭。

但登记生效也有例外，这主要就是指《物权法》第 28 条至第 30 条规定的基于法律行为之外的其他法律事实取得不动产物权时，不采纳登记生效主义。第 28 条规定："因人民法院、仲裁委员会的法律文书或者人民政府的征收决定等，导致物权设立、变更、转让或者消灭的，自法律文书或者人民政府的征收决定等生效时发生效力。"第 29 条规定："因继承或者受遗赠取得物权的，自继承或者受遗赠开始时发生效力。"第 30 条规定："因合法建造、拆除房屋等事实行为设立或者消灭物权的，自事实行为成就时发生效力。"但是，如果取得人欲再次处分该不动产物权时，必须首先进行登记后，方可为之（第 31 条）。

2. 登记对抗

这种模式主要是指不登记在当事人之间也有效力，但不能对抗善意第三人。我国《物权法》中有许多规定如下。

（1）《物权法》第 24 条规定："船舶、航空器和机动车等物权的设立、变更、转让和消灭，未经登记，不得对抗善意第三人。"

（2）《物权法》第 129 条规定："土地承包经营权人将土地承包经营权互换、转让，当事人要求登记的，应当向县级以上地方人民政府申请土地承包经营权变更登记；未经登记，不得对抗善意第三人。"

（3）《物权法》第 158 条规定："地役权自地役权合同生效时设立。当事人要求登记的，可以向登记机构申请地役权登记；未经登记，不得对抗善意第三人。"

（4）《物权法》第 188 条规定："企业、个体工商户、农业生产经营者以本法第一百八十一条规定的动产抵押的，应当向抵押人住所地的工商行政管理部门办理登记。抵押权自抵押合同生效时设立；

未经登记，不得对抗善意第三人。"

（5）《物权法》第 188 条规定："以本法第一百八十条第一款第四项、第六项规定的财产或者第五项规定的正在建造的船舶、航空器抵押的，抵押权自抵押合同生效时设立；未经登记，不得对抗善意第三人。"

（六）不动产登记的申请与审查

1. 申请人的申请

这一程序是为了使申请人的不动产物权经由法律程序进而获得法律的认可，该程序会直接引起登记法律关系的产生，既是不动产物权登记的其实环节，也是不动产物权登记的必经程序。

《物权法》第 11 条规定："当事人申请登记，应当根据不同登记事项提供权属证明和不动产界址、面积等必要材料。"原国家土地管理总局颁布的《土地登记规则》第 10 条规定："土地登记申请者申请土地使用权、所有权和土地他项权利登记，必须向土地管理部门提交下列文件资料：①土地登记申请书；②单位、法定代表人证明，个人身份证明或者户籍证明；③土地权属来源证明；④地上附着物权属证明。委托代理人申请土地登记的，还应当提交授权委托书和代理人资格身份证明。"该规则第 11 条规定："申请土地登记，申请者须向土地管理部门领取土地登记申请书。土地登记申请书应当载明下列基本事项，并由申请者签名盖章：①申请者名称、地址；②土地座落、面积、用途、等级、价格；③土地所有权、使用权和土地他项权利权属来源证明；④其他事项。"

建设部颁布的《城市房屋权属登记管理办法》第 16 条至第 19 条根据房屋初始登记、移转登记、变更登记和他项权利设立登记等不同登记的类别规定了不同的申请条件。

2. 登记机关的审查和登记

登记机关的审查是登记程序的重要中心环节，它的主体是国家不动产登记机关，客体是申请人的申请，由主体对客体进行依法核对查证，并作出是否登记的结论。这一环节既体现了登记机关的职能和权威，同时也直接决定了申请人的申请目的实现与否。

关于登记审查，各国主要有两种立法例，一是实质审查主义；二是形式审查主义。一般来说，作为形式审查，登记机关仅仅审查申请人所提交的申请材料是否齐备，申请材料是否具有表面瑕疵，而对申请材料所反映的内容的真实性和合法性并不审查；而实质审查则不仅要对申请材料进行形式审查，而且还要对其真实性和合法性进行审查。

我国《物权法》第 12 条规定的登记机关的职责里赋予了登记机关"查验申请人提供的权属证明和其他必要材料"、"就有关登记事项询问申请人"以及"登记机构可以要求申请人补充材料，必要时可以实地查看"等权力，这些都可以说明我国关于登记申请实行的是实质审查主义。

经登记机关审查无误后，登记机关即可予以登记。一经登记机关将各登记事项记入登记簿，即可产生登记的公示效果。

二、动产交付

（一）交付的内涵

交付即是转移占有，但占有又分为法律与事实占有，有时法律占有与事实占有是一致的，如所有权人现实地占有所有物。但有时是分离的，如在动产上设立质权后，所有权人仅仅是法律占有，而事实占有归属质权人。因此，交付（转移占有）也就相应地分为现实交付与观念交付。

现实交付是一种交付的常态，它是指动产的实际占有权发生转移的过程，具体而言，就是物的事实占有从一个人手中转移到另一个人手中，进而由后者对物的所有权进行实际控制。但现实交付的前提是，要求交付前标的物通常处于转移人手中。

而观念交付是指转移人虽然在法律上占有标的物，但并不在事实上占有之，故采用变通的方式在观念上交付标的物。如先租后买的情况：A先将自己的电脑出租给B，现在A在租赁期间欲出卖电脑，而B与之约定购买。但这时B实际上已经占有该电脑，则A只需在观念上交付。观念上的交付实际上是转移法律占有。

（二）动产交付的具体形态

1. 现实交付

现实交付，指动产物权的出让人，将其对于动产的现实的直接的支配（管领）力，移转给受让人。换言之，指移转出卖人对于动产的现实的管领力于受让人，使受让人可管领动产。对动产的事实管领力是否移转，应依社会一般观念或交易观念而定。例如，将自行车赠与给他人而交付了自行车的钥匙，即可认为已经实施了现实交付；另外，构成事实上的管领力的移转，还须有出让人的意思，受让人自行占有标的物的，不构成交付。例如，甲欲出售其狗给乙，乙在大路上发现该狗直接牵回，此时该狗的占有的事实管领力的移转因非出于出让人的意思，故不构成交付，从而乙不能取得该狗的所有权。

在现代社会中，当事人往往假借他人之手而为现实交付。其情形主要有三：一是经由占有辅助人而为交付。例如，甲出售其汽车给乙，由甲的司机将该汽车交付给乙的司机。二是通过占有媒介关系而为交付。例如，甲寄存其马于乙处，出售给丙，约定由甲将该马交给驯马人丁，代为训练。乙依甲的指示将该马交付给丁时，在丁与丙之间成立占有媒介关系，丁为直接占有人，丙为间接占有人。三是经由被指令人而为交付。例如，甲出售 A 画给乙，乙转售给丙，乙请甲径直将该画交付给丙，甲允诺而为之。①

2. 观念交付

（1）简易交付

出让动产物权时，受让人此前已因其他原因而占有动产的，若此时仍必须由出让人将出让的动产，现实地交付给受让人，则势必先由受让人将占有的动产返还给出让人，复由出让人再交付给受让人。如此则不但不经济，而且也无必要。因此，《物权法》第 25 条规定："动产物权设立和转让前，权利人已经依法占有该动产的，物权自法律行为生效时发生效力"。理论上称为简易交付。受让人此前已然占有动产的原因为何，在所不问。

（2）占有改定

出让动产物权如所有权时，出让人仍会继续占有动产的，让与人与受让人之间可以订立合同，使受让人因此而取得间接占有，以代交付，理论上称为占有改定。《物权法》第 27 条规定："动产物权转让时，双方又约定由出让人继续占有该动产的，物权自该约定生效时发生效力。"例如，甲以 1 000 元的价格将自己的手表出卖给乙，而甲由于工作的原因还需要继续使用该手表一段时间（但又不愿意放弃当前以 1 000 元成交的机会），甲遂向乙提出，愿意以每月 100 元价格租赁该已出卖的手表，乙表示同意。于是，甲得以继续占有和使用其已出卖的手表。此时，为发生该手表所有权移转的效果，无须进行现实的交付，自当事人达成租赁协议时，标的物所有权即已移转于买受人乙（同时也是租赁合同中的出租人）。②

---

① 　王泽鉴. 民法物权. 北京：中国政法大学出版社，2001，第 134 页
① 　刘家安. 物权法论. 北京：中国政法大学出版社，2009，第 69 页

另外，须提及的是，近年来由于动产物权的证券化，在交付的过程中，不必交付动产本身，而代之以交付表彰改动产物权的证券（例如在现代物流活动中，在进行仓单、物单记载的物品的交付时，无须交付实际要支付的物品，而只须将证券出让给受领权人）。所以如此，系因为此等证券为物权证券，动产物权系内蕴于证券中，持有证券即意味着占有动产本身，故此等物权变动，通常以交付证券的方式为之。亦即，动产物权业已证券化为仓单、提单等证券的，此类证券的交付或背书即代替动产的交付，从而发生动产物权变动的效力。①

（3）返还请求权让与

返还请求权让与又称返还请求权的代位或指示交付。指出让对特定第三人的标的物的返还请求权。亦即，出让动产物权，而其动产系由第三人占有时，出让人可以把对于该第三人的返还请求权，出让给受让人以代交付。《物权法》第 26 条规定："动产物权设立和转让前，第三人依法占有该动产的，负有交付义务的人可以通过转让请求第三人返还原物的权利代替交付。"例如，甲出租自行车给乙，后甲与丙又订立该自行车的买卖合同，甲可以将其对乙的返还自行车的请求权出让给丙，以代交付，使丙取得对自行车的所有权。

返还请求权让与的功能在于解决当事人出让动产时，作为标的物的动产，仍然由第三人占有的问题。须注意的是，返还请求权让与中所让与的"对第三人的返还请求权"，既指债权的返还请求权，如第三人基于债权债务关系（租赁、借用）而占有出让的动产，也指物权的返还请求权，如第三人无权占有出让的动产。关于让与返还请求权时是否将让与之事通知第三人，理论上有肯定与否定两说。通说为肯定说，即认为让与的返还请求权，无论为债权的返还请求权抑或物权的返还请求权，让与人均应将让与之事通知承担返还义务的第三人，

---

② 参见我国《海商法》第 79 条等

否则所谓的让与对该第三人不生效力。①

（三）动产交付的效力及意义

在物权法中，动产交付的基本意义在于作为动产物权变动的公示方式，体现了当事人有意发生物权变动结果的意思表示。换言之，作为动产物权变动的公示方式的交付，动产交付是当事人之间为设定动产物权、移转动产物权的确定意思表示的表现方式。

按照公示原则的要求，动产物权的变动应当交付，动产物权的设立和转让，自交付时发生效力（但法律另有规定的除外）。占有交付在动产物权的变动中，发挥着决定物权的变动生效、权利正确性推定和善意保护等作用。具体表现为以下两个方面。

（1）动产的占有人在法律上推定其为真正的物权人。该效力具有两个层面的含义。一方面，在双方当事人通过合同对某种物权进行约定，但当事人没有按照公众的要求进行实际交付时，这种情况被认定为物权并没有发生。例如，甲从乙手中购买一台电脑（该电脑是在乙的占有下），并且甲知道该电脑之上并未设置质权，则甲可以相信乙为合法占有人而与乙交易，并有理由相信在其购买该电脑后不会受到第三人的追索。另一方面，在物权发生变动但未通过一定方式进行交付并将结果公之于众，那公众有理由认为此种物权是没有发生变动的。例如，甲与乙订立合同，甲将其一套经典书籍转让给乙，但是在约定的期限，乙未收到甲交付的书籍，这在法律上就认为是物权没有发生变动。

（2）针对某些特殊情况（如在占有彰显的权利人与实际权利人并不一致），法律仍然承认其有与真实的物权相同的法律效果。但是在这种情形下，对于第三人来说，他只会相信占有的事实而不会相信

---

① 谢在全.民法物权法（上册）.北京：中国政法大学出版社，2004，第152页

一些口头诺言，权力的正确性推定规则正是如此。

（四）特殊动产的交付与登记

所谓特殊动产主要是指机动车、船舶、航空器等，因其价值巨大，且流动性强，为便于管理，各国往往将其按照不动产的规定来加以对待，要求其物权变动也需办理登记，故又将这些动产称之为准不动产。《物权法》第 24 条规定："船舶、航空器和机动车等物权的设立、变更、转让和消灭，未经登记，不得对抗善意第三人。"

准不动产具有以下特征。

（1）本属于动产。机动车、船舶、航空器等都是可以自由移动的，故它们本质上属于动产。

（2）因其价值巨大、经济效用高，且流动性强，为便于管理，往往将其物权变动方法按照不动产的变动来加以对待，需要办理登记。

（3）准不动产的登记只是物权变动的对抗要件而非生效要件。

正确理解《物权法》第 24 条关于准不动产物权变动的公示方法与公示效力应从以下几方面把握。

（1）船舶、航空器、机动车等准不动产的物权变动，自交付时发生效力，而不是意思主义物权变动模式之下的合同生效时。即准不动产物权变动的公示方法是交付，没有完成交付就没有完成物权的变动。

（2）由于登记具有更高的公示效力，所以当准不动产交付后的事实状态——占有与登记不一致时，则以登记为准。

（3）准不动产的物权变动，未经登记，不得对抗善意第三人。如果登记权利人在办理登记之前，就知道该财产已经转让，且已经交付并为受让人所占有，则该登记权利人就是恶意的，就不能依据登记对抗先前取得物权的人。

第三节　物权的保护

有权利必有救济，物权作为最为重要的财产权，受法律保护。当物权受到他人非法侵害或有侵害危险的时候，对物权进行保护，以使物权权利人恢复对物的圆满支配或获得相应补偿，有利于保障财产安全，有利于稳定社会秩序，推动经济发展。

一、物权保护的内涵

物权保护是指当权利人的物权受到他人不法侵害时，依照法律规定的方式回复物权的完满状态。物权的支配性和排他性意味着物权人在不违反法律规定的前提下可以按照自己的意愿对其物进行任意支配和处分。为了保障物权人这一权利能够顺利实现，法律需要对义务人的行为进行限制，规定物权人之外的其他主体不得非法干涉物权人的上述行为或者侵害其物权。对此，我国《物权法》作了明确的规定。[①]

二、物权保护的特征

物权作为权利人直接支配特定物的权利，与其他民事权利的保护比较，物权保护制度具有如下特征。

（一）物权保护的最终目标是权利人对物的直接支配

物权在本质上是权利人对物的利益，即通过对物的直接支配满足其需要。权利人之所以要对特定物享有物权，就是物的特定性能够满足权利人的需要。这种利益是权利人的特定的物上利益，该特定物是其他物或者利益无法替代的。例如，房屋能够直接满足居住需要，金

---

① 见《物权法》第 4 条规定

钱不能直接满足。在特定的情况下，一块烧饼可以充饥，但一个银元不行。因此，对物的直接需要是人的第一需要。恢复物权人对物的支配是最符合物权的本质的。因此，当发生侵害物权或者物权有受侵害可能的，法律赋予物权人首先采取能够恢复对物的直接支配的方法，满足权利人的物上利益。例如，物被他人不法占有，权利人就不能对物占有、使用、收益，其对物的支配就受到损害，其利益需要就得不到实现。这时法律就赋予权利人可以行使返还原物的请求权，请求返还原物；原物被返还后，权利人的物上利益才能实现。如果法律不规定原物返还请求权，只规定占有人给物权人赔偿损失，那么即使权利人得到了赔偿金，也得不到对其特定物的直接支配利益，他对特定物的物权就失去了。有钱不能直接当饭吃，不能当房住，要解决其吃住，还得用钱再去购物，取得了物权才能满足其物上利益。这样做就不符合物权直接支配特定物以实现权利人物上利益的特性。因此，物权保护直接以恢复物权，实现权利人的物上利益为目的。这是由物权的本质特性决定的。物权保护以恢复对物的直接支配、实现权利人的物上利益为目的，这是物权保护与债权保护制度的一个区别。债权以请求债务人给付并受领给付为内容，并不是权利人对特定物的直接支配。因此，当债务人不履行债务致债权人损害的，主要通过赔偿损失以填补损害的方法保护债权人的利益。所以债权保护以损害填补为目的，债不履行的民事责任主要是赔偿损失、支付违约金等。

（二）物权保护是对物权人利益的全面保护

物权保护以恢复物权人对物的直接支配的物上利益为目的，强调的是物权人享有物权的目的在于它的物上利益，因此，恢复物权人对物的直接支配对物权人利益实现具有极端重要性。但物权保护并不限于恢复物权人对物的直接支配，而是要全面保护物权人的利益。对于因其物权受侵害所遭受的其他利益也要予以填补。因为物权受侵害的情况是复杂的。如果恢复了权利人对物的直接支配，但权利人因物权受侵害还受到其他利益损失的，还应当由侵权者赔偿物权人的利益损失。例如，侵占标的物，在请求返还原物、恢复占有后，对物损害的修理费损失侵权人也应当赔偿。

因此，我国《物权法》所规定的物权保护方法首先是恢复物权的方法。例如，原物返还请求权、妨害排除和危险消除请求权等都是物权恢复请求权。其次才是损害赔偿请求权。损害赔偿请求权是在客观上不能适用物权请求权或者仅仅适用物权请求权不足以保护物权人利益的情况下，才采用的保护方法，它是以债权的方法弥补物权人的利益损失。它不能恢复权利人对物的直接支配，因而，区别于物权保护方法，称之为物权保护的债权方法。例如，标的物已经灭失，权利人请求侵权人返还原物客观上已不可能，就只能请求侵权人赔偿损失。因此，物权保护不仅是物权法规定的制度，也是侵权行为法的规制对象。物权是绝对权，侵害物权可以构成侵权损害赔偿民事责任。《物权法》第 37 条规定："侵害物权，造成权利人损害的，权利人可以请求损害赔偿，也可以要求承担其他民事责任。"这就表明，侵害物权可以构成侵权民事责任，可以适用侵权赔偿法。物权法对物权的保护主要在于恢复权利人对物的支配，恢复其物上利益，而侵权责任法对物权的保护主要在于弥补物权人的利益损失。只有根据物权受侵害的具体情况，单独适用物权法保护或者单独适用侵权损害赔偿民事责任或其他民事责任，或者将物权法保护与侵权民事责任并用，才能全面保护物权人的利益。

（三）物权保护是以其消极权能派生的救济权利恢复其直接支配物的积极权能

物权是权利人直接支配物并排他的权利。所以，物权有两方面的权能，即直接支配特定物的积极权能和排除他人干涉的消极权能。排除他人干涉的权能是物权的消极权能，之所以是消极权能，是因为它所针对的义务人的义务是消极义务，只要义务人不侵害物权人的权利，物权就实现了，因此在一般情况下，权利人并不需要积极地去排他。但当物权受到侵害或者有遭受侵害的危险时，权利人直接支配特定物的积极权能就处于不圆满状态，其权利也就受到了损害。此时，以物权的排他权能为基础，就派生出对受侵害的物权的救济性权利。例如，原物返还请求权、妨害排除请求权、危险消除请求权等。这也就具有物权效力的体现。权利人就要积极地行使这些请求权，以恢复对物的直接支配权能的圆满状态。权利人的物上利益以权利人对物的直接支配得以实现。因此，物权保护只要恢复了权利人对物的圆满支配状态，权利人的物上利益就得到了保护。这样，我们就不难理解为什么说原物返还请求权、妨害排除请求权、危险消除请求权是保护物权的物权保护方法，因为这些请求权本身具有物权效力，是物权消极权能派生的请求权，其行使的效果就是恢复权利人对物的直接支配权能。

（四）物权保护是物权社会秩序的保护

物权秩序是关于物的归属和利用的秩序，是基本的社会生活秩序。侵害物权不仅损害特定的物权人的利益，也是对物权社会秩序的破坏；保护物权，不仅维护了具体物权人的利益，而且也维护了基本的社会生活秩序。由此决定了保护物权不仅仅是民法部门的任务，而且是各个法律部门的共同任务。我国宪法规定了对国家财产、集体财产和私人财产的保护。各个法律部门依据宪法规定将保护国家财产、集体财产和私人的合法财产权不受侵害作为自己的任务。我国《物权法》第38条第2款规定："侵害物权，除承担民事责任外，违反行政管理规定的，依法承担行政责任；构成犯罪的，依法追究刑事责任。"这就说明，保护物权是民法、行政法和刑法部门的共同任务。民法部门主要是通过追究侵害物权的行为人的民事责任，恢复物权人对物的直接支配和物上利益，以及弥补物权人所受损失的办法达到对物权的保护的。行政法部门则是针对违反行政管理规定的侵害物权的行为，追究其行政违法责任，维护管理秩序，制裁违法行为，以防止和减少侵权行为，实现对物权的保护。例如，《土地管理法》第81条规定："擅自将农民集体所有的土地的使用权出让、转让或者出租用于非农建设的，由县级以上人民政府土地行政主管部门责令限期改正，没收违法所得，并处罚款。"刑法部门则通过追究侵害物权构成犯罪的行为人的刑事责任，维护物权秩序，保护物权。例如，刑法规定的侵犯财产的犯罪，如对盗窃、诈骗、抢劫、抢夺、贪污、挪用、侵占、毁损公私财物等犯罪行为，追究其刑事责任，就是直接维护物权秩序的。可见，保护物权是各个法律部门的共同任务，但其作用不同。民法部门主要是对物权人个人利益的维护，而行政法、刑法等公法部门则主要是对物权公共秩序的维护，通过对物权秩序的维护达到对物权人的保护。这几种法律责任是性质不同的法律责任，有其各自的不同作用，不可互相代替，但可以并用。只有恰当地运用各种法律责任才能充分地保护物权，维护良好的物权秩序。

三、物权保护的分类

根据不同的标准可以对物权保护做出不同的分类。物权保护的分类主要有下列几种。

（一）私法上的保护和公法上的保护

1. 私法保护

物权的私法保护是指直接依据私法（如《民法》《物权法》等）来追究侵权者的民事责任以达到恢复物权完满状态的手段。私法上的保护主要有物权法上的保护和债权法上的保护两种。前者包括物权请求权和占有人的物上请求权；后者包括侵权行为损害赔偿请求权和不当得利请求权。[①]

2. 公法保护

物权的公法保护是指直接依据公法（如行政法、刑法、宪法等）来追究侵权者的相关法律责任以保护权利人物权的手段。公法保护在一些具体的法律制度中有所体现，如所有权的征收和征用制度。

3. 公法保护与私法保护的区别

公法保护和私法保护的主要区别表现在以下几个方面。

（1）适用的法律程序不同

前者适用行政诉讼法、刑事诉讼法等法律规定的诉讼程序；而后者适用民事诉讼法规定的诉讼程序。

（2）适用的法律依据不同

前者的主要法律依据为公法，后者的法律依据为私法。

（3）侵权者承担的法律责任性质不同

公法中侵权者承担的法律责任主要是行政责任和刑事责任，具有惩罚性；而私法中侵权者承担的责任主要是民事责任，具有补偿性。

物权的公法保护和私法保护是相互配合、相互包容关系而非相互对立、相互排斥的关系。物权人完全可以根据侵权人的主体性质、行为性质等因素，按照相关的法律规定选择所适用的救济手段。《物权法》第38条第2款规定："侵害物权，除承担民事责任外，违反行政管理规定的，依法承担行政责任；构成犯罪的，依法追究刑事责任"。尽管物权法作了上述规定，但是，该规定属于宣示性的规定而非具体的保护方式的规定。《物权法》本身作为私法，所规定的保护手段主要是私法的保护。在涉及公法保护时，只能以相关公法的具体规定作

---

① 王泽鉴．民法物权．北京：中国政法大学出版社，2001，第64页

为法律依据来追究侵权人的相关行政责任或者刑事责任。

（二）公力救济和自力救济

1. 公力救济

物权的公力救济方式主要是诉讼保护，是物权人在其权利受到侵害时通过向人民法院提出诉讼请求并通过法院判决的强制力实现恢复物权完满的一种保护方式。它是现代法治国家普遍采取的一种主要的物权保护方式。

2. 自力救济

自力救济是指物权人在权利被侵害时，在法律许可的条件下通过自己的行为恢复物权完满状态的保护方式。自力救济是法律规定的允许当事人在特殊情况下自我救济的一种方式，主要表现为自助行为和自卫行为。

（1）自助行为

自助行为主要是指权利人对于自己的被非法侵夺之物通过自己的力量取回的权利，如所有权人就地追踪被人侵夺之物等行为。

（2）自卫行为

自卫行为是针对正在发生的侵害权利或者因危险害及权利时，权利人实施的反击或者防护的行为，包括正当防卫和紧急避险行为。前者是指权利人对于正在发生的侵害行为进行反击以保护自己物权的行为；后者是指当权利面临正在发生的危险时权利人不得已而采取的损害第三人利益的行为。

在物权人行使取回权时，势必和现实的占有人发生冲突。此时，现实的占有人必须出示其合法占有的依据。如果现实占有人不能出示其合法占有的证据而反对物权人取回的，物权人可以适当使用强力。

但是，如果占有人能够出示自己从公开的拍卖场所购得的证明等证据时，物权人的取回权则被阻却；如果因取回占有物引起诉讼的，则禁止行使强力并中止取回行为。[①]

3.公力救济与自力救济的区别

公力救济和自力救济的区别主要表现在三个方面。

（1）行为的表现方式不同

公力救济的表现方式主要是诉讼；而自力救济的表现方式主要是自卫行为和自助行为。

（2）救济权利的途径不同

公力救济是通过法院的介入来间接实现权利的保护；而自力救济则是权利人通过自己的行为直接实现物权的保护。

（3）适用条件不同

自力救济只能在来不及请求公力救济的情况下使用。

（三）物权请求权和债权请求权

1.物权请求权

物权请求权是指当物权的完满状态受到妨害或者有妨害之虞时，权利人得以请求该侵害人为一定行为或不为一定行为，以维护其物权的完整和正常行使状态。

物权请求权是由一系列权利组合而成的权利束。当代各国法律中所规定的物权请求权的具体类型是根据对物权构成妨害的事实类型来划分的，即法律认定存在哪一种妨害物权的事实，便规定一种相应的物权请求权。[②] 物权保护的方式中，物权请求权的方式主要有"物权

---

① 孙宪忠.中国物权法总论.北京：法律出版社，2003，第316页
② 孙宪忠.中国物权法总论.北京：法律出版社，2003，第318页

确认请求权""原物返还请求权""排除妨害请求权""妨害防止请求权"几种。

2. 债权请求权

债权请求权指除此之外的其他适用债法规则的请求权。在物权保护中主要表现为在物权受到侵害并由此造成权利人损害时，权利人可以请求损害赔偿的权利，此种保护方式既可以单独行使，也可以与其他物权请求权合并行使。

3. 物权请求权和债权请求权的区别

物权请求权与债权请求权虽然可以基于侵权人的同一不法行为产生，但是二者之间又存在本质上的区别。这种区别主要体现在以下几个方面。

（1）产生的依据不同

物权请求权产生的依据是物权是对其客体进行支配并排斥他人干涉的权利。为了保护物权法律上创设的返还原物、排除妨害、恢复原状均是针对有体物的保护而言；而债权请求权产生的依据则是基于法律的直接规定或者当事人之间的约定。

（2）性质不同

物权请求权是基于物权的支配性而衍生出来的一种防护性的权利，它是在物权的完满状态受到妨害或者可能受到妨害时发生，是一种以恢复物权的完满为目的的请求权；而债权请求权则是一种完全独立的请求权，只有在对方当事人为给付的情况下，权利人的权利才能得到实现，因此它是一种独立的进取性请求权。[①]

（3）是否适用诉讼时效不同

由于物权请求权无须经过法律的专门授权，在物权受到妨害时，

---

① 孙宪忠．中国物权法总论．北京：法律出版社，2003，第 318 页

权利人可以直接进行自力救济，这样可以更有效地保护物权。物权请求权虽然为请求权，但是它本身不是一种独立的请求权，而是作为物权的附属性权利存在，而物权本身则是支配权而非请求权，不能适用诉讼时效，所以物权请求权一般也不适用诉讼时效；而债权请求权则适用诉讼时效的规定。

（4）效力不同

物权请求权的效力优先于普通债权请求权的效力。当物权请求权和债权请求权同时并存并发生冲突时，物权请求权优先实现。

四、物权保护的具体方式

（一）请求确认物权

我国《物权法》规定：因物权的归属、内容发生争议的，利害关系人可以请求确认权利。确认物权的归属是运用各种物权的前提，而在实际社会中，由于种种原因，物权处在不确定状态的现象并不少见。物权不确定状态的争议包括：一是物权到底是谁的，二是物权到底有哪些内容。对此，利害关系人有权请求确认权利，该请求既可向行政部门提出，也可向人民法院提出。如果法律上有设定前置程序，还应遵循相关规定。我国《行政复议法》规定：公民、法人或者其他组织认为行政机关的具体行政行为侵犯其已经依法取得的土地、矿藏、水流、森林、山岭、草原、荒地、滩涂、海域等自然资源的所有权或者使用权的，应当先申请行政复议；对行政复议决定不服的，可以依法向人民法院提起行政诉讼。根据国务院或者省、自治区、直辖市人民政府对行政区划的勘定、调整或者征用土地的决定，省、自治区、直辖市人民政府确认土地、矿藏、水流、森林、山岭、草原、荒地、滩涂、海域等自然资源的所有权或者使用权的行政复议决定为最终裁决。最高人民法院《关于贯彻执行〈民法通则〉若干问题的意见（试行）》

中规定：因土地、森林、山岭、草原、荒地、滩涂、水面等自然资源的所有权或者使用权发生权属争议的，应当由有关行政部门处理。对行政处理不服的，当事人可以依据有关法律和行政法规的规定，向人民法院提起诉讼；因侵权纠纷起诉的，人民法院可以直接受理。

物权的确认包括两方面：一是对物权归属的确认，其中包含对所有权和他物权的确认；二是对物权内容的确认。请求确认所有权是指当所有权归属不清发生争议时，当事人向法院提起诉讼，请求确认所有权的归属。它不属于权利人自力救济的方法。请求确认所有权是其他民法保护方法适用的前提，因为当所有权归属问题悬而未决时，无从确定谁为所有人，也就不能适用其他所有权保护方法。在司法实践中，法院审理侵犯所有权的案件时，应先查明所有权的归属，然后再根据所作的确认，视财产侵犯的不同情况，采取其他保护方法。

（二）请求返还原物

《物权法》规定：无权占有不动产或者动产的，权利人可以请求返还原物。请求返还原物，是指所有人在财物被他人不法占有时，有权请求不法占有人返还原物，以恢复其对物的占有。作为物上请求权的一项重要内容，它是所有权追及效力的表现。由于请求返还原物保护方法的效力是要求不法占有人返还原物而非替代物，因此这种保护方法只适用于一般物。货币本身并无特殊标志，作为种类物可在交易中互相替代，请求他人返还货币，实质上是请求返还数额相等的货币而非原来的货币，所以货币所有权被侵害时不适用请求返还原物的保护方法。

适用请求返还原物的保护方法，应满足下列条件。

（1）原物必须存在，如果原物已丧失，则不适用返还原物，只能适用损害赔偿方法。

（2）请求权的相对人应是不法占有标的物的占有人。

（3）不法占有人不受善意取得的保护，如善意占有人因善意取得而取得所有权，原所有人不得请求返还原物。

（三）请求修理、重作、更换或者恢复原状

《物权法》规定：造成不动产或者动产毁损的，权利人可以请求修理、重作、更换或者恢复原状。请求恢复原状，是指所有人的财产遭受他人不法侵害造成损坏时，如果能够修复，所有人有权请求加害人予以修理而恢复财产的原状，如果加害人不进行修理，所有人有权请求法院责令加害人予以修理。适用请求恢复原状的保护方法，应以被损坏的财产存在修复的可能为条件，并且这种修理有经济合理性，如果所需费用超过财产的价值，一般不宜采取。但如果侵害人为恶意或恢复原状对于物权人有特殊利益，则不应过分强调其经济的合理性。对于加害人拒不修理的，所有人可以请人修理，修理的合理费用由加害人负担。另外，如果经过修理，仍不能弥补所有人的损失的，所有人还可以额外请求损害赔偿。

（四）请求排除妨碍或者消除危险

《物权法》规定：妨害物权或者可能妨害物权的，权利人可以请求排除妨害或者消除危险。请求排除妨碍，是指当所有权的圆满状态受到除占有之外的方式妨碍时，所有人有权请求妨碍人除去妨碍。在行使请求排除妨碍权利时，所有物仍由所有人占有，因此它不同于请求返还原物权利的行使。由于动产在所有人占有期间很难受到他人妨害，所以被妨害的对象主要是不动产。

行使排除妨碍请求权时，需满足以下条件。

（1）妨碍的存在。妨碍是指除非法占有之外的一切影响所有人行使权利的客观因素，可以包括积极的妨碍（如在他人通行的道路上堆放杂物）和消极的妨碍（如不拆除在他人土地上的临时建筑），也可以包括事实上的妨碍（如向他人土地排放污水）和法律上的妨碍（如将他人的房屋登记为自己所有，就有可能使所有人因登记公信主义丧失对房屋的所有权），还可包括人为的妨碍（如在他人围墙上挖洞）和非人为的妨碍（如大树被风吹倒在他人庭院中，妨碍了邻人对庭院的权利）。这种妨碍应是持续进行的，否则如果妨碍稍纵即逝或已经消失，所有人不仅无法行使排除妨碍请求权，对于这种妨碍如有造成损失的，也只能请求赔害赔偿。

（2）妨碍必须是非法的。如前所述，所有权的行使受到一定的限制，这在相邻关系中表现得尤为明显。因而，对于他人因合法行使权利给所有人造成的妨碍，如相邻关系中的通风、采光、排水及承租人对房屋的正当使用，所有人负有容忍的义务，不得行使排除妨碍请求权。

危险是指他人的行为或者设施可能造成自己占有物的损害。危险应当是可以合理预见的，而不是主观臆断的，危险必须是确实存在的且对财产有造成损害的可能。危险的发生既可能构成未来的危险，也可能构成现实的妨害。消除危险就是当行为人的行为可能造成他人的妨害，并且构成一定的危险，权利人有权请求消除已经存在的危险。对可能妨害物权或者已经妨害物权的，权利人可以请求消除危险或者排除妨害。权利人通过行使消除危险请求权，可以预防在将来发生对物权的现实损害。

（五）请求赔偿损失

《物权法》规定：侵害物权，造成权利人损害的，权利人可以请求损害赔偿，也可以请求承担其他民事责任。请求赔偿损失，是指物权权利人的财产因遭受他人不法侵害而发生毁损灭失时，在不能返还原物或恢复原状的情况下，权利人可以要求加害人赔偿财产损失，包括积极损失和消极损失。《民法通则》规定：公民、法人由于过错侵害国家的、集体的财产，侵害他人财产、人身的，应当承担民事责任。由于侵害人与权利人之间可能存在合同关系，因此侵害物权的行为还可能构成违约责任，对此，《合同法》上规定：当事人一方不履行合同义务或者履行合同义务不符合约定的，应当承担继续履行、采取补救措施或者赔偿损失等违约责任。损害赔偿应当既包括违约损害赔偿，也包括侵权损害赔偿。我国《合同法》上明确规定：因当事人一方的违约行为，侵害对方人身、财产权益的，受损害方有权选择本法要求其承担违约责任或者依照其他法律要求其承担侵权责任。其他民事责任主要是指《民法通则》所规定的责任形式，这些承担责任的方式，既可以单独适用，也可以合并适用。

一般认为，请求确认物权、请求恢复原状、请求返还原物和请求排除妨碍（通说认为后两项是物上请求权的内容，至于前两项是否属于物上请求权的内容，则存在争议）是对所有权的物权保护方法，请求赔偿损失是对物权的债权保护方法。物权的保护方法和债权的保护方法存在如下差异。

（1）行使的依据不同。物权保护方法的适用以所有权的圆满状态受到干预为条件，一般要求财产的存在，但不一定要造成损害，而不问相对人有无主观过错；债权保护方法以财产受有损害和相对人主观上存在过错为条件，财产可能不复存在，也可能存在。

（2）设立的目的不同。前者以恢复所有人对物的圆满支配为目标，后者旨在弥补所有人受到的损失。

（3）所受时效约束不同。一般而言，对于物上请求权很难适用诉讼时效，因为物上请求权通常适用各种继续性的侵害行为，而债权保护方法则受诉讼时效的约束。

总的来说，物权的保护方法直接恢复所有人对所有权的圆满支配状态，其保护较债权的保护方法更明显有效，因而在具体运用这些方法时，往往优先考虑使用物权的保护方法，在其不能适用时，才采用债权的保护方法，当然这两类保护方法也是密切联系、互为补充的。当物权受到侵犯时，可根据受侵犯的具体情况，单独采用其中一种方法或综合运用多种方法，以全面保护物权权利人的利益。

第三章　所有权问题研究

所有权是最为典型的物权，是物权的原型和产生其他物权的基础。在物权中，所有权又是权能最充分的权利。所有权就是所有人依法对自己的不动产或者动产，依照法律规定享有的占有、使用、收益和处分的权利。所有权制度是物权制度的核心内容，所有权作为完全物权，体现了物权制度的基本特征。

第一节　所有权通说

所有权制度是一国的社会秩序和法律秩序的基础。自有人类社会以来，尤其是自国家和法律产生以来，在人群共处的社会里，所有权制度构成社会秩序的基础。任何国家或社会的秩序，均以所有权制度的确定和建立为必要，同时，所有权制度也是一个国家或社会的法律秩序的重要前提。

一、所有权的概念及特征

（一）所有权的概念

近代民法以来对于所有权概念的描述主要有如下两种方式。

1. 概括式

概括式也称抽象概括式立法模式，以罗马法和德国民法典为代表。抽象概括主义认为，所有权绝对不是占有、使用、收益和处分诸权能的简单相加，而是一种一般的支配权。这种支配权是法律为保护所有人对特定财产的利益而赋予所有人特定的法律之力。所有人依此法律上的力，不仅有直接支配标的物的排他性的权利，而且也可享受所有物的特定利益。[①]《德国民法典》采取了这种界定方式，该法典第903条规定：所有权为"以不违反法律和第三人的权利为限""随意处分其物，并排除他人的任何干涉"的权利。

2. 列举式

以法国为首的法国法系国家对于所有权的界定采取了具体列举主义的立法例。《法国民法典》第544条规定，"所有权是对于物有绝对无限制地使用、收益及处分的权利，但法律所禁止的使用不在此限。"法国的这一立法方式在之后很长一段时期内成为民法理论上的通说，并为日本、台湾地区等大陆法系国家和地区所继受。

尽管许多学者主张在我国物权立法中采用抽象式的方式来界定所有权的概念，[②] 但是，我国《物权法》最终仍然采用了法国式的界定模式，《物权法》第39条规定：（所有权是指）"所有权人对自己的不动产或者动产，依法享有占有、使用、收益和处分的权利"。

由于列举式的所有权定义从根本上混淆了所有权的含义和所有权的作用，将所有权概念本身等同于所有权的权能，没有揭示出所有权的支配性这一本质属性，作为学理上的所有权的定义，可以考虑借鉴概括式立法主义的做法，在体现所有权的相对性和所有权的社会化的基础上，从所有权的社会化和支配性方面对其进行概念界定，将所有权定义为：所有权是指在法律的限制范围内，权利人对于所有物永久全面与整体支配的权利。

[①] 郑玉波.民法总则.台北：三民书局，1979，第44页
[②] 梁慧星，陈华彬.物权法.北京：法律出版社，2003，第97页

（二）所有权的特征

所有权除具有物权的一般特征，即客体的特定性、内容的支配性、效力的绝对性与排他性外，还具有以下显著特征。

1. 整体性

所有权是一个整体的权利，并非是简单的占有、使用、收益以及处分这些所有权在量上的加总。[①] 所有权是各项权能质的集合，并非量的集合，如在所有权上设定他物权后，其使用、收益、处分等权能或尽归他人享有，或受限制，使所有权呈现"虚有化"，但所有权仍为所有权，其所有权的本性丝毫不受影响。

所有权不得在实践上或是内容上进行分割断裂，这是由所有权的整体性决定的。在所有物上设定用益物权或担保物权，是在创设一个新的、独立的物权，并非让与所有权的一部分；在所有权保留买卖中，只有在约定的价款全部清偿后，标的物的所有权才发生转移，可以说，买受人仅取得对于标的物所有权的期待权。

2. 全面性

所有人在法律限制的范围内，对标的物可为全面、概括的占有、使用、收益及处分。只要不违反法律的限制性规定，所有人可任意选择，行使上述权能中的一项或几项。所有权之所以是完全物权，就在于所有人享有物权全部权能的任意选择权，全面性即任意性，它表现的是权利人全面支配所有物的意志实现自由。其所能支配的物之价值，既包括使用价值，也包括交换价值。与所有权不同，定限物权则仅限于对标的物的使用价值或交换价值为支配，而不能为全面的支配。支配使用价值的为用益物权；支配交换价值的为担保物权。

---

① 王泽鉴. 民法物权. 北京：中国政法大学出版社，2001，第150页

3. 永久性

所有权的永久性又称为恒久性、无期性，是指所有权因标的物的存在而永久存续，不因诉讼时效届满而消灭，当事人也不得预定其存续期间。因此，所有权是一种无限期的物权。标的物的抛弃、损坏、灭失都会导致所有权的消灭，因而此处的永久性并非是指所有权的永不消灭或永不磨灭。

4. 弹力性

所有权既然具有整体性，则其内容即可自由伸缩。所有人可在所有物上设定各种定限物权，如设定地上权、典权等用益物权，或者抵押权、质权等担保物权，使所有权受到该定限物权的限制，致其全面支配所有物的权能大减缩，但只要没有使所有权消灭的法律事实（如抛弃、标的物灭失），所有人仍旧保持对其所有物的支配权，所有权并不消灭。当该定限物权消灭，所有权的负担除去时，所有权即立即回复其全面支配的圆满状态。

二、所有权的权能

我国已故民法学者佟柔先生指出："所有权并不是其各项权能的简单相加，所有权的权能或内容只是实现所有权的手段，或称所有权的作用。"[1] 而在罗马法学家看来，"所有主的权利是不可能以列举的方式加以确定的，换句话说，人们不可能在定义中列举所有主有权做什么；实际上，所有主可以对所有物行使所有可能行使的权利"。[2] 因此，只要不与法律和社会公共利益发生原则上的冲突，所有人可基于利益最大化的追求自由支配所有物。对所有物的占有、使用、收益、

---

[1]　彭万林.民法学.北京：中国政法大学出版社，2002，第21页

[2]　[意]彼德罗·彭梵得著；黄风译.罗马法教科书.北京：中国政法大学出版社，1992，第196页

处分等权能只是构成了所有权的积极权能。并且除所有人为所有权的积极权能外，否则为了实现所有权的价值，还需要所有人之外的其他人对所有人的行为不加以干涉，唯有这样，才能形成所有权的圆满状态，这是所有权的绝对权性质所决定的。因此，排除他人干涉也是所有权的权能，属于所有权的消极权能。所有权的上述两方面权能，已为各国民法所认同，但在立法例上存在差异，有的只规定了所有权的积极职能，如《法国民法典》第 544 条、《日本民法典》第 206 条；有的则两者兼顾，如《德国民法典》第 903 条，我国台湾地区现行"民法"第 765 条。我国《民法通则》第 71 条列举了所有权的积极权能而未揭示所有权的消极权能，虽然从其后的第 73 条、第 74 条和第 75 条关于禁止任何组织或个人侵犯财产的规定可以窥知所有权的消极职能，但积极权能和消极权能为实现所有权支配力的两面，缺一不可，法律规定不应顾此失彼，因此我们认为，在我国制定物权法时，以同时规定所有权的积极权能和消极权能为宜。

（一）所有权的积极权能

1.使用

使用指在不毁损所有物或改变其性质的前提下，依照物的性能或用途加以利用，以满足人们生产生活需要的权利。物的使用价值决定了对物进行使用的可能和必要。行使使用权，应以占有为前提条件，即享有使用权的人必然享有对物的占有权；但反之，享有物的占有权并不一定享有物的使用权。例如，在质押和留置中，质权人对于质物，留置权人对于留置物就都只有占有权利而无使用权利。使用权作为一项独立的权能，也同占有权一样，可依法律规定或当事人之间的约定与所有权相分离，转移给非所有人行使。当然，非所有人的使用必须是合法的，不仅包括使用权的取得是合法的，还包括使用的目的和方法也必须是合法的。否则，使用人要承担法律责任。没有法律根据或未经所有人同意的使用构成了非法使用，所有人有权要求非法使用人返还因对物的使用而获得的不当得利并要求其承担相应的民事责任。根据所有权的弹力性，使用权虽一定期限内可交由非所有人行使，但终究要复归于所有人。就这一点来说，使用权仅适用于非消耗物，对于消耗物的使用，实际上已是一种事实上的处分。

2. 占有

占有指所有人对标的物加以实际控制或管领的权利。所有权为对物的支配权，所有人为实现物的价值，理应享有对物的占有权，因而占有被视为所有权的事实权能，是所有人行使物的支配权的基础和前提条件。但是在现代社会中，由于经济的发展，人们在时间、精力以及技能等方面的限制，占有只是作为独立的权能，并由所有人之外的第三人依据法律规定或是双方当事人之间的口头约定，进行该项权能的行使，他们不可能完全占有使用所有物。占有权能的分离并不导致所有权的消灭，但非所有人取得的占有权同样也受到法律保护，并且在请求其他人进行所有权的交付等一系列活动时，标的物不能按照所有人的随意请求而对所有物恢复占有。

3. 收益

收益指收取由原物衍生的经济利益的权利，包括收取原物所生的天然孳息（如果树所生的果实、饲养的家畜所生的幼仔）和收取原物所生的法定孳息（如利息、租金）。历史上，收益权的创设最初是为了解决中世纪西欧土地上的双重所有权，"中世纪封建时代，封地之分割所有关系，其土地使用收益之经济的权能属于臣下，而管理处分之支配权能，属于领主"，[①] 收益权作为一项独立权能逐渐确立。通

---

① 史尚宽.物权法论.北京：中国政法大学出版社，1999，第3页

常情况下，收益权是由所有人来行使。但是在现代市场经济的发展过程中，所有人对所有物的支配已经不同以往，他们对物的利用已不仅仅局限于其本身的使用，而转化为以收益为媒介的价值形态的支配，将所有权视为一种观念化的财产。所有人通过把握最终的收益权来实现其价值最大化，这一过程无形中就增加了收益权在所有权能中的比重。收益权是一种与所有权部分或完全分离的独立的职能。在实践中，这种分离与所有权其他权能的分离相结合，反映了不同的所有权运行状态：①所有人让与财产的占有权、使用权、处分权和部分收益权，保留部分收益权，与受让人按一定比例分享财产利益；②所有人让与财产占有权、使用权和部分收益权而保留处分权和部分收益权；③所有人让与占有权、使用权和收益权而保留处分权。

4. 处分

处分指依法对物进行处置的权利。由于处分权最终影响到物的命运，因而在所有权的各项权能中，处分权居于核心地位，是带有根本性意义的一项权能。处分包括事实上的处分和法律上的处分，前者是在加工、改造以及消费过程中对标的物进行变形、毁坏以及改造的事实行为。后者指通过法律行为对所有权进行移转、限制或消灭，使其发生变动，如转让、租借、设定用益物权等。有学者认为处分仅指事实上的处分，其理由在于"为法律的处分时，其所处分者乃所有权而非所有物"[1]。但依大部分学者的观点，所有权不是具有专属性的财产权，本来就可以通过法律行为进行处分，况且在实践中，当所有人对标的物无法进行事实上的处分时，他仍可通过法律行为对所有物进行法律上的处分，如抵押人可以在他出租的房屋上设定抵押权；因而所有权的处分，以包括事实上的处分和法律上的处分为宜。在内容上，有学者认为将法律上的处分仅仅理解为转让是不够全面的，为了保证

---

[1] 李宜琛. 现行物权法论. 北京：商务印书馆，1934，第 59 页

所有人对物的充分利用和适应社会生活的多种需要，法律上的处分不仅包括转让，同时还包括通过法律行为对物的其他处置（如设定他物权）。作为一项独立的权能，所有人也能部分或全部转让处分权，这在收益权能中已有论及，不再赘述。

（二）所有权的消极权能

所有权的消极权能是指所有人排斥并除去他人对所有物的不法侵占、干预和损害的权能，它是保证所有权各项积极权能得以实现的必要条件。不同于积极权能，所有权的消极权能只有在他人非法干预所有人行使所有权时才出现，平时若无非法干涉，消极权能是隐而不现的，这也是其名称的由来。所有人排除他人干涉的手段主要是通过行使物上请求权来实现的。

三、所有权的限制

现代各国对所有权的限制业已形成公法上的限制和私法上的限制并重的双轨制限制体系，其中公法上的限制较多。

（一）私法上的限制

所有权在私法上的限制主要体现在民法中基本原则的适用以及有关规定对所有权行使的限制。如民法的禁止权利滥用原则和诚实信用原则的适用以及自力救济制度、他物权和合同债权的约束等构成了所有权限制的主要法律依据。

1.禁止权利滥用原则和诚实信用原则

禁止权利滥用是指权利主体在行使权利时，不得违反公共利益或者以损害他人为主要目的。依现代民法理念，必须依据城市和信用的方法行使这些具有社会性的私权，对一切滥用所有权的行为进行禁止，实属天经地义。权利人在行使权力时，应就自身所取得的实际利益与社会上的其他团体或个人因该权利的行使所受到的损害进行衡量比较。如由于权力的形似导致自身收益极少而社会损害极大，即为以损害他人为目的的权利行使。[1]19 世纪随着法国科玛尔法院"嫉妒建筑"案件的判决，许多国家在自己的民法典中设立了相关权利滥用禁止性的规定，我国《民法通则》也规定了这一原则。但是作为一个抽象的法律概念。权利滥用的认定标准在各国并不一致，学者将其概括为恶意损害他人的滥用行为、违背权利目的的滥用行为、于己无益的滥用行为、损害大于所受利益的行为、与所引起信用相违背的滥用行为和损害超过忍受限度的滥用行为六种情形。[2] 这种类型化认定的尝试对于禁止权利滥用原则在司法实践中的运用具有重要的参考价值。

诚信原则作为民法的基本原则，要求权利人不仅在行使债权、履行债务时遵守，而且在所有权行使时也应遵守。这一原则作为现代民法的一项基本理念在各国的民法典中得到充分的体现。我国民法通则对此也作了明确的规定，依据该规定，当事人在行使所有权在内的所有民事权利时，如果违反了诚信原则属于违法行为，应当承担民事责任。

2. 自力救济

自力救济在民法上包括正当防卫、紧急避险和自助行为。法律关于上述制度的规定对所有权的行使构成了限制。如为保证自己的财产被正在进行的不法侵害行为损害而对侵权人进行反击或者押收其财物等行为。作为保护民事主体私权的法律制度，该制度自罗马法以来就在私法上得到了确认。

---

① 王泽鉴.民法物权.北京：中国政法大学出版社，2001，第 157 页
② 汪渊智.论禁止权利滥用原则.法学研究，1995（5）

3.他物权或者债权等其他方面的限制

他物权制度对所有权的约束主要体现在当所有人在自己物上为第三人设立用益物权或者担保物权时，自己对该物的使用或者处分权能即由此而受到一定的限制。如所有人在自己物上为他人设定质权后，其对该物的占有、使用和收益权能受到相应的限制；合同债权的约束是指所有权人就所有物设定债权契约时，其对该物的使用、收益或者处分权即受到债法上限制，如所有人将自己之物通过借用合同借于他人时，其占有、使用权能受到限制。合同债权的限制与他物权的限制区别主要在于：债权对所有权处分的限制不能对抗第三人，而他物权对所有权的限制可以对抗第三人。

（二）公法上的限制

公法为了保护社会公共利益而对所有权进行限制，此类规范多属行政法规，如环境保护法、土地管理法、文物保护法等。就受限制的标的物而言，既有不动产，也有动产；就限制的范围而言，既有所有权的取得和行使，又有所有权的转移和处分；就所有人的限制方式而言，既有作为的义务，也有不作为的义务和忍受的义务；就违反义务的法律后果而言，既有法律行为的无效和撤销导致的损害赔偿等民事责任的承担；也有行政责任和刑事责任的处罚，呈现出种类多、范围广并且日益增多的趋势。

公法对所有权的限制中，有一种特殊的情形需要强调，即所谓"公用地役关系"，如某条实际上供公众通行数十年的道路使用，应当认为已有公用地役关系存在，土地所有人即不得违反供公众通行之目的而为自由使用收益。[①] 当然，因公益而牺牲他人财产上利益时，政府应当依照有关法律办理规定征收，并予以补偿。

---

① 王泽鉴.民法物权.北京：中国政法大学出版社，2001，第161页

第二节 国家所有权和集体所有权

所有权的类型是指所有权的不同种类。传统民法根据权利客体的不同将所有权分为不动产所有权和动产所有权，两者在权利的取得方式、权利变动的公示方式、权利的行使和权利的消灭方式上存在着差别。这种区分已为大陆法系和英美法系的立法所确认。另外，根据权利主体数量和内容构成的不同，可将所有权分为单独所有权、共同所有权和区分所有权三种。

我国物权法对所有权类型的划分，主要是根据权利主体的不同进行的，一般认为国家所有权、集体所有权、私人所有权是我国现阶段所有权的三种基本形态。

一、国家所有权

（一）国家所有权的概念

何谓国家所有权？我国《物权法》没有定义。但通说认为，国家所有权系"作为社会主义条件下的一种所有权形式，是国家对国有财产的占有、使用、收益和处分的权利，本质上是全民所有制在法律上的表现"[①]。

（二）国家所有权的主体

国家所有权的主体具有唯一性和统一性，即国家是这一所有权的唯一的统一的主体。我国《宪法》第7条规定"国有经济，即社会主义全民所有制经济，是国民经济中的主导力量"。《民法通则》第

---

① 佟柔．中国民法．北京：法律出版社，1990，第121页

73 条第 1 款规定："国家财产属于全民所有。""国家所有"与"全民所有"是对同一事物的不同称谓，两者并无区别。对此，《物权法》规定：法律规定专属于国家所有的不动产和动产，任何单位和个人不能取得所有权。

国家所有权与其他所有权不同的是主体的全民性，即国有财产是全体人民共同所有的财产，国家所有权具有独占、排他的特征，国家代表了全体人民的意愿行使全民财产的所有权。公有制国家由于其所有者是全体人民，他们是最直接的社会所有，因而对"全民所有权"采取了国家所有权的法律形式，但是在实践中，不可能由社会全体成员直接占有社会生产资料，单个社会成员也不可能代表全体社会成员支配生产资料，因而必须确定一个权利主体来实现对全民所有的财产的支配。而公有制的建立，使得国家得以代表全体人民的共同意志和共同利益，在法律上确认国家为国家财产所有权的主体，便具有了客观必然性。

对于国家所有权主体的唯一性特点，有学者认为"所有权的主体必须是一个具体的、实在的法律上的人，但法律上的国家……是一个抽象的概念而不是一个具体的主体"，"国家财产所有权在事实上是由各级政府或者其他的公法法人分别享有和行使的"，"因此，对公有制所有权，应该按照实事求是的原则，将其规定为中央政府、地方政府以及有关公法法人的所有权。如果做到这一点，就与市场经济国家与地区的立法实现了接轨"。[1] 有的学者则认为，"如果认为从中央到地方的各级政府部门都是国有财产的所有人，则必然导致将统一的国家所有权分割为中央政府所有权、地方政府所有权和部门所有权，这会从根本上改变我国全民所有制的性质"，"国家的各个机构，无论其属于哪一个行政层次，都只是代表国家行使所有权的机关，其本

---

① 孙宪忠.物权法基本范畴及主要制度的反思.中国法学，1999（5）

身并不是所有人"。①

（三）国家所有权的客体

1. 自然资源

国家对于自然资源、草原、滩涂、野生动物资源、无线电频谱、文物、国防资产、公路、铁路、电信设施和油气管道等基础设施享有所有权，这是我国《物权法》在第48条至第53条所作出的明文规定。这些所有权的客体，在我国《宪法》《民法通则》《土地管理法》《草原法》《水法》《海域使用管理法》《矿产资源法》等法律中均已做出过明确规定，《物权法》只是对其进行再次确认。

国家对自然资源等公用财产享有所有权，这是世界通行的做法。一般认为，国家基于主权要求需要对某些财产进行垄断，这样可以避免这些财产为其他国家所得，同时不允许任何公民和法人享有对自然资源的所有权。

2. 国有财产

"国有财产由国务院代表国家享有所有权"，这是《物权法》所规定的国家所有权的第三类形式。国家对国有财产享有所有权，这样的表述应当如何理解？以下分别述之。

（1）国有财产的性质

国有财产内容非常丰富，包括国家享有的债权、知识产权等诸多权利，作为有体物归属和利用权利的物权只是其中的一部分。仔细对"国家对国有财产享有所有权"进行分析，我们很容易发现，此种所有权，并非法学意义的所有权，而是经济学意义上的所有权，是国家对其财产所享有的总括性的权利。因此，从体系化的法典视角，将"国

---

① 王利明.民法学.北京：中央广播电视大学出版社，1995，第159页

家对国有财产享有所有权"在《物权法》中进行宣示，并不严谨。

（2）国有财产的来源

①没收的财产。社会主义国家所有权，最初是在无产阶级夺取政权以后，通过国有化措施而产生的。新中国成立以后，根据马克思主义关于"剥夺剥夺者"的原理，运用法律措施在全国范围内没收了官僚资本，把原来属于国民党政府和官僚资本家的工厂、铁路、矿山、银行、邮电、航运、港口等重要财产，收归国家所有，变为社会主义的国营企业。

②再生产和其他途径。第二部分的国有财产主要通过增值而产生，即国家通过生产和扩大再生产，凭借国家政权的强制力向负有纳税义务的单位或个人征税，直接从事民事活动，依法征用，以及将无主财产和无人继承的财产收归国有等，使国有财产得以不断产生和发展。

③赎买的财产。赎买是国有财产形成的第三种方式，在社会主义改造时期，党和国家根据我国的具体条件和民族资产阶级的特点，对民族资本通过赎买的办法实行了国有化，逐步将民族资产阶级占有的生产资料转化为国营企业的财产。

（3）国有资产流失

国有资产流失问题在我国比较常见，在别的国家似乎并不多见。中国的国有资产为什么会流失，这需要认真反思。在西方国家，国家一般不参与到经营性领域，既做裁判员，又做运动员，这对于市场经济平等的要义是巨大的破坏。国家的职能就是设定市场规则、监管、收税，以及在一些有关国计民生的领域，如地铁、核电、石油等进行经营。

中国的国情有所不同，由于历史的影响，中国的国有资产形成了庞大的规模，客观而言，它们在较长时期对中国的经济发展起到了非常积极的作用。但是，随着社会主义市场经济体制的建立，这种资产配置错位问题开始大量出现。中国的国有资产主要存在于经营性领域（如邮政、电信），以及大量的非公有制经济展开"平等竞争"。而市场经济本身存在风险，没有人是市场中永久的赢家，市场经济的风险决定了盈亏赚赔难以预测。此时，既然国家将资产投入到经营性领域，在营利的同时，也应当有"资产流失"的准备。

解决国有资产流失，有治标和治本两种方法。治标的方法，主要是通过加强对资产经营的管理，提高资产运营的技巧，减少对资产低效益的配置行为，这一任务应该通过《公司法》等专门法律予以完成。治本的方法，国有资产应当逐步退出经营性领域，使市场实现充分的平等竞争，这是未来中国应当努力的方向。

3. 城市土地

城市土地是国家所有权的第二类形式，也是社会主义公有制的重要内容。社会主义的公有制在当前主要表现为土地的公有制，城市土地是中国工业文明的动力和源泉，是建设用地的最主要来源，有鉴于其重要性，国家需要专门作出规定以定分止争。对此，我国《物权法》第 47 条明确规定，城市的土地，归国家所有。

（四）国家所有权的行使

1. 国家所有权的行使代表

《物权法》第 45 条第 2 款规定："国有财产由国务院代表国家行使所有权；法律另有规定的，依照规定。"这条就是关于国家所有权行使代表的规定。国家所有权的主体是国家，国家以国家名义对国有财产享有所有权，首先明确了国有财产，即全民财产的法律归属。国家作为一个统一的、抽象的主权和政权组织，其对所有权的行使则需要由组成国家的具体机构代表国家行使。国家所有权的行使就是由国家对国有财产行使占有、使用、收益和处分的权能。在这一支配过程中，一方面国家以其公权力支配国有财产，如国家以财政权对国有财产的支配；另一方面国家以其特殊的民事主体身份参与民事活动，如发行国债、对外担保、出让国有资产、国有资产投资。这些活动都应属于国家管理的职能，属于国家行政权力的作用范围。因此，国家所有权的行使应由国家的管理机关行使。在我国，国家最高行政管理机关即中央政府是国务院。我国《宪法》第 85 条规定："国务院即中央人民政府，是最高国家权力机关的执行机关，是最高国家行政机关。"因此，《物权法》规定，国有财产由国务院代表国家行使所有权，法律另有规定的依照规定。实际上在有关法律中对国务院作为国家所有权行使代表的地位已有具体的规定。例如，我国《矿产资源法》第 3 条规定："矿产资源属于国家所有，由国务院行使国家对矿产资源的所有权。"我国《水法》第 3 条亦规定："水资源属于国家所有，由国务院行使国家对水资源的所有权。"因此《物权法》规定国有财产所有权由国务院代表国家行使，是对有关单行法中对国务院代表国家行使所有权及相关规定的总结。国家所有权的主体是国家，国家具有统一性，国家所有权的行使亦应当由国务院统一代表国家行使所有权。如果不是国务院统一代表国家行使所有权，各个国家机关、地方国家机关或者其他组织都随意代表国家行使所有权，就会分化国家所有权，损害国家的整体利益。因此，必须强调国家所有权的统一性，强调由国务院统一代表国家行使所有权。

2. 国务院代表国家统一行使所有权的方式

强调国务院代表国家统一行使国家所有权，并不意味国务院具体占有、使用、收益和处分国有财产，而是指由国务院统一管理国有财产各项具体权能的行使。国务院有权制定有关国有财产管理的法规，设置有关管理机构，授权有关职能机构或地方人民政府管理国有财产，审批国有财产的处分等。而且对国有财产管理职能的各个具体方面，国务院有权授权有关职能部门和地方人民政府行使。但行使国家所有权具体管理职能的各级人民政府及其职能部门，都是在国务院的领导和授权下进行管理工作的，他们都不是国家所有权的主体，在所有权的行使过程中各级人民政府和职能部门必须服从国务院的管理，遵守有关法律、法规，不得各行其是。而对于国有财产的具体占有、使用、收益和处分权能，则根据财产的不同性质和用途，可以由国务院及其授权的职能管理机关、地方政府及其职能部门行使。管理机关处置对财产的具体占有、使用、收益或处分，可以由国有企事业单位、非国有的其他组织、自然人占有、使用、收益。例如，我国《土地管理法》第5条明确规定："国务院土地行政主管部门，统一负责全国土地的管理和监督工作。县级以上地方人民政府土地行政主管部门的设置及其职责，由省、自治区、直辖市人民政府根据国务院有关规定确定。"可见，国务院是国有土地所有权的行使代表，由国务院设置土地行政主管部门作为其所属职能部门，统一负责全国土地管理和监督工作或者由国务院作出规定，设置地方各级人民政府的土地行政主管部门及其职责。可见，国有土地所有权，由国务院代表国家行使，国务院则成立行政主管部门，负责对国有土地所有权行使具体管理职能，国务院还决定地方各级人民政府成立国有土地行政管理部门，在权限范围内管理在当地的国有土地所有权。经国家土地行政管理部门或者地方人民政府的土地行政管理部门的处置，可以以划拨或者出让的方式，将国有土地确定给国家机关、国有企业、事业单位使用；在出让方式下，各级土地行政管理机关则代表国家，向使用国有土地的机关、企业事业单位或个人收取土地出让金，实现了国家所有权的收益权能。又如对经营性国有资产，国务院则依法成立国有资产管理委员会，并设立国有资产投资公司，以投资参股等方式，经营国有资产，代表国家从公司的投资盈余中分取红利，以实现国家国有资产所有权的收益权能。

3. 由国务院代表国家行使所有权的例外规定

《物权法》第 45 条第 2 款规定："国有财产由国务院代表国家行使所有权；法律另有规定的，依照其规定。"例如，《澳门特别行政区基本法》第 7 条规定："澳门特别行政区境内的土地和自然资源，除在澳门特别行政区成立前已经依法确认所有的土地外，属于国家所有，由澳门特别行政区政府负责管理、使用、开发、出租或批给个人、法人使用或开发，其收入全部归澳门特别行政区政府支配。"可见依照这条法律规定，对在澳门特别行政区的国有土地和自然资源，不由国务院代表国家行使所有权，而由澳门特别行政区政府行使所有权。再比如，依据《无线电管理条例》的规定，对于国有无线电频谱资源，如果属于军事的频谱资源则由中央军事委员会代表国家行使所有权。

二、集体所有权

（一）集体所有权的概念

在我国，集体所有权是指劳动群众集体组织占有、使用、收益和处分其财产的权利，它是劳动群众集体所有制在法律上的表现。

（二）集体所有权的主体

不同于国家财产所有权主体的唯一性，集体财产所有权的主体具有多元性。我国《宪法》第 8 条规定："农村中的生产、供销、信用、消费等各种形式的合作经济，是社会主义劳动群众集体所有制经济。"（第 1 款）"城镇中的手工业、工业、建筑业、运输业、商业、服务业等行业的各种形式的合作经济，都是社会主义劳动群众集体所有制经济。"（第 2 款）我国《民法通则》第 74 条也规定："劳动群众集体组织的财产属于劳动群众集体所有。"可见，现实生活中数以万计的集体组织，都是其财产的独立的所有者。有学者指出："劳动群众集体，既不是法人，也不是自然人的合伙，更不是非法人组织。总之，这个劳动群众集体不能是民法科学所包容的主体形式。"① 还有学者通过分析集体所有权的性质，提出"以现代企业制度改造现有城乡集体企业，既明晰了产权，也为集体企业和集体经济的长期、稳定的发展奠定了坚实的基础"。② 实践中对于城镇集体企事业单位的财产所有权主体争议不大，一般都认为具备法人条件，取得法人资格的城镇集体企事业单位是其财产的所有人，但对农民集体组织财产所有权尤其是农村集体土地所有权的主体则存在着较大争议。③《民法通则》第74条第2款规定："集体所有的土地依照法律属于村农民集体所有，由村农业生产合作社等农业集体经济组织或者村民委员会经营、管理。已经属于乡（镇）农民集体经济组织所有的，可以属于乡（镇）农民集体所有。"从该条来看，无法确定农村集体土地归属哪一个具体的主体所有。有学者提出，在确定集体土地所有权主体和发生纠纷时，应考虑"集体经济组织成员对集体的权利义务"，"历史上对土地的支配状况和现实中对土地占有的状况，尤其要从有利于维护耕地及有效率地利用土地方面考虑来解决各种纠纷"。④ 我们认为是值得倡导的。

（三）集体所有权的客体

集体所有权的客体是指集体所有权的对象，即哪些不动产和动产可以成为集体所有权的客体。《物权法》关于集体所有权客体的规定

① 孙宪忠．物权法基本范畴及主要制度反思．中国法学，1999（5）
② 王利明．物权法论．北京：中国政法大学出版社，1998，第520页
③ 刘心稳．中国民法学研究述评．北京：中国政法大学出版社，1996，第372～373页
④ 王利明．物权法论．北京：中国政法大学出版社，1998，第530页

就是明确集体所有权的客体范围。依据我国《物权法》第58条的规定，集体所有的不动产和动产包括：

1. 法律规定属于集体所有的土地和森林、山岭、草原、荒地、滩涂

集体对土地、森林、山岭、草原、荒地、滩涂等自然资源享有所有权，是以国家法律的规定为依据的。法律之所以规定这些资源性财产归集体所有，是由集体所有制的性质决定的。在农村实行集体所有制，就是要把土地、森林、山岭、草原、荒地、滩涂这些基本的自然资源由集体成员公有，而不得为个别人私有，从而保障社会成员能够公平地享有这些社会资源，获得生存的基本条件，以防止自然资源向少数私人集中，由少数人垄断，以确保集体成员能够共同富裕，防止由于对基本生产资料的占有不均而出现贫富两极分化。土地等自然资源是财富之母，是实现一切生产所必需的物质条件，具有极端的重要性，同时这些资源又极为有限、稀缺和珍贵。在农村，对于农民来讲，土地等自然资源是其安身立命的基本条件。实行土地私有和自由买卖，必然导致土地向少数所有者集中和垄断，从而使一部分人失去生存的基本条件。这是为我国历史发展所证明的。因此，社会主义新中国建立后，我国实行了农村土地等自然资源的集体公有制，以集体公有制的形式将这些资源集中为社会的资源，为社会成员公平享有。法律规定这些自然资源为集体所有，为集体的土地等自然资源所有权的产生提供了法律依据。但对于各集体具体的土地等自然资源不动产所有权，其产生则是由20世纪50年代的合作化、集体化等生产资料公有化措施完成的，即由个体农民将其通过土地改革分得的私有土地，入股给农业生产合作社，加入合作社，在合作社的基础上，又通过取消农民个人对合作社财产股份的所有权和分红的权利，将土地的所有权完全集中在合作社集体所有。这样在各个集体就产生了集体的土地所有权。

2. 集体所有的建筑物、生产设施、农田水利设施

集体所有的建筑物，有房屋、厂房等；生产设施，如大型农业机械、机器设备；农田水利设施，如水库、抽水站、灌溉设施。

3. 集体所有的教育、科学、文化、卫生、体育等设施

集体所有的教育、科学、文化、卫生、体育等设施是指集体所有的为集体成员服务的公益设施。大部分农村集体在村一级一般都有村办小学、文化站、合作医疗站，有的还有农业科技推广站、畜牧兽医站，有的还有体育健身馆、文艺演出器材、舞厅等。这些设施大多是由集体积累、农民集资、社会捐助、国家扶持等建设的，但所有权属于农民集体。

4. 集体所有的其他不动产和动产

对于集体所有的客体范围，除法律规定专属于国家所有的不动产或者动产，集体不能享有所有权以外，法律一般没有特别的限制。因此，除以上列举的常见的集体所有的不动产和动产种类以外，对于其他不动产和动产，只要集体依据法律规定的取得事实取得所有权的，集体都可以享有所有权。例如，集体开办的农贸市场、集体的交通工具、集体开办的矿场及其设备、集体企业的原材料等。

（四）集体所有权的行使

一般而言，劳动群众集体组织所有的财产是由本集体组织来行使所有权的，但改革开放后，随着经营方式的改变，集体所有的财产的所有权权能也可由非所有人来行使。例如我国《宪法》第 8 条规定："农村集体经济组织实行家庭承包经营为基础、统分结合的双层经营体制。"我国《民法通则》也规定，公民、集体依法享有对集体所有的土地、森林、山岭、草原、荒地、滩涂、水面的承包经营权。为了

加强农村集体经济组织的民主管理，保护广大农民的利益，《物权法》规定对一些重大事项，必须实行民主管理，经过集体经济组织成员依法定程序共同决定："农民集体所有的不动产和动产，属于本集体成员集体所有。下列事项应当依照法定程序经本集体成员决定：①土地承包方案以及将土地发包给本集体以外的单位或者个人承包；②个别土地承包经营权人之间承包地的调整；③土地补偿费等费用的使用、分配办法；④集体出资的企业的所有权变动等事项；⑤法律规定的其他事项。"《物权法》还根据《宪法》的规定总结了长期以来的立法经验，对农村集体土地所有权和使用权进一步作出明确的规定：对于集体所有的土地和森林、山岭、草原、荒地、滩涂等，依照下列规定行使所有权：①属于村农民集体所有的，由村集体经济组织或者村民委员会代表集体行使所有权；②分别属于村内两个以上农民集体所有的，由村内各该集体经济组织或者村民小组代表集体行使所有权；③属于乡镇农民集体所有的，由乡镇集体经济组织代表集体行使所有权。城镇集体所有权是我国集体所有权的一项重要内容，《物权法》对城镇集体财产从物权的角度作出原则性的规定：城镇集体所有的不动产和动产，依照法律、行政法规的规定由本集体享有占有、使用、收益和处分的权利。《物权法》的这一规定，实际上是从基本法的层面规定了这一类财产形态，为有关具体法律法规将来具体界定城镇具体企业的财产归属确定了基本原则，也为今后城镇集体企业的深化改革留下了空间。

第三节　建筑物区分所有权研究

随着我国住房制度的商品化改革，传统的房屋所有权关系发生了重大变化。高层建筑的出现使多人居住于同一建筑物或建筑群成为常见现象。在《物权法》的立法过程中，车库、公共绿地、业主委员会等核心和焦点问题，引发了大众广泛的讨论和争鸣，《物权法》第六章以"业主的建筑物区分所有权"为名，对建筑物区分所有权做出了系统和明确的规定。

一、建筑物区分所有权的概念

建筑物区分所有权作为一种所有权形式得到不同国家立法的确认，但在具体名称上则存在差异，例如法国称为"住宅分层所有权"，德国和奥地利称为"住宅所有权"，英国叫做"公寓所有权"，美国称为"单元所有权"，瑞士称为"楼层所有权"，日本和我国台湾则称作"建筑物区分所有权"。从实际情况看，建筑物可根据水平方向（如按建筑物的阶层）进行横向分割，也可按垂直方向（如按建筑的栋数）进行纵向分割，还可水平和垂直方向相结合进行纵横分割形成单元房，后两种形式在现代建筑物区分所有中最为常见。上述"住宅分层所有权""单元所有权"和"楼层所有权"均无法涵盖建筑物区分所有的各种类型，"住宅所有权""公寓所有权"的名称又无法反映建筑物区分所有的特色，而"建筑物区分所有权"不仅可以包括建筑物区分所有的三种类型，而且反映出这种所有是对建筑物的与其他部分区别开来的某一特定部分享有的所有权，不仅深具特色而且不会产生歧义，易于为人们所理解和接受，我国学者多采之。

建筑物区分所有权的概念，各国立法和学说不尽相同，主要有：

（一）一元说

又有"专有权说"和"共有权说"两种。

（1）专有权说。该说认为建筑物区分所有权是指区分所有人对建筑物的专有部分（不包括共有部分）所享有的单独所有权（专有权）。日本《建筑物区分所有权法》第2条第1项规定："本法上的区分所有权，是指……以建筑物的专有部分为标的的所有权。"采专有权说。

（2）共有权说。该说认为建筑物区分所有权实质上是一种共有所有权，区分所有的建筑物属于全体区分所有权人共有。瑞士民法典中所称分层住宅所有权，实际上是分层住宅共有权。该法典第712条第1款规定："楼层所有权，即建筑物或楼房的共同所有权的应有份。"采共有权说。

（二）二元说

该说认为建筑物区分所有权是指区分所有人对区分所有建筑物专有部分的所有权和对共用部分的共有权的结合。法国1938年《有关区分各阶层不动产共有之法律》第5条规定，建筑物区分所有权系成立于"专有物"（专有部分）上的专有权与成立于"共有物"（共有部分）上的共有权的结合。

（三）三元论

该说最早由德国学者贝尔曼所倡导，认为建筑物区分所有权由区分所有人对建筑物的专有部分的所有权和对共有部分的共有权，以及基于对建筑物的管理、维护、修缮等共同关系而产生的成员权（社员权）三部分所组成。我国台湾学者戴东雄也持此种观点。德国《住宅所有权法》采取了三元论说，该法中的所有权概念系由专有所有权、持分共有权和共同所有人的成员权三部分所组成。

我国《物权法》专章规定了"业主的建筑物区分所有权"，是指业主对建筑物内的住宅、经营性用房等专有部分享有所有权，对专有部分以外的共有部分享有共有和共同管理的权利。可以看出，我国物权法上的建筑物区分所有权采取的是三元论。业主的建筑物区分所有权，是由专有部分所有权、共有权和共同管理权相结合而组成的一种复合物权。

二、建筑物区分所有权的法律特征

作为一种由专有权和共有权构成的复合形态的所有权形式，建筑物区分所有权具有不同于传统所有权的特征。

（一）权利主体身份多重性

区分所有人不仅对建筑物专有部分享有所有权，而且对建筑物共用部分享有共有权，一身兼具所有人和共有人双重身份，这不同于传统所有权主体身份的单一性。后者要么作为单一所有权人，要么作为共有权人。

（二）权利变动的登记公示性

建筑物区分所有权的处分涉及建筑物及其附属物等不动产的权利归属，因而在立法上也以登记作为其权利变动的公示要求，只是这种登记，往往是区分所有人专有部分权利的登记，其共用部分的权利一般不作登记或不作单独登记。

（三）权利客体的多样性

区分所有权的客体主要是建筑物但也不仅限于建筑物，由于我国商品房的开发大都是以住宅小区为单位进行开发规划和建设的，业主的区分所有权的范围已从建筑物拓展到整个小区，包括其他公共场所、公用设施和物业服务用房、绿地、道路、车库等。不同于传统所有权客体的单一性，建筑物区分所有权的主要客体是由建筑物的专有部分和共用部分两部分组成。

对于专有部分，区分所有人享有占有、使用、收益和处分等所有人权益；对于共用部分，区分所有人有使用、收益和管理等共有人权益。此外，共同生活中的重大事务也是区分所有权中的管理权的客体。

（四）权利内容的复合性

不同于传统所有权人对主体的单一所有权或单一共有权，建筑物区分所有权由专有权和共有权复合而成，两者截然不可分割，必须一体处分。在专有权和共有权中，专有权起到了主导性的作用，表现在：①获得专有权是取得共有权的前提条件，对于共有权的处分，只能是随着专有权的处分而转移，共有权不能单独进行处分，在对所有人的专有权进行取得或丧失的判断时，就会同时导致共有权的取得或是丧失。②区分所有人专有权标的物的大小决定了其共有权的应有份额。③在区分所有权登记上，只登记区分所有人的专有权，而不单独登记其共有权。

三、建筑物区分所有权的内容

（一）专有权

专有权指的是，建筑物区分所有人对专属自己建筑物的独立建筑空间所享有的全面支配的权利，"与普通所有权不同，它不是对有体物加以管领支配，而是对由建筑材料所组成的空间加以管领支配"[①]。专有权是建筑物区分所有权结构中的单独所有权要素。实际上也就是说，专有权可以被看作空间所有权的一种。

1.专有权客体的标准

依照我国现行法的规定，判断专有所有权的客体——专有部分时，必须要符合三个标准：第一，在构造上要具有独立性，以便能够对其进行明确区分；第二，在使用上要具有独立性，这样就可以保证其怕他性；第三，其所有权的存在必须要能够保证登记成为特定业主。

---

① 房绍坤．建筑物区分所有权的构造．法学研究，1994（2）

所谓的在构造上要具有独立性，指的是建构物在某一部分的构造上，可以与该建筑物的其他部分完全进行区分，在排他性和独占性的作用下，专有人可以独占建筑物的部分，通常包括房屋内的房顶、屋内空间和非承重墙等。

所谓的在使用上所具有的独立性，指的是建筑物具有独立的出入口，并且还具有独立的副歌建筑物使用目的的内部专用设备。例如，对于专门供人们居住的房屋来说，其不仅具有独立的出入门，同时还具有卫生间、厨房、上下水管道的等生活必需设备。从这一点上来看，其在最大程度上满足了现代人对居住条件方便、舒适、注意保护隐私的要求。

可登记性，是指符合登记制度之规定。在经过法定登记程序之后，业主可以就该部分获得所有权，如居住使用空间、经营性用房、特定房屋之露台等。

2.专有权人的权利和义务

区分权人对其专有部分享有专有权，意味着其当然可以独占性对专有部分实行全面的支配。但是，由于区分具有一定的特殊性，因此专有权在行使的过程中也会受到一定的限，具体来说，主要表现在以下四个方面：第一，对建筑的正常使用进行保护；第二，对建筑物的结构、基础、牢固和安全进行保护；第三，对于建筑物中其余的所有权人的宁静、安全环境秩序也应受到保护；第四，对当地人的居住环境、风俗习惯和居民的正常作息进行维护。

从目前我国物业管理部门来看，他们已经拟定了一些类似的规章，主要包括以下几方面：第一，为保证建筑的安全，规定房屋在进行装修的过程中，承重墙不能被拆除；第二，对房屋装修的时间进行严格的限定，以此保障其余住户正常的作息；第三，住户在安装空调的过程中，要注意维护保持建筑物的美观性，等等。《物权法》第

71 条规定："业主对其建筑物专有部分享有占有、使用、收益和处分的权利，业主行使权利不得危及建筑物的安全，不得损害其他业主的合法权益。"

（二）共有权

共有权，又被称为"共用部分持份权"或"持分共用所有权部分"，指的是依据法律的相关规定，建筑物区分所有权人对建筑中所共同享有的部分，享有的占有、使用和收益的权利。在生活实践中，与共有权联系密切的一个概念便是房屋的公摊面积，在对共有权范围进行界定时，房屋的公摊面积是一个非常直观的参考标准。

1. 共有权的客体

在对共有部分进行确定时，在实践中通常采用的是排除法，指的是对于区分所有建筑物来说，除专有部分以外的其他部分及不属于专有部分的附属物。我国《物权法》也采排除之体例。我国《物权法》第 70 条规定："业主对专有部分以外的共有部分享有共有的权利。"

一般来说，日常所说的共有部分主要由两部分构成：一部分是，在建筑物内，供所有的区分所有权人所共同使用的部分，如人们所共同使用的通道、电梯和大门等；另一部分是，只供一部分区分所有权人使用的所有共有部分或一部分，如几乎居民所共同使用的楼地板和墙壁等。

对于共有权客体的范围，我国《物权法》采取了列举的规定，主要包括三类：①建筑区划内的道路；②建筑区划内的绿地；③建筑区划内的其他公共场所、公用设施和物业服务用房。

2. 共有人的义务

（1）按照共有部分本来的用途或业主规定的用途使用共有部分的义务。

区分所有权人在对共有部分进行使用时，应严格根据共有部分的位置、种类、性质、构造的特殊性来使用，也就是说，要按照共有部分原本的用途进行使用。在一些人违反了该项义务之后，其余的区分所有权人就可以根据其所享有的共有所有权，要求其进行恢复原状或是排除障碍，如果不知悔改的，其余的区分所有权人还可以通过法律的力量维护自身的合法权益。

（2）分担共同费用和负担。

根据各国有关立法和我国的实践，共同费用和负担主要包括：①日常维修、更新共有部分的费用；②物业管理公司的报酬；③须由区分所有人共同分担的公法规定的税费；等等。至于共同费用和负担的分担原则，借鉴各国立法，区分所有权人应该按照在共有的应有部分（持分比例）中掺有的比例进行分摊。例如，对于全体共有的部分来说，就需要由全体共有人分摊；对部分共有部分，就应该由部分所有权人按照比例进行分摊。但需要注意的是，在对费用进行分摊时，应该按照区分所有权人应当承担的责任的大小进行分配。我国《物权法》对这一部分费用和负担做出了同样的处理。

3. 共有人的权利

（1）使用权

使用权指的是共有所有权人有使用建筑物及其附属建筑物的共用部分的权利。其中的使用，包括共同使用和轮流使用两个方面。例如，电梯、走廊等共同设施，根据其自身的性质可以被共同使用。而对于电话机和洗衣机来说，由于其在使用的过程中会产生排他性，因此只能被轮流使用。这是共有所有权人的一项基本权利，其他共有人不得限制和干涉。

（2）收益权

收益权指的是收取共有部分的天然孳息和法定孳息的权利。例如，在区分所有建筑物本身所占地面以外的法定空地上，再额外种植果树，所结的水果即所谓的天然孳息。如果是将公共的地下室改装为停车场所收取的租金，或是将电梯广告进行出卖所获得的资金，就是法定孳息。除去区分所有权人之间的额外约定，区分所有劝人就应该根据建筑物区分所有权的原理，对共有部分所产生的天然孳息和法定孳息，按照比例进行收取。

（3）改良权

改良权指的是在不对建筑物共有部分的原有功能进行改变的情况下，共有权人可以对建筑物共有部分进行一定的修缮改良。

4.车位、车库的权利归属

对于车位的归属可以分两个层面。

其一，规划内的车位。《物权法》第 74 条规定："由当事人通过出售、附赠或者出租的方式约定。"如何具体理解"由当事人通过出售、附赠或者出租的方式约定"，实务部门有着诸多的疑问。本书试图提出的技术标准是，应当重点关注开发商有没有将车位列入小区的公摊面积。如果列入公摊面积，实际上车位已经由业主共同出资购买，属于业主共有，开发商无权处分；如果车位没有列入小区的公摊面积，在理论上开发商有权出售车位。

其二，规划外的车位。都市生活，许多小区的车位非常紧张，不能够满足需求，为此，物管部门在小区内划定了许多临时车位，就此车位的归属，《物权法》第 74 条规定："占用业主共有道路或者其他用于停放汽车的车位，属于业主共有。"

（三）成员权

成员权指的是，建筑物区分所有人作为整栋建筑物所有人团体之成员所享有的权利。由于区分所有权人在一栋建筑物的构造、权利及使用上都存在一定的不可分割性，进而产生了成员权。需要注意的是，只要区分所有权的建筑物没有被拆除，那么成员权就必定会存在，二者之间的关系就会始终存在。因此，从这一角度看来，成员权应该被看作是一种继续性的权利。需要注意的是，对于成员权来说，其并不是一项简单的财产关系，更重要的是其也是一种管理关系，并且是构成区分所有权中"人法性"的一项关键因素。此外，我国《物权法》的第 75～78 条，也对业主的成员权进行了专门的规定。

1. 成员权的内容

作为建筑物管理团体之成员，所享有的权利可归纳为：①选举、罢免权，即任免管理者并监督其工作的权利；②表决权。即有权参加全体所有人的集会，对大会讨论事项进行投票表决；③请求权。如请求召集大会的权利、请求收取共用部分应得之利益、请求停止违反公共利益之行为等；④制定规约权。

对于业主的表决权，2003 年国务院颁布的《物业管理条例》第 11 条、第 12 条对于业主大会决定，有法定要求：其一，与会业主要求达到物业管理区域内持有 1/2；其二，业主大会作出决定，必须经与会业主所持投票权 1/2 以上通过。如果是修改公约、议事规则、选举或解散物管企业、专项基金事宜，应当经过全体业主所持投票权的 2/3 以上。我国《物权法》第 76 条对此规定有所变化，对于维修基金和改建、重建建筑物的事项，要求专有部分占建筑物总面积 2/3 以上的业主且占总人数 2/3 以上的业主同意，其他事项，应当经占专有部分建筑物总面积过半数的业主且占总人数过半数的业主同意。与《物业管理条例》的规定相比较，《物权法》不再简单要求人数和票权比例，而是综合参酌专有部分占建筑总面积比例及业主人数比例，显然更为合理。

2. 业主委员会的地位

从国外法而言，区分所有人团体的法人化已经得到许多国家的承认。例如，日本法就规定，区分所有人的人数在 30 人以上的，可以通过特别决议决定成为法人的宗旨，并在主要事务所的所在地进行登记取得法人资格。

在我国，作为新生事物的业主委员会的法律性质和地位一直处于模糊状态。由于国务院制定的《物业管理条例》未有明确规定，在实践中引发了不少问题。对于业委会的地位，我国《物权法》在第 78 条规定："业主大会或者业主委员会做出的决定侵害业主权益的，受侵害的业主可以请求人民法院予以撤销。"业主委员会的诉讼主体地位在一定程度上得到了确认，即业主委员会可以做被告。而 2009 年最高人民法院所颁布《关于审理物业服务纠纷案件具体应用法律若干问题的解释》确立了业主委员会可以作为原告，即：在确定合同效力案件，解除物业服务合同案件，请求物业服务企业退出物业服务区域、移交物业服务用房和相关设施案件，物业服务所必需的相关资料和由其代管的专项维修资金的案件，业主委员会被赋予了与业主相同的诉讼地位，这是个不小的进步。

对于业委会在实体法上的法人资格问题，北京、广州等一些城市正在进行试点工作，例如，2011 年施行的《北京市住宅区业主大会和业主委员会指导规则》第 25 条、26 条即明确规定，业主大会可以登记，领取组织机构代码，并刻制自己的印章，真正成为一个实体组织。从长远看，业主委员会地位的实体化将是重要的趋势。

第四节　所有权的特别取得研究

所有权关系是一种民事法律关系，所有权因一定的法律事实而取得。了解所有权的取得，有助于正确判断所有权的归属，促进经济活动的开展，及时定纷止争，维护权利人的合法利益。我国《物权法》在第九章专门就善意取得、拾得遗失物、发现埋葬物和隐藏物等所有权取得的特别问题作出规定。

一、善意取得

（一）善意取得的概念

善意取得指的是，无权处分人将自己不享有处分权之物的物权处分予第三人时，在该第三人系属善意的情况下，可得取得该物之物权。例如，甲将一件古董交给乙保管，但是乙却将这件古董卖给了丙。在这种情况下，如果丙是善意的，那么就可以取得该古董的所有权。

（二）善意取得的构成要件

善意取得的构成要件，指应当具备何种要件方能发生善意取得。因《物权法》第106条将善意取得区分为动产善意取得和不动产善意取得，且将它们的构成要件一并规定于该条第1款中。尽管如此，动产善意取得和不动产善意取得在构成要件上仍有差异。因此在本部分，我们将分别论述二者的构成要件。

1. 动产善意取得的构成要件

依《物权法》的规定，并结合民法理论，动产善意取得的构成要件包括以下几方面。

（1）标的物须为动产

在传统民法上，通常所谓善意取得，系指动产的善意取得，不包括不动产在内；对于不动产，系依据不动产登记的公信力，由善意的受让人因登记而取得所有权。《物权法》第106条将不动产登记的公信力取得与动产的善意取得规定在一个条款中，从而使得对动产与不动产均可适用善意取得。[①]

动产善意取得的标的物，为动产。所谓动产，指土地及其定着物以外的一切之物，如图书、画、珠宝、纸币和无记名证券（如车票）等。动产物权因以占有为公示方法，因而极易使人误信占有人为所有人或有处分权的人，故动产善意取得的标的物应限于动产。

另外，如果受让人系通过拍卖或者向具有经营资格的经营者购得遗失物、漂流物、隐藏物的，则此种情形的受让人也获得相当程度的保护。如果一味地维护所有人的利益而允许其无条件地向受让人要求返还其物，则人们即便在公开市场上进行交易也可能遭受严重损失。鉴于此，《物权法》针对此种情形而于第107条又强化了对受让人的特别保护——善意受让人尽管仍不能确定地取得遗失物的所有权，但所有权人等权利人在向其请求返还原物时应当支付其在受让标的物时所付的费用。[②]

（2）出让人须为无处分权人

"无处分权人"指的是，非所有权人或在法律上无处分权的其他人。如果处分人拥有完整的处分权，那么就不必要再去依据善意取得的相关规定，所做出的处分行为就可以直接产生效力。

（3）出让人须为动产的占有人

对于动产善意取得的判断中，出让人是动产的占有人是其中的关键因素。这是因为，如果受让人是善意获得标的物的占有权，那么出让人就必定是值得信赖的，否则就不能被称为是善意的。由此，受让人获得的占有权是否合法，最为关键的是要确定，出让人对动产在事实上就具有管理的权力。

---

① 刘家安.物权法论.北京：中国政法大学出版社，2009，第114页
② 刘家安.物权法论.北京：中国政法大学出版社，2009，第120页

（4）须基于法律行为而受让动产的所有权

动产所有权进行转移必须要经过一定的法律程序，如签订买卖合同等，这样才能确定善意取得的成立。如果动产所有权在转移的过程中没有必要的法律程序，那么该善意取得就不能成立。这是因为，确定善意取得的主要目的是确保交易的安全性，因此只有在出让人和受让人之间存在交易行为的前提下，法律才有对其进行保护的必要性。由此，如果只是继承、公司合并等非法律行为，那么就不适用于善意取得的相关制度和规定。

（5）受让人须为善意

受让人的"善意"是确定动产所有权善意取得的一个重要因素。如果让与人并不具有处分权，那么受让人的善意就可以弥补该项缺陷。因此，如果受让人并不是善意的，那么善意取得也将不成立。唯对于什么是善意，主要有三说：一是指不知让与人无让与的权利，有无过失，在所不问；二是指不知让与人无处分权，是否出于过失，固非所问，但依客观情势，在交易经验上一般人皆可认定让与人无让与的权利者，应认为系恶意；[1] 三是指不知或不得而知让与人无让与的权利。[2]

（6）受让人须以合理的价格有偿受让

在传统民法上，动产善意取得并不要求以有偿性为其要件，只要受让人为善意，即便系无偿，也能取得标的物所有权。《物权法》一反传统立场，于第106条规定，只有在标的物"以合理的价格转让"时，受让人才能依善意取得取得其所有权；亦即，受让人只有在支付合理对价的情形下方可主张善意取得。从而，与前述台湾地区法不同，在受让人因受赠而取得动产时，并不发生善意取得的问题，原权利人可依其所有权直接要求受让人返还原物。至于何为"合理的价格"，

[1] 谢在全.民法物权论.北京：中国政法大学出版社，2004，第457页
[2] 王泽鉴.民法物权 2.北京：中国政法大学出版社，2001，第137页

则须以一般人所具有的交易经验为判断，[①] 或按照社会观念，认为价格与标的物的价值大体相当的，即认定为价格合理。另外，价格合理中的"价格"，应解释为原则上必须实际支付，如果仅仅是达成了协议或合同约定了合理的价格，不能认为已经符合了善意取得的构成要件之一的"以合理的价格转让"。此外，需注意的是，价格的不合理通常也是认定受让人非善意的一个重要判断标准。

需提及的是，依《物权法》第 106 条第 3 款的规定，质权善意取得的场合，是参照《物权法》第 106 条第 1 款的规定，但此时不宜强调价格及其合理这一要件。[②]

（7）须受让人受让动产的占有

受让人实际占有由出让人移转占有的动产，系善意取得的基础。而所谓动产占有的移转——交付，可以是现实交付，至于简易交付、占有改定和返还请求权的让与等观念交付是否可以包括在内，《物权法》未作出规定，但通说认为除现实交付外，原则上也应包括这几种观念交付在内。例如，甲出租其一幅画给乙，乙转租给丙。其后，乙擅自将该画作为自己所有的物出卖给丙，此时若丙为善意，即可依简易交付取得所有权。[③] 又如，甲将自己的乐器一件出借于乙，乙擅自将其卖于善意的丙，并称自己还须参加演出，而与丙订立租赁合同，从而使后者取得了对乐器的间接占有，只要丙在订立租赁合同时仍属善意，则其可依此占有改定取得标的物所有权。[④] 再如，甲出借照相机给乙，乙转借给丙，其后乙擅自将该照相机作为己物出售给丁，并让与其对丙在借用合同上的返还请求权，以代交付。此时若丁为善意，即可依指示交付取得照相机所有权。[⑤]

---

① 刘家安．物权法论．北京：中国政法大学出版社，2009，第 119 页
② 崔建远．物权法．北京：中国人民大学出版社，2009，第 97 页
③ 王泽鉴．民法物权 2．北京：中国政法大学出版社，2001，第 262 页
④ 刘家安．物权法论．北京：中国政法大学出版社，2009，第 117 页
⑤ 王泽鉴．民法物权 2．北京：中国政法大学出版社，2001，第 265 页

以上各说尽管存在差异，但在将善意解释为不知让与人无让与动产的权利这一点上，各说之间并无不同。各说的主要差异在于，受让人因"过失""明知"或"可得而知"让与人无让与的权利而受让动产时，是否也属"善意"？

我们认为，各国民法之承认善意取得制度的目的系在于兼顾财产所有人的静的安全的保护与财产交易的动的安全的保护，因此，受让人对于让与人是否有让与的权利，也应负一定程度的注意义务，方称合理。至于如何定其注意程度，则是一个政策判断问题。新近通说认为应采《德国民法典》第932条第2项的规定，将善意解释为非因重大过失而不知让与人无让与的权利。受让人仅在此种场合受让动产的占有，才受保护，才能取得所有权；如果受让人明知或因重大过失而不知出让人无让与的权利，则受让人为非善意，从而不受善意取得制度的保护。另外，需注意的是，善意为法律概念，具体案件如何认定，则为事实问题。一般认为，应斟酌当事人、标的物的价值和推销方式等因素综合判定。如依客观情势，在交易经验上一般人都可认定出让人无处分权而受让人未辨明的，则可认为受让人因"重大过失"而不知；[①] 至于善意的举证，一般而言，应由否定受让人为善意的人，如动产的原所有人为之。因为依占有的权利推定效力，占有人，推定其为善意占有动产的人，从而主张受让人非善意的，应负举证责任。此外，所谓"善意"，当然仅指受让人受让动产为善意，而与让与人是否善意无关。

善意的准据时点，即以何时作为判定受让人的善意的标准。一般而言，应视受让动产的占有的形态而定：在现实交付，指交付之时；在简易交付，指当事人间的买卖合同生效之时；在占有改定，指在当事人之间达成占有改定协议之时；在指示交付，则为当事人之间达成

---

① 刘家安. 物权法论. 北京：中国政法大学出版社，2009，第118页

让与返还请求权协议之时；但动产所有权的让与附停止条件的，因条件成就常在一段期间之后，故以条件成就作为准据时点，不利于受让人，因此为了维护交易安全，应以物的交付之时作为准据时点。

另外，善意取得制度旨在弥补让与人的处分权的欠缺，其保护范围仅限于对处分权的信赖，对于民事行为能力或代理权的信赖，不能适用或类推适用善意取得。例如，甲为无代理权人，乙即使善意信赖其有代理权向其购车而受让车的所有权，其善意仍不受保护，不能取得该车的所有权。

2. 不动产善意取得的构成要件

《物权法》第 106 条第 1 款规定了善意取得的构成要件，前已论述动产的善意取得的构成要件，而不动产的善意取得的构成要件则包括下列几项。

（1）受让人受让不动产物权时为善意。此所谓"善意"，其含义与动产善意取得场合相同，指受让人无重大过失地不知不动产登记簿记载的物权关系与真实的物权关系不一致。基于不动产登记的公信力，信赖不动产登记簿记载的受让人，推定为善意。判断善意的时点，有申请登记时、登记完毕时等不同意见。但通说认为，应将判断受让人是否为善意的时点确定在记载于不动产登记簿之时。[①]

（2）受让人基于法律行为取得不动产物权。善意取得制度系在于保护交易的安全，因此受让人须基于法律行为取得不动产物权方受保护；亦即，受保护者仅限于因交易引起的不动产物权变动，任何非交易性质的取得，如直接依法律规定（如继承、征收）而取得不动产物权，均不适用善意取得制度。另外，我国法律禁止国家所有权、集体所有权依民事程序转让，因此不存在国家所有权、集体所有权的交易的善意取得。

---

① 崔建远. 物权法. 北京：中国人民大学出版社，2009，第 86 页

（3）不动产物权已经登记在受让人名下，或不动产已经交付给受让人。《物权法》第106条第1款第3项规定："转让的不动产或者动产依照法律规定应当登记的已经登记，不需要登记的已经交付给受让人。"依此规定，对于不动产物权的存在与变动，无论法律是否将登记作为物权变动的生效要件，均可成立善意取得。只不过在法律要求不动产物权的变动必须登记的场合，不动产物权的善意取得以办理了变更登记为要件；法律不要求不动产物权的存在与变动以登记为生效要件的场合，不动产物权的善意取得以不动产已经交付为要件。[①]

（4）受让人受让不动产物权应支付合理的价格。此项要件与动产善意取得场合相同，兹不赘述。需注意的是，建设用地使用权、不动产抵押权等他物权的善意取得，尽管须参照《物权法》第106条第1款的规定，但不宜机械地要求这些权利发生善意取得时，也必须支付合理的价格。[②]

（三）善意取得的效力

善意取得制度，事关原所有权人、处分人与受让人三方当事人。在第三人发生善意取得的情况下，这三方当事人彼此间的权利义务关系的确定问题，就是善意取得的法律效力问题。

1.原所有权人与无权处分人之间的关系

因无权处分人的处分行为，致使第三人善意取得时，原所有权人不能要求第三人返还原物或者返还不当得利，其所受之损失，只能向无权处分人请求弥补。具体来讲，此时，原所有权人可依据违约损害赔偿请求权、侵权损害赔偿请求权以及不当得利返还请求权，向无权处分人提出主张，寻求救济。

① 王利明，尹飞，程啸.中国物权法教程.北京：人民法院出版社，2007，第150页
② 崔建远.物权法.北京：中国人民大学出版社，2009.第88页

（1）违约损害赔偿请求权

多数情况下，动产的无权处分人之所以能够占有标的物，是由于其与原所有权人之间存在委托占有合同，如借用、租赁、保管、运输、质押等合同关系。基于这种合同关系，无权处分人向原所有权人负有动产标的物的返还义务。在其无权处分该标的物而导致第三人善意取得的情况下，其返还义务无法履行，即构成合同的不履行。基于此，原所有权人可得基于合同关系，向无权处分人追究违约责任。

（2）不当得利返还请求权

根据《物权法》第106条善意取得的条件，在第三人善意取得时，无权处分人是获得合理的价金的。此转让价金的取得，构成不当得利。原所有权人可得基于不当得利的返还请求权，要求无权处分人返还所得的转让价金。需要说明的是，在转让价格高于正常市场价格的情况下，无权处分人的返还范围，应为所得价金之全额。否则，"无权利人倘得保有此项超过的价金，与情理显有不合，且足诱导他人为侵权行为，就利益衡量及价值判断而言，不宜使无权利人取得此项利益"。[①]

（3）侵权损害赔偿请求权

由于无权处分人在明知自己不享有处分权，实施处分行为，导致原所有权人丧失所有权，因此其行为具有侵权行为的性质。原所有权人可得依侵权损害赔偿请求权，要求无权处分人赔偿损失。

在第三人善意取得的情况下，原所有权人与第三人之间的关系，可能发生上述权利部分或者全部的竞合。此时，原所有权人可得从其中选择确定其中一项权利加以行使，以弥补所受之损失。

2. 原所有权人与受让人之间的关系

我国《物权法》第108条规定："善意受让人取得动产后，该动产上的原有权利消灭，但善意受让人在受让时知道或者应当知道该权

---

① 王泽鉴.民法物权2.北京：中国政法大学出版社，2001，第274页

利的除外。"

（1）标的物所有权为第三人善意取得后，标的物上的原所有权归于消灭。基于一物一权原则，当受让人取得所有权的时候，物上原所有权将随之消灭。这一点是绝对的，不可能存在上述《物权法》第108条后半段所规定的"善意受让人在受让时知道或应当知道该权利"的情况。因为，第三人善意取得的基本前提，就是不知道真实的权利人，而相信无权处分人享有处分权。

（2）标的物为第三人善意取得后，标的物上的其他权利，原则上归于消灭。善意取得是所有权的一种原始取得方式，善意取得不以标的物上原权利人的意思为条件，所以也就不会延续标的物上的权利负担。需要注意的是，在受让人善意受让标的物的时候，其在误信无权处分人享有处分权的同时，却存在着知道或应当知道物上其他权利人之存在的可能。此时，根据《物权法》第108条后半段"善意受让人在受让时知道或应当知道该权利的除外"的例外规定，物上其他物权并不归于消灭，而是由第三人继续承受。例如，乙从甲处借得动产物A，将其先出卖与丙，又出卖与丁，并通过指示交付的方式，向丁交付。此时，丁理应知道该物上有丙的质押权的存在。因此，在丁善意取得该物的时候，丙的质押权在该物上依然存在。

在此需要说明的是，由于不动产上的其他权利，系以登记为公示方法，因此不会发生善意取得人"不知道或不应当知道"的情况。故而在不动产善意取得的情况下，不动产上登记的其他权利，并不会因所有权的善意取得而消灭。

3. 无权处分人与第三人之间的关系

无权处分人与第三人之间，乃是标的物的让与关系，因而第三人与无权处分人之间的权利义务关系，应完全按照他们之间交易的法律关系来确定，善意取得制度并不能使之具有特殊性。例如，在无权处分人与第三人之间存在买卖关系的场合，第三人不能以其之取得系善意取得为由，拒绝承担价金给付的义务；其也不能以处分人没有处分权为由，将已取得的标的物返还于原所有权人，进而追究处分人的权利瑕疵担保责任。

二、拾得遗失物

（一）拾得遗失物的概念

遗失物为非基于占有人自身的意思而丧失占有，且非无主的动产。就遗失物的拾得，向来存在否定主义与肯定主义两种态度，前者为罗马法，其注重保护所有人对客体的占有、支配以及所有人享有的最终处分权；后者为日耳曼法采纳，其认为陆地上之遗失物，若遗失人在法定期间内未向拾得人请求返还，则拾得人能够取得全部遗失物的所有权。

我国基于保护遗失人利益的客观需求，采取否定主义的态度，凸显"拾金不昧"的传统道德风尚。通过否定拾得人取得所有权之可能性从而避免拾得人隐匿遗失物并且侵害遗失人的财产利益。

遗失物不同于遗忘物。遗忘物指物主遗忘于他人交通工具、私宅、营业场所等私人场所上之物。遗忘物在原占有人丧失占有之时，新的占有人立即取得对遗忘物的控制；而遗失物则在被放弃占有之后至拾得以前，一直处于无人占有的状态。基于这种区别，各国在立法之时通常将遗失物与遗忘物作不同对待。如《瑞士民法典》第722条规定拾得"遗失物"的人有报酬请求权，而拾得"遗忘物"的人则无报酬请求权。

遗失物不同于抛弃物。抛弃，是指依权利人的意思表示，使物权归于消灭的单方法律行为。抛弃物权，一般应依一定的方式，才产生抛弃的效力。抛弃物与遗失物的区别在于：首先，抛弃物之上所存续的所有权已经消灭，故处于无主物之状态；而遗失人仍然对遗失物享有所有权，故遗失物乃为有主物。其次，抛弃物通常是原所有人故意为之，抛弃行为则是他放弃所有权的单方意思表示；而遗失物则非基于占有人自身意思而丧失占有，其主观状态与抛弃物截然相反。

（二）拾得遗失物的构成要件

依照各国立法规定，遗失物的拾得，应具备以下要件。

1. 丢失的须为动产，且非无主

不动产的物理属性是不可能遗失的，所有遗失物只能是动产。由于动产不是出于所有人的意思而丧失占有，因而它不是抛弃物，而仍是有主物。有时未明示抛弃的动产和遗失物之间难以区分，法律上一般推定其为遗失物。为便于理解，凡未为所有人明确抛弃的动产，均推定为遗失物。

2. 须占有人丧失占有

占有的丧失应依社会一般观念来判断，如仅一时丧失对物的占有，并不能构成遗失；不确定的丧失占有也不能构成遗失。占有人基于何种主观状态丧失占有，不影响丧失占有这一事实的成立。

3. 占有丧失非出自占有人自身意思

占有人如果故意放弃占有，大抵已成为所有权的抛弃行为，将作无主物处理。占有辅助人或直接占有人未经间接占有人、主人同意而私自抛弃动产，应认定为非出己意而丧失占有，仍构成遗失物。

4. 须现无人占有

如果物品已由他人占有，则不能构成遗失物，属于他人占有的情形如下：一为遗忘物，原权利非出于放弃占有的意思而遗忘于他人住所、交通工具之物，然于遗忘之时，他人已经占有该物，因此为非遗失物；如果他人代为照料即可成立无因管理之行为。二为盗赃物，物品非出于权利人的意思而丧失占有，则会变成遗失物。三为误占物，因误占而导致权利人丧失占有的，由于误占人已能控制该物，因此也不属于无人占有的遗失物。原权利人可基于不当得利请求误占人返还原物，误占人不得享有费用偿还以及报酬请求权。

5. 须有拾得行为

首先，拾得行为的主体为拾得人，是指基于拾得行为取得遗失物占有的人。需要注意的是法人的拾得行为通常由法人机关来完成，但雇员依其指示或与其做出约定亦得成立拾得行为。其次，拾得行为是发现遗失物并实施占有的行为。拾得是一种事实，拾得人有无行为能力在所不问，但拾得必须依法进行，不得以暴力获得遗失物的占有。

（三）拾得遗失物的法律后果

《物权法》第 109 至第 113 条对拾得遗失物进行了规范。第 109 条规定："拾得遗失物，应当返还权利人。拾得人应当及时通知权利人领取，或者送交公安等有关部门。"第 110 条规定："有关部门收到遗失物，知道权利人的，应当及时通知其领取；不知道的，应当及时发布招领公告。"第 111 条规定："拾得人在遗失物送交有关部门前，有关部门在遗失物被领取前，应当妥善保管遗失物。因故意或者重大过失致使遗失物毁损、灭失的，应当承担民事责任。"第 112 条规定："权利人领取遗失物时，应当向拾得人或者有关部门支付保管遗失物等支出的必要费用。权利人悬赏寻找遗失物的，领取遗失物时应当按照承诺履行义务。拾得人侵占遗失物的，无权请求保管遗失物等支出的费用，也无权请求权利人按照承诺履行义务。"第 113 条规定："遗失物自发布招领公告之日起六个月内无人认领的，归国家所有。"

首先，拾得人拾得遗失物，应当通知所有权人、遗失人等权利人领取，或者送交有关部门。有关部门收到遗失物，知道所有权人、遗失人等权利人的，应当及时通知其领取；不知道所有权人、遗失人等权利人的，应当及时发布招领公告。

其次，拾得人在将遗失物送交有关部门之前，有关部门在遗失物被领取之前，应当妥善保管遗失物。因故意或重大过失致使遗失物毁损、灭失的，应当承担民事责任。至于保管义务则可比照无因管理人的规定做相应处理，其皆源于拾得人与无因管理人处于相同的地位。

最后，拾得人应当将遗失物返还给遗失人。拾得人往往基于各种原因拒不返还遗失物，立法上有必要就拒不返还的法律后果作出规定。拾得人侵占遗失物或有违反规定的义务或其他违法行为时，丧失遗失物费用补偿请求权、报酬请求权。

拾得人在拾得遗失物后至返还前的一段期间，常需为遗失物支出一定的费用，此费用主要包括保管费、公告费以及其他必要的费用。这些费用是拾得人基于无因管理而预先支出的，依照无因管理的规则，拾得人有权就支出的费用请求失主给予补偿，但失主作出的补偿以遗失物保管期间的必要支出为限。各国也均认为拾得人享有费用偿还请求权。

根据我国《物权法》的规定：拾得人拾得遗失物，有人主张拾得人应获得报酬，遗失物所有人不支付酬金的，拾得人享有留置权。拾得人隐匿遗失物据为己有的，构成侵犯所有权。遗失物所有人可以请求拾得人偿还，公安机关可以责令拾得人缴出。拾得人丧失报酬和费用请求权。我国物权法对无人认领的遗失物规定为国家所有。与大陆法系如日本、德国归拾得人所有的立法不同。

三、发现埋藏物

（一）发现埋藏物的概述

1. 埋藏物的概念

所谓埋藏物，是指无人占有的、因隐藏于他物之中而不易被发现且所有权人不明之物。埋藏物具有如下特征。

（1）埋藏物是无人占有之物，其不处于任何人的直接管领之下，因而可得被发现人自由地加以占有。埋藏物之所以成为无人占有之物，有可能是所有权人故意所为，即出于避免他人发现并于日后重新占有的意思，也有可能是由于自然的原因导致其隐藏于他物之中。但是，无论埋藏物形成的原因如何，其均不埋藏物的构成发生影响。

（2）埋藏物是隐藏于他物之中的动产。由埋藏物的特征所决定，埋藏物应当仅限于动产，即只有动产有可能隐藏于他物之中，而成为埋藏物。在这里，隐藏埋藏物的他物，称之为包藏物，其不以土地或不动产为限，动产也可以成为包藏物。换言之，民法上所称之埋藏物，不一定是埋藏于地下的动产，也不一定是隐藏于不动产当中的动产。

（3）埋藏物是所有权人不明之物。埋藏物不是无主物，而是他人享有所有权之物。这一判断的做出，是立足于一般社会观念，以埋藏物的具体属性为根据的。例如，所发现的久埋于地下的、封闭于陶器中的珠宝，从一般社会观念出发，分析该物之状态，即可得出该物存在所有权人，且所有权人并未抛弃该物的判断。因此，该物并非无主物，而应属某一所有人或其继承人所有。与此同时，埋藏物是所有权人不明之物即从埋藏物之存在状态及其属性出发，只能够得到其存在所有权人的结论，但是却不能确定谁是该物的所有权人。

2.埋藏物的发现

埋藏物的发现，是指从他物中发现隐藏的埋藏物，并加以占有的行为。埋藏物的发现行为，属于事实行为，不要求发现人享有民事行为能力。因此，不具有完全行为能力的人，也可以成为发现人，即其亦可独立完成埋藏物的发现，并对之加以占有。

与拾得遗失物相同，埋藏物的发现也具有两个构成要素：一是发现；二是占有，两者缺一不可。例如，甲发现埋藏物，但是并未加以占有，后乙又发现该物，并占有之，此时乙为发现人。但是，与拾得遗失物不同的是，由于埋藏物系隐藏于他物之中的物，故而较之于占有，埋藏物的发现乃是更为关键的要素。这意味着，上例中乙只有在其自行发现该埋藏物的前提下，占有该物，其才能够成为发现人。反之，倘若甲发现后，乙从甲处得知该物的存在，并抢先占有之，那么由于乙并未独立发现埋藏物，因此乙并不能因此成为发现人，发现人仍然为甲。

（二）发现埋藏物的法律效力

发现埋藏物的法律效力，即因埋藏物之发现，发现人依法所享有的权利和义务。《物权法》第114条规定："拾得漂流物、发现埋藏物或者隐藏物的，参照拾得遗失物的有关规定。文物保护法等法律另有规定的，依照其规定。"

1.发现人的权利和义务

（1）通知、返还与交送义务

比照《物权法》第109条的规定，发现人在发现埋藏物之后，应当及时发出该埋藏物招领通知。在通知做出后，如果埋藏物的所有人或其继承人前来认领该物，则发现人负有返还义务。如果无人认领，则发现人应当将埋藏物送交公安等有关机关。需要注意的是，在埋藏物系属文物的情况下，发现人只有送交义务，而无通知与返还义务。对于依法属于国家的埋藏文物，发现人无须承担以寻找真正所有人或继承人为目的的通知和交付义务。该埋藏文物一经发现，发现人应及时向有关机关报告并进行送交，隐藏不报、不上交文物的，由公安部门给予警告或罚款，并追缴其非法所得的文物。

（2）善良管理人的注意义务

与拾得遗失物相同，埋藏物的发现人在占有该物的过程中，应负善良管理人的注意义务。因故意或重大过失导致埋藏物毁损灭失的，发现人要比照我国《物权法》第111条之规定，承担损害赔偿责任。同时，在埋藏物的所有人或其继承人认领时，发现人应当对其认领资格予以审查，即应负谨慎审查义务。需要注意的是，根据《文物保护法》应当属于国家所有的文物，因不存在国家以外的他人前来认领的问题，故发现人自无谨慎审查认领人合法地位的义务。但是，在将该埋藏文物上交有关机关之前，发现人妥善保管的义务，不能免除。

（3）费用偿还请求权

与拾得遗失物相同，发现人对于发现、保管埋藏物以及通知其所有人或继承人所支出的费用，有权要求认领人予以偿还。但是，在埋藏物为文物的场合，则需另当别论。我国《文物保护法》第27条规定："地下埋藏的文物，任何单位或者个人都不得私自发掘。"由此可知，非国家的个人或者单位擅自对文物的主动探测、发掘行为本身，即属违法行为，所支出的发现以及保管费用，自然不能再要求国家予以偿还。反之，对于正常生产、生活活动中所发现的埋藏文物，发现人所支出的保管费用，则依然可以要求有关部门予以偿还。

2. 有关机关的权利和义务

在发现人将埋藏物送交有关机关后，有关机关享有的权利和承担的义务，包括：①妥善保管义务与谨慎审查义务；②及时公告义务，即有关机关在接受发现人送交的埋藏物后，应及时发出公告，寻找所有人或继承人，并通知其前来认领；③费用偿还请求权。在埋藏物的所有人或继承人认领时，有权要求认领人偿还保管、通知等必要费用；④物质奖励义务。所有人不明的埋藏物，以及应当属于国家的埋藏文物，有关机关应当依《民法通则》第79条的规定，向发现人给予物质奖励。

3. 无人认领的埋藏物的归属

《物权法》第114条规定："拾得漂流物、发现埋葬物或者隐藏的，参照拾得遗失物的有关规定。"据此，无人认领的埋藏物，应当比照适用《物权法》第113条之规定。换言之，无人认领的埋藏物，应当归国家所有。

第四章　用益物权问题研究

用益物权是构成物权法的一项重要组成部分，是一项对他人物的使用收益性权利。应当注意用益物权与所有权、担保物权以及债权性不动产使用权的区分。我国《物权法》上的用益物权种类与传统民法上的用益物权有所不同，探矿权、采矿权、取水权、捕捞权、养殖权及海域使用权等特种用益物权，《物权法》仅给了概念性规定，需参考相关特别法来展开进一步的研究。

第一节　用益物权的一般原理

用益物权人对他人所有的不动产或者动产，依法享有占有、使用和收益的权利。我国《物权法》关于用益物权的规定与传统民法的规定不完全一致，将动产纳入客体范围，土地以外的其他自然资源使用权也被纳入用益物权加以规定。

一、用益物权的概念、特征及分类

（一）用益物权的概念

传统民法上认为，用益物权是为了更好地发挥物的使用价值而在所有人之所有物上设立的定限物权，是用益物权人可以占有、使用他人之物并从中受益的他物权。实际上也就是说，用益物权就是用（使用）、益（收益）他人之物的权。《物权法》第117条规定："用益物权人对他人所有的不动产或者动产，依法享有占有、使用和收益的权利。"

（二）用益物权的特征

1. 用益物权是一种限制物权

这里所谓的限制包括两层含义：一是表明用益物权相对于所有权的受限制性。所有权对物有完全的支配权，而用益物权不过是在一定范围内使用收益，它既要受法律的一般限制，还要受所有权人对其内容范围的限制，不具有所有权那样彻底支配的性质；二是用益物权对所有权的限制作用。用益物权的产生，从本质上约束了所有人行使所有权的权能，使所有人不能随时发挥自己对物的占有、使用、收益以至处分的作用。

2. 用益物权是一种他物权

用益物权旨在解决对不动产的利用需求与不动产稀缺性之间的矛盾，因此，用益物权是以他人之物为客体的物权。用益物权是从所有权中分离出来的单独存在于他人所有物之上的权利，以所有权为基础。

3. 用益物权是以使用、收益为内容的限制物权

用益物权的支配对象是物的利用价值，即由用益物权人对物本身加以直接的使用并获得收益，是就物的实体加以利用，因而又被称为实体支配权。这就与担保物权形成鲜明对比，担保物权的支配对象为物的交换价值。

4. 用益物权是一种独立的财产权利

用益物权虽然是在所有权基础上设定的，但是其一经设定，用益

物权人就拥有了独立于所有权人的利益，体现在：①权利人可以通过法律行为对用益物权作法律上的处分，如我国虽然禁止土地流通，但建设用地使用权可以依法转让；②用益物权作为绝对权，在受到侵害时可以获得侵权责任的救济；③在其赖以设立的所有权被征收、征用致使用益物权消灭或利益受损的情况下，用益物权人有权利就其损失要求合理补偿。

5. 用益物权通常以不动产为客体

由于不动产特别是土地价值巨大，直接取得所有权代价较高，同时，不动产在社会、政治和经济生活中作用巨大，仅以债权方式利用无法保障不动产物尽其用。因此，法律将不动产置于严格的公示方式之下，以用益物权的形式来规范不动产的利用，充分发挥物的最大效用。对不动产应进行广义理解，包括不动产权利，例如土地承包经营权人、建设用地使用权人为他人设定地役权的情况下，地役权的客体是不动产权利而不是不动产本身。《物权法》第117条允许动产作为用益物权的客体，实际上是为将来物权类型的发展留有余地。

我国物权法主要规定了四种主要的用益物权，包括土地承包经营权、建设用地使用权、宅基地使用权和地役权。此外还规定，依法取得的海域使用权受法律保护，依法取得的探矿权、采矿权、取水权和使用水域、滩涂从事养殖、捕捞的权利受法律保护。

（三）用益物权的基本分类

1. 法定用益物权和约定用益物权

根据用益物权产生的不同原因，可以将其分为法定用益物权和约定用益物权两类。法定用益物权指的是，不考虑当事人的意思，而由法律直接规定而发生的用益物权。法定用益物权的设立，可以不经过登记而生效，但不经过登记，取得人不得加以处分。而约定用益物权则指的是，物权的发生基于当事人的约定的用益物权，民法中规定的用益物权大部分为约定用益物权。约定用益物权的成立基于当事人即所有权人和权利取得人之间的协议，同时就其创设的物权进行公示。

2. 独立用益物权和附属用益物权

依据用益物权的内容，可以将其分为独立用益物权和附属用益物权两类。独立的用益物权指的是，可以独立进入交易机制的物权，也是可以分别继承的权利，又被称为主物权。传统民法上的独立用益物权，如地上权，就是一种可以由权利人转让或者设置抵押的权利，也是一种可以继承的权利。而附属用益物权指的是，不能转让、继承的权利，又被称为从物权。传统民法上的附属性用益物权，如地役权，是附属于需役地的物权；而人役权，则是附属于特定人的权利。

二、用益物权的客体和权利内容

（一）用益物权的客体

不同的国家对于用益物权的客体范围的规定是不同的。而在我国，大多数的研究人员都认为，用益物权的客体是不动产，甚至有人还认为其只能被限于不动产。[①] 但是，从《物权法》第 117 条的规定和《物权法》中所列举的各类用益物权的形态来看，用益物权的客体为不动产或者动产，在一些特殊的情况下还包括不动产权利以及土地外的其他自然资源。

1. 不动产

用益物权客体主要是土地这种不动产，从《物权法》的规定来看，

---

① 房绍坤.物权法用益物权编.北京：中国人民大学出版社,2007,第 3 页

土地承包经营权、建设用地使用权、宅基地使用权以及地役权均以土地为客体。

2. 动产

《物权法》第 117 条虽然将动产也作为用益物权的客体，但从各种具体的用益物权来看，并未见以动产为客体。实际上，这种规定是为将来物权类型的发展留有余地。虽然《物权法》采用了比较严格的物权法定原则，但是仍然允许在《物权法》之外，通过其他法律对物权的种类和内容加以规定。如果将用益物权客体局限于不动产，将来特别法很难对动产设定用益物权。因此，在法律还没有特别规定之前，不应以动产作为用益物权的客体。

（二）用益物权的权利内容

用益物权以对标的物的占有为前提，以对物的使用、收益为其权利内容。

1. 占有的权利

占有，是指对物的实际管领和控制。通常情况下，对物加以实际的占有是权利人对标的物加以使用从而取得其使用价值的前提，但在一些特殊的情况下也有不占有而使用的情形，例如地役权人利用他人不动产并不以实际占有为条件，而是对他人不动产设置的一定负担。

2. 使用和收益的权利

使用，是指按照物的自然性质和用途，以不毁损其物或改变其性质而加以利用。对物的使用方式可以根据约定的方式或者通常的使用方式。收益，是指通过对物的利用而获取经济上的收入或者其他利益。

三、我国对用益物权体系的立法及评价

改革开放以来，我国初步建立了独具特色的用益物权制度，我国用益物权制度的法律渊源有：《民法通则》《土地管理法》《城市房地产管理法》《森林法》《草原法》等等。但是由于我国各项用益物权形态几乎是应改革开放实践的具体问题而进行的对策性的规定，因此，不可避免地存在着一些缺陷，如内容重叠、体系混乱、公权力过分介入等等。针对该问题，在我国的物权立法过程中，学术界对我国如何构建用益物权制度的体系类型展开了激烈的讨论。

在建构我国用益物权体系的问题上，大多数学者认为应在充分考虑我国经济社会发展的实际情况和发展趋势的前提下，借鉴国外的先进立法经验尽量保留各种符合我国实际需要的用益物权类型，为人们实现物尽其用之目的提供充分的法律保障。以此为指导思想，在参考了各种不同的物权立法建议稿后，于2004年8月提出了《物权法（草案）》，认为用益物权具体形态包括：土地承包经营权、建设用地使用权、宅基地使用权、地役权、居住权。在草案中对"居住权"进行了界定，可是在后来的十届全国人大常委会第二十三次会议的五审稿中，将"居住权"删除，主要是由于法律委员会研究认为，居住权的适用面很窄，基于家庭关系的居住问题适用《婚姻法》有关抚养、赡养等规定，基于租赁关系的居住问题适用《合同法》等有关法律的规定，这些情形都不适用于草案关于居住权的规定。因此，2007年3月颁布的《物权法》的用益物权体系如下：土地承包经营权、建设用地使用权、宅基地使用权、地役权。

我国现行《物权法》规定的用益物权体系，具有以下三方面的特点。

（1）保留了中国特色的土地承包经营权制度，符合我国的基本经济制度和农业生产的需要。

（2）确认了传统的地役权制度调整需役地与供役地之间的关系，并且使用"地役权"概念，与国际接轨。

（3）在"用益物权"编中，将海域使用权、探矿权与采矿权、取水权、养殖权与捕捞权纳入了用益物权体系，从而避免了体系的混乱。

需要注意的是，我国现行《物权法》规定的用益物权体系还并不完善，存在着一定的缺陷，如部分用益物权制度的高度抽象化等。[①]

第二节　国有土地使用权

在我国，土地归国家或集体所有，1988 年 4 月 12 日第七届全国人民代表大会第一次会议通过的《中华人民共和国宪法修正案》第二条明确规定将《中华人民共和国宪法》第十条第四款改为："土地的使用权可依照法律的规定转让。"

一、国有土地使用权的概念及意义

（一）国有土地使用权的概念

在我国现行法律中规定了土地使用权的基本概念，我国地权制度的主要内容就体现在土地使用权制度方面。这里的"使用"的内涵是非常广泛的，并非单指所有权的使用权能，也就是仅仅利用此物的用途，更为广泛的意义上来说，土地使用权具有独立的财产权性质，也就是具有占有、使用、收益和一定的处分权能。

国有土地或集体土地可以依法设定土地使用权，由单位或个人享有和行使。国有土地使用权即对国有土地的设定，集体土地使用权即

---

① 王竹，李陈婷.《物权法》用益物权制度评析.检查日报,2007-3-29

为集体土地的使用。国有土地使用权是指："公民、法人依法对国有土地享有的占有、使用和收益并排斥他人干涉的权利。在我国，城市土地一律归国家所有，而国家依其本质不可能对这些土地直接使用，直接使用土地的只能是各种法人、自然人以及各种非法人组织。据此，就有了用益物权性质的国有土地使用权。"①

（二）国有土地使用权的意义

国有土地使用权具有十分重要的意义，其主要表现在以下三方面。

（1）国有土地使用权是我国各种不动产物权的基础，目前我国的各种不动产权利，都直接或者间接地和国有土地使用权发生着密切的联系。

（2）国有土地使用权也是我们建立不动产登记制度的法律基础。不动产登记制度在我国的建立具有极其重要的作用，而我国城市中的不动产登记簿，其实是按照国有土地使用权的地域建立起来的。

（3）在社会主义市场经济条件下土地作为重要的财产，这就要求必须按照市场经济的规则来使用国有土地，国有土地使用权制度的确立充分发挥出了市场经济在我国土地领域的重要作用。

二、国有土地使用权的取得

我国《物权法》规定，国有土地使用权可以通过以下四种方式来取得。

（一）法定方式

法定方式指的是，用地人取得国有土地使用权并非出于自愿，但

① 徐蓉.国有土地使用制度若干问题的法律思考.科技文汇，2006（6）

根据法律他们只能取得这种权利的情形。采用该种方式可以分为两种不同的情况。

（1）城市居民 1982 年以前本享有私有房屋的宅基地所有权，但 1982 年宪法规定城市土地一律归国家所有，所以，原城市中的公民个人宅基地所有权只能转化为宅基地使用权。

（2）用地人从农民手中征用农村土地，一般来说用地人获得的应该是该土地的所有权，但实际上用地人只是取得了土地使用权而非所有权，这其中的原因主要是依据我国法律的规定，国家享有土地所有权。

（二）划拨

1. 划拨的概念

划拨指的是，国家依靠行政命令把土地的使用权交给公民和法人。具体来说也就是："县级以上的人民政府批准，在土地使用者缴纳补偿、安置等费用后将该幅土地交付其使用，或者将土地使用权无偿交给土地使用者的行政行为。土地使用者通过划拨方式获得的国有土地使用权，就是所谓的划拨土地使用权。"①

从性质上来说，划拨实际上是一种行政行为，根据该种方式获得的土地使用权，从根本上来说是一种附属于行政权力的民事权利，而不是典型的财产法上的民事权利。②

2. 划拨的法律特征

划拨的法律特征主要表现在四个方面：

（1）通过划拨方式获得的土地使用权通常都是无偿的。虽然土

---

① 绍志华，黄庆阳.论划拨土地使用权的法律性质.湖北广播电视大学学报，2006（5）
② 孙宪忠.物权法.北京：社会科学文献出版社,2005,第256页

地使用人需要缴纳补偿、安置等费用，但这些费用是付给原土地使用人的补偿费，而不是向国家支付的对价。

（2）划拨没有明确的时间期限，通过划拨方式取得的国有土地，除法律另有规定外，土地使用权人有永久使用的权利。

（3）土地划拨有其特有的适用范围。一般而言，仅有下列土地可以通过划拨取得土地使用权：国家机关用地和军事用地、国家重点扶持的能源、交通、水利等项目用地、城市基础设施用地和公益事业用地。

（4）通过划拨取得的土地使用权，除符合法律规定的条件外，不得转让、出租和抵押，这里法律规定的条件主要是指《城市房地产管理法》规定的条件。

（三）出让

1. 出让的概念

国有出让土地使用权指的是，土地使用者通过出让方式取得的国有土地使用权。出让土地使用权是 20 世纪 80 年代末以来，我国土地使用制度改革中出现的一种新的权利类型，标志着我国土地有偿使用制度的确立和土地供给制度的根本转变。具体来说，国有出让土地使用权是指："国家将国有土地使用权在一定年限内出让给土地使用者，由土地使用者向国家支付土地使用权出让金的行为。"①

2. 出让的法律特征

国有出让土地使用权的法律特征主要表现在三个方面。

（1）国有土地使用权出让实行有偿出让。受让人应按照合同规定，向出让方支付土地出让金。土地出让金是土地使用者取得国有土

---

① 诸江，周训芳．林业物权制度解析．中南林业科技大学学报（社会科学版），2008（3）

地使用权应付的对价。

（2）出让土地使用权依出让合同而取得。出让合同是民事法律行为。出让合同的出让方只能是国有土地的所有者——国家。在实践中，往往是由国家授权各级人民政府土地管理部门来代表行使。

（3）出让土地使用权是有期限限制的。

3.土地使用权出让合同的订立方式

（1）协议

协议指的是，由主持出让的地方政府和用地人双方协商，形成一致意见后订立合同。通过协议方式出让土地使用权是由市、县人民政府土地管理部门根据土地用途、建设规划要求、土地开发程度等情况，与受让申请人协商用地条件和土地使用出让金，双方经过协商达成协议后，受让方便依据协议取得土地使用权。以协议方式出让国有土地使用权时，可以不必依据市场价格确定出让金。因此，在我国，以协议方式订立出让合同的用地人，应该限制在公益性法人或者政策扶持的群体范围内。

（2）招标

招标指的是，由主持出让的地方政府以招标的方式选择用地人，并与其订立出让合同。招标方式，主要使用在大型建设项目的用地情形下。具体而言，邀请招标和公开招标是当今社会招标的两种不同的方式。所谓以招标方式出让土地使用权是指通过合法的招标程序，由土地管理部门具体来实施，通过向社会公众公布招标条件或者向符合规定条件的单位发出招标邀请书等方式，确定符合条件的中标者，并进行比较从而择优选取，向其出让土地使用权。

（3）拍卖

拍卖指的是，由主持出让的地方政府在市场上以拍卖的方式选择用地人，并与其订立出让合同。通过拍卖方式出让土地使用权，是由市、县人民政府的土地管理部门或其委托的拍卖机构，在指定的时间、地点，通过拍卖的方式公开竞价，以出价最高者为受让人出让土地使用权。

这三种土地使用权的出让方式各有其不同的优点和不足之处。协议方式简便易行，程序简单，但欠缺市场竞争机制，不利于土地使用者公平竞争；招标、拍卖方式具有较高透明度，引入市场竞争机制，为土地使用者提供平等竞争机会，有利于维护国家的合法权益，但是程序相对比较复杂，成本较高。因此，各地方政府在出让土地时，应该根据当地的实际情况，从总体上权衡利弊，选择最佳的出让方式。

（四）合同加审批

针对外资经营的商品经济性质，我国也制定出了相关的法律规定，具体体现在 1979 年制定的有关外资投资的法律中。具体规定来说要求外资企业要缴纳一定的土地使用费。在这个过程中，国家通过行政批准的方式交给企业相关土地的使用权。

具体来说主要有以下两种方式来收取土地使用费：

（1）由外资企业直接给国家缴纳土地使用费。

（2）将土地使用权作为中国合营者投资的一部分。

三、国有土地使用权的消灭

国有土地使用权的消灭原因主要有三种。

（一）自然消灭

我国《城市房地产管理法》第二十条规定，土地使用权因土地灭失而终止。土地使用权以权利人占有土地为前提，如果土地全部灭失或部分灭失，则对土地的权利因标的物不存在自然也跟着全部消灭或部分消灭。土地灭失的原因可以是自然原因，也可以是人为的原因。

前者如地震、洪水等；后者如爆破等。在土地部分灭失时，土地使用权人有权要求减免与土地灭失部分相应的租金。

（二）按期收回

土地使用权期限届满，如果土地使用权人又未申请续期，则土地使用权自然消灭，国家从而取得了对土地完整的支配权。

（三）国家提前收回土地

国家提前收回土地，是指国家在满足一定条件和程序的前提下，基于公权力在土地使用权期限届满之前将其收回的行为。根据我国现有的法律规定，国家提前收回国有土地的使用权，应当满足三个条件：第一，这些土地的用途必须是为了公共利益，而不是个人的私人的利益，也可以是城市规划过程所需要调整而使用土地。第二，必须通过一定的程序，必须经过人民政府相关的管理部门向原批准用地的人民政府或者有批准权的人民政府批准。第三，应该对土地使用权人给予一定的补偿。一旦国家收回了国有土地的使用权，那么，土地的使用权也就不再属于公民、法人，国家的土地所有权恢复到最初的圆满支配状态，土地所有权又成为完整的所有权。

第三节　土地承包经营权

土地承包经营权是我国农村土地法律制度中特有的概念，是我国农村集体经济组织实行土地承包责任制的产物，它是在改革开放后出现的新型农村土地制度，具体要求是实行以家庭承包经营为基础、统分结合的双层经营体制。就目前看来，我国调整土地承包经营权的法律主要有《民法通则》《土地管理法》《农村土地承包法》与《物权法》。

一、土地承包经营权的概念、本质及特征

（一）土地承包经营权的概念

土地承包经营权又可以叫做农村土地承包经营权、土地承包权，是指土地承包经营权人为从事种植业、林业、畜牧业，对其承包的集体组织的土地或者国家所有交由集体组织使用的土地所享有的占有、使用和收益的权利。

（二）土地承包经营权的本质

在《物权法》通过之前，对于土地承包经营权的本质，学术界有着不同的观点和看法，其主要可以分为债权说与物权说两种。债权说认为，土地承包经营权在本质上是一种联产承包合同关系，土地承包经营权的内容由合同确立，它只能约束发包人和承包人，不能对抗第三人。因此，土地承包经营权实际上可以归为债权的一种。相关的物权说理论认为，土地承包经营权权利的内容主要包括对土地的占有、使用、收益等，而这个土地承包经营权在性质上实质上则是对物的支配权，在本质上是物权。实际上，大多数的专家学者都同意后一种观点，他们认为土地承包经营权是一种用益物权性质的民事权利。

我国《物权法》将土地承包经营权作为一种用益物权加以规定，其主要有三个原因。

（1）土地承包经营权人对土地享有占有、使用与收益的权利，这完全符合用益物权的使用收益性。

（2）土地承包经营权作为用益物权，存续期限较长，有利于进一步规范和调整农村土地承包关系，从而保障和促进农业发展、农村稳定。因此，为了保护土地承包经营权人的利益，使土地承包关系得

以稳定化与长期化，也要求土地承包经营权物权化。

（3）土地承包经营权人可以排除发包人在内的其他一切人的非法干涉，这完全符合物权作为对世权的根本性质。土地承包经营权受到侵害时，权利人享有返还占有请求权、排除妨碍请求权以及消除危险请求权等物上请求权，受到物权的保护方式加以保护，这能较债权请求权更有效地保护土地承包经营权人的利益。

（三）土地承包经营权的特征

由于土地承包经营权是用益物权的一种，因此其不仅具备了用益物权的特征，并且还具备了一些自己独有的特征。

1. 承包经营权具有社会保障功能和福利功能

土地承包经营权主要采取家庭承包经营，人人有份，平均承包，目的是为了保障农民的基本生活，从这个方面而言，它被赋予了社会保障功能和福利功能。也正是因为如此，法律对土地承包经营权的流转等设置诸多限制，防止土地集中以损害农民的权利，危害社会稳定。

2. 承包经营权的目的具有特定性

土地承包经营权的目的具有特定性，即承包人取得土地承包经营权的目的在于从事耕种、畜牧等农业生产，而不能用于非农业建设，不得将农业用地擅自转化为非农业用地。

3. 经营权的主体具有特定性

土地承包经营权的基本功能就是保障农民的生活。这个基本功能决定了土地承包经营权的主体不是随随便便的每一个人，而具有特定性，只限于农民。按照承包方式的不同可以将承包经营权的主体分为两类，分别是：①承包的土地承包经营权具有保障生活的功能，所以，承包人必须是从事农业生产的个人或者"农户"，并且是承包地所属的村集体经济组织的成员；②通过招标、拍卖、公开协商等方式承包"四荒"地的承包人可以是本集体经济组织以外的单位或者个人。

4. 承包经营权的客体具有特殊性

土地承包经营权的客体是农村土地。农村土地是指分布在农村的，农民集体所有和国家所有由农民集体使用的耕地、林地、草地以及其他依法用于农业的土地。我们对这里的"其他用于农业的土地"做一个明确的界定，那就是指养殖水面、"四荒"土地以及农田水利设施用地等。从所有制来看，农村土地包括两部分：一部分是集体所有的土地；另一部分是由农村集体组织使用的但所有权归于国家的农业用地。不同的土地其用途也会有差异，从土地的用途来讲，农村土地主要包括耕地、林地、草地以及其他用于农业的土地类型。

二、土地承包经营权的期限

土地承包经营权作为一种限制物权，具有一定的期限性。在我国《农村土地承包法》《物权法》中都有关于对土地承包经营权的存续期限的规定，具体内容如下，即土地承包经营权期限必须要走法治道路，必须有明确的法律条文来规定土地承包经营权的期限，这是土地承包经营权物权化的重要内容，也是使土地承包经营权确实成为长期稳定的权利的法律保障。①

由于不同性质土地的投资收益期限之间有较大的差别，因此物权法对耕地、草地和林地分别规定了不同的承包期限：对于耕地的承包期为 30 年；对于草地的承包期为 30 年至 50 年；对于林地的承包期为 30 年至 70 年；特殊林木的林地承包期，经国务院林业行政主管部门批准可以延长。土地承包经营权的期限是法律明确规定的期限，具有强制性，任何单位和个人都不能通过合同的方式随意进行改变。承

---

① 黄松有.《中华人民共和国》条文理解与适用.北京：人民法院出版社,2007,第 378 页

包合同约定或者土地承包经营权证等证书记载的承包期限短于法律规定的期限，承包方请求延长的，应予以延长，以切实保护土地承包经营权人的合法利益。

为了促进农业的进一步发展，防止土地承包人在承包期邻近届满时对所承包的土地不做投入或是过度利用土地，因此，只要土地承包经营权人没有明确表示不愿意继续承包，该土地承包经营权人就享有在原土地承包经营权合同限期届满时继续承包土地的权利。

三、土地承包经营权与永佃权的区别

土地承包经营权与传统民法上的永佃权都是在他人土地上进行农业生产的权利，在目的上具有同一性。正是这种同一性，在《物权法》的起草过程中，有学者认为，应当废弃土地承包经营权而使用永佃权的概念。土地承包经营权与永佃权之间的差异主要表现在以下三方面。

1. 期限不同

土地承包经营权是有期限的；永佃权多为永久的，具有无期性。

2. 客体不同

土地承包经营权与永佃权的客体虽然都是他人之土地，但土地承包经营所指向的土地，其所有权是公有的；永佃权所指向的土地，其所有权多为他人私有的。

3. 功能以及能否自由流转不同

土地承包经营权具有社会保障功能，其流转受到诸多限制；永佃权不具有社会保障的功能，可以自由流转。

四、土地承包经营权的效力

（一）发包方的权利和义务

1. 发包方的权利

在土地承包经营权关系中，发包方的权利主要表现为以下四方面。

（1）对于本集体所有的或者国家所有的农村土地，经由发包，可以依法由本集体使用。这是作为发包方的农村集体经济组织、村民委员会和村民小组的基本权利。

（2）制止承包方损害承包地和农业资源的行为。农业资源说的通俗点就是与农业相关的自然资源，主要包括种植业、林业、畜牧业、渔业可以利用的土地、草地、水、生物、气候等。发包方有权制止承包方损害承包地和农业资源的行为，并有权要求承包方赔偿由此造成的损失。

（3）对承包方具有监督的作用。监督他们使用土地的状况，避免土地的破坏等现象出现，从而达到合理利用和保护土地的目的。农村土地承包必须严格遵守法律、法规的相关规定，对土地资源合理开发，合理利用。农用土地以耕作、养殖和畜牧等农业生产为目的，未经依法批准不得将承包地用于非农建设。

（4）法律、行政法规规定的其他权利。

2. 发包方的义务

在土地承包经营权关系中，发包方的义务主要包括以下五方面的内容。

（1）一旦土地承包出去，就不能干涉承包方依法使用土地，要做到尊重承包方的生产经营自主权。对于承包方做出的任何合理合法的生产经营的决定都不能横加干涉。发包方有义务尊重承包方的生产经营自主权，如果承办方做出的行动是在法律和合同范围之内，发包方绝对不能干涉，更不能按照自己的意思强加阻止或改变。

（2）一旦承包合同被签订了，那么发包方绝对不能以任何理由、任何关系对其进行更改，更不能将其减除。当然，还有一点值得注意，那就是，有时承办人或负责人会发生临时改变的现象，这种现象也不会影响承包合同的生效。在承包期内，发包方不得将自己的意愿强加给承包方，不得以任何理由任何借口单方面解除承包合同，或者是假借少数服从多数强迫承包方放弃或者变更土地承包经营权。

（3）对于县、乡（镇）土地利用要进行总体规划，对于农业基础设施的建设要遵循不占用耕地，或者开发利用其他土地资源的基本原则。此外，农业基础设施建设，如农田水利设施和农村机耕道路等建设，仅靠个别承包户是不可能进行的，必须由发包方统一组织进行，这是双层经营的一项重要内容。[①]

（4）依照承包合同约定为承包方提供生产、技术、信息等服务。从改革开放至今，我国实行的一直是以家庭经营为基础、统分结合的双层经营体制，集体经济组织在对承包人的生产经营活动享有一定的监督管理权的同时，有义务为农户提供生产、经营、技术等方面的服务。

（二）承包方的权利和义务

1.承包方的权利

在土地承包经营权关系中，承包方的权利主要表现为以下方面。
对于被依法征用、占用、征收的承包地，承包方有要求获得赔偿

---

① 柳经纬.民法.厦门：厦门大学出版社,2003,第350页

的权利。为了公共利益，国家有时会依照法律来征收承包地，对于这种情况，应当依法给集体经济组织和承包方补偿。《物权法》第42条规定："为了公共利益的需要，依照法律规定的权限和程序可以征收集体所有的土地和单位、个人的房屋及其他不动产。征收集体所有的土地，应当依法足额支付土地补偿费、安置补助费、地上附着物和青苗的补偿费等费用，安排被征地农民的社会保障费用，保障被征地农民的生活，维护被征地农民的合法权益。……"

依据土地管理法中的相关条例，征地补偿应当按照被征用土地的原用途确定补偿标准和补偿数。无论是什么组织或者哪个个人，一旦违反了土地管理法规，对土地进行非法征用、占用或者对土地征用补偿费用进行贪污、挪用，如果是构成犯罪的，依法追究刑事责任；如果是造成他人损害的，应当承担损害赔偿等责任。

2. 承包方的义务

在土地承包经营权关系中，承包方的义务主要包括以下三方面。

（1）对土地进行依法保护和合理利用，不得对土地造成永久性损害，要保证土地的可持续利用。承包方在农业生产活动中，应当采取措施培肥地力，防止水土流失，保护承包地的土地质量和生态环境。

（2）必须维持土地的农业用途，不得进行非农建设。如果承包方违反法律将农业用地用于其他与农业无关的建设，那么就由县级以上地方人民政府有关行政主管部门依法予以处罚。

（3）法律、行政法规规定的其他义务。

五、土地承包经营权的消灭

土地承包经营权的消灭，是指土地承包经营权因一定的法律事实而不再存在。它分为绝对消灭与相对消灭。绝对消灭，是指土地承包经营权客观上已经不再存在，例如承包地灭失、土地承包经营权被依法收回或承包方自愿交回、土地承包经营权期限届满、承包地被征收等引起土地承包经营权消灭的，都属于土地承包经营权的绝对消灭。相对消灭，是指土地承包经营权对某一主体而言已不复存在，对另一主体而言取得土地承包经营权，例如土地承包经营权的转让，对原承包方而言，土地承包经营权消灭。

土地承包经营权在消灭之后，会产生以下三种法律效果。

（1）土地承包经营权消灭的，承包方应依法将土地返还给发包方。

（2）出产物与农用构筑物的取回权。承包地上的出产物属于收益，承包方在返还承包地之前，有权予以收取。土地承包经营权消灭的，承包方有权取回在承包地上建造的附属设施；如果附属设施不能取回或者取回在经济上明显不合理的，附属设施归发包方所有，但应当给承包方相应的补偿。

（3）发包方应偿还特别改良费用或其他有益费用。在承包期内，承包方为改良土地而支出的改良费用以及其他有益费用，在土地承包经营权消灭后，可以要求发包方予以偿还。

第四节　建设用地使用权

建设用地使用权是我国特有的用益物权类型，与传统民法上的地上权相似。在我国城镇土地国家所有制下，建设用地使用权通俗一点而言就是建设用地使用权人在国家的土地上进行建筑物建造。当然，具体而言，除了建筑物的建造外，还包括构筑物及其附属设施的用地。建设用地使用权在我国替代着土地所有权的部分功能，具有长期稳定性。

一、建设用地使用权的概念及特征

（一）建设用地使用权的概念

建设用地使用权，是指自然人、法人或其他组织依法享有的，在国有土地上建造、保有建筑物、构筑物及其附属设施的用益物权。对于建设用地使用权人而言，他们依照法律享有对国家所有的土地占有、使用和收益的权利，有权对建设用地进行自主建设。建设用地使用权虽然基于所有权而产生，但它是一种独立的权利，不依附其他权利而存在。《物权法》第 135 条规定："建设用地使用权人依法对国家所有的土地享有占有、使用和收益的权利，有权利用该土地建造建筑物、构筑物及其附属设施。"

（二）建设用地使用权的特征

1. 建设用地使用权的客体为国家所有的土地

建设用地使用权的标的物是国家所有的土地，不包括集体所有的土地。如果在集体所有的土地上设立建设用地使用权，需要对集体的土地先进行征收，变为国有土地之后，才可以设立建设用地使用权。国家非常重视农业用地，对农业用地划出一条红线，严格限制农业用地转为建设用地。

2. 建设用地使用权的行使期限具有限制性

建设用地使用权作为一种用益物权，性质上为限制物权。一方面，其对作为权利客体的土地的支配并非全面、无期限的支配，受到法律和土地出让合同的限制。具体来说，建设用地使用权作为一种用益物权，其对标的物土地的支配不仅在范围上限于对土地使用价值的支配，而且这种支配也是有期限的。《城市房地产管理法》第 3 条规定："国家依法实行国有土地有偿、有限期使用制度。但是，国家在本法规定的范围内划拨国有土地使用权的除外。"根据国务院颁布的《城镇国有土地使用权出让和转让暂行条例》第 12 条的规定："土地使用权出让最高年限按下列用途确定：居住用地 70 年；工业用地 50 年；教育、科技、文化、卫生、体育用地 50 年；商业、旅游、娱乐用地 40 年；综合或其他用地 50 年。"可见，建设用地的使用权从原则上来看是有期限的。

3. 建设用地使用权的内容为建造和保有建筑物、构筑物及其附属设施

建设用地使用权作为用益物权，自然以对土地的使用价值的支配为内容。但是，我国《土地管理法》第 4 条明确规定："建设用地是指建造建筑物、构筑物的土地，包括城乡住宅和公共设施用地、工矿用地、交通水利设施用地、旅游用地、军事设施用地等。"因此，建设用地使用权的权利人对土地的支配，并非是对土地使用价值的概括性支配，而是在建设用地特定用途内的支配。另外需要指出的是，建造只是建设用地使用权的权利内容之一，并不是所有的建设用地使用权都必须具备建造这一内容。在因建筑物等的所有权发生变动而导致其占用的建设用地使用权一并转移时，土地上现存的建筑物能够满足建设用地使用权人的需要，因此没有必要再另行建造，权利内容仅为保有。对已经存在建筑物的土地，权利人也不妨根据自己的需要，在不违反土地使用目的的前提下拆除现有的房屋而另行建造。而且，此项权利在法律规定的特定情况下为建设用地使用权人的义务，例如依据我国现行行政法规的强制性规定，在国有建设用地使用权以出让方式设定后，建设用地使用权人必须在合同约定的期限内开始进行建造行为。

对于国家划拨而设定的建设用地使用权，其主要是为了满足国家

利益或者社会公共利益的需要而设定，因此不宜采用市场方式设定固定的期限并据此确定相应的土地使用权出让金。因此，《城市房地产管理法》将划拨国有土地使用权作为国有土地有偿、有期限使用制度的一种例外和补充方式作了规定，并对其使用期限除法律、行政法规另有规定外未作限制。但划拨土地使用权在设定条件上有着严格的限制，没有期限限制并不意味着此种权利就是永续存在的权利，一旦划拨的法定条件不复存在，划拨土地使用权则可能因为国家的收回而消灭，或者转化为普通的建设用地使用权而受到期限限制。

二、建设用地使用权的效力

（一）建设用地使用权人的权利

1. 设立地役权的权利

设立地役权的权利，指的是建设用地使用权人可以以其建设用地作为供役地而为他人设定地役权。

2. 占有、使用建设用地的权利

建设用地使用权系以在国有或集体所有的土地及其上下建造建筑物、构筑物及其附属设施并保有其所有权为目的，因此，其权利人自可通过对建设用地进行占有、使用来得以实现。占有、使用建设用地使用权的范围，行政划拨的场合，依行政主管部门的批准和不动产登记簿的记载确定，基于出让合同和继受方式取得建设用地使用权的场合，依约定和不动产登记簿的记载确定。土地所有人负有不得妨碍建设用地使用权人占有、使用其土地的消极义务。

3. 出租、出借建设用地使用权的权利

建设用地使用权作为一项物权，具有对世效力，与土地租赁权仅可对特定人发生效力不同，因此建设用地使用权人可以将建设用地出租或借用给他人。

4. 保有建筑物、构筑物及其附属设施的所有权的权利

该权利指的是，建设用地使用权人对在自己取得的建设用地上建造的建筑物、构筑物及其附属设施享有所有权。对此，《物权法》第142条设有明确规定："建设用地使用权人建造的建筑物、构筑物及其附属设施的所有权属于建设用地使用权人，但有相反证据证明的除外。"

5. 将建设用地使用权设立抵押的权利

该权利指的是，通过出让方式获得的建设用地使用权，其权利人可以将其建设用地使用权设立抵押（《物权法》第143条），向银行等进行融资，是一种典型的权利抵押权。

6. 转让、互换、出资、赠与建设用地使用权的权利

根据《物权法》第143条的规定，通过出让方式取得的建设用地使用权可以转让，但法律另有规定的除外。因建设用地使用权为物权的一种，具有流通性，故自然可以作为买卖的标的。建设用地使用权的转让，为典型的权利的买卖。建设用地使用权人一旦将其建设用地使用权转让给受让人，受让人即取得建设用地使用权。建设用地使用权的转让，性质上属于一种物权变动。转让合同应采取书面形式，并经登记后发生效力。根据《物权法》第143条的规定，对于那些通过出让方式取得的建设用地，它们的使用权可以互换、出资、赠与或者抵押，当然，这里边是针对大部分符合条件的建设用地而言的，对于法律另有规定的除外。

需要注意的是，建设用地使用权转让、互换、出资或赠与的，根据《物权法》第146条的规定，附着于该土地上的建筑物、构筑物及其附属设施一并处分，称为"房随地走"；与此相对的，还有一种情况是"地随房走"，就是，一旦出现了建筑物、构筑物及其附属设施转让、互换、出资或者赠与的情况，那么对于该建筑物、构筑物及其附属设施占用范围内的建设用地使用权就要一并处分（《物权法》第147条）。

7. 基于建设用地使用权的物权请求权

建设用地使用权为权利人利用国家或集体所有的土地的物权，因此，建设用地使用权人利用建设用地的圆满状态受到妨害时，即可根据妨害形态的不同，而分别行使基于建设用地使用权的物权请求权。具体而言，在建设用地使用权人丧失对建设用地的占有时，可以对侵夺的人行使返还请求权；在建设用地使用权的圆满状态受到妨害时，可以行使妨害排除请求权；在建设用地使用权的圆满状态有受到妨害之虞时，可以行使妨害防止请求权。

8. 抛弃的权利

建设用地使用权为物权之一种，因此其权利人自可有权抛弃自己的建设用地使用权。需要注意的是，抛弃建设用地使用权的，要向土地所有人为抛弃的意思表示并进行注销登记方生抛弃的效力。

9. 相邻关系的适用

建设用地使用权是对建设用地加以占有、使用的权利，因此相邻的建设用地使用权人间、建设用地使用权人与土地所有权人间，或是建设用地使用权人与土地租赁权人、借用权人间，都有相邻关系规定的适用。

（二）建设用地使用权人的义务

1.合理使用土地的义务

建设用地使用权人应当按照法律规定或合同的约定，依土地的用途，合理开发、利用、经营建设用地。土地使用权人未依此而使用土地时，出让人有权予以纠正。

2.支付出让金的义务

通过行政划拨方式取得的建设用地使用权，其权利人无须支付对价；通过出让方式获得的建设用地使用权，其权利人必须缴纳出让金。因不可抗力导致建设用地使用权人对土地的占有、使用受到妨碍时，建设用地使用权人不得向土地所有人请求免除或减少出让金。

3.容忍出让人提前收回建设用地的义务

建设用地使用权人未按出让合同规定的期限和条件开发、利用土地的，市、县人民政府土地主管部门应当予以纠正，并根据情节可以警告、罚款直至无偿收回建设用地使用权的处罚（《城镇国有土地使用权出让和转让暂行条例》第17条第2款）。在受无偿收回建设用地使用权的处罚时，建设用地使用权人应当承担容忍的义务。

4.返还建设用地的义务

建设用地使用权终止时，建设用地使用权人应当将建设用地交还给土地所有人。出让人可以请求建设用地使用权人为此项行为，其请求权基础为基于所有权的返还请求权。

三、建设用地使用权的消灭

（一）土地被征收

《物权法》第148条规定："建设用地使用权期间届满前，因公共利益需要提前收回该土地的，应当依照本法第42条的规定对该土地上的房屋及其他不动产给予补偿，并退还相应的出让金。"对于划拨的建设用地使用权，市、县人民政府根据城市建设发展和城市规划的要求，如对旧城区进行改建，需要调整土地的，即可将其收回，但应当对建设用地使用权人给予适当补偿。对于出让的建设用地使用权，在期间届满前国家一般不得提前收回。但在特殊情况下，如为了公共利益，国家可以提前收回建设用地使用权的，需依照法律规定对该土地之上的房屋及其他不动产给予补偿，并退还相应的土地出让金。

（二）土地灭失

在土地全部灭失的情况下，建设用地使用权的标的已经不存在，因此权利也会随之消灭；在部分灭失的情况下，建设用地使用权就剩余的部分继续存在。《物权法》第149条规定："非住宅建设用地使用权期间届满后的续期，依照法律规定办理。该土地上的房屋及其他不动产的归属，有约定的，按照约定；没有约定或者约定不明确的，依照法律、行政法规的规定办理。"第150条规定："建设用地使用权消灭的，出让人应当及时办理注销登记。登记机构应当收回建设用地使用权证书。"

（三）使用期限届满而未续期

由于划拨的建设用地使用权，除法律或者行政法规另有规定外，一般没有期限的限制，不存在期限届满而灭失的情形，因此建设用地使用权期限届满主要是指出让的建设用地使用权。建设用地使用权因期限届满而灭失，是指当法律规定或者当事人约定的使用权期限届满时，建设用地使用权归于消灭。根据我国《城镇国有土地使用权出让和转让暂行条例》的规定，出让土地使用权的有续期间因土地用途的不同而不同：居住用地70年；工业用地50年；教育、科技、文化、卫生、体育用地50年；商业、旅游、娱乐用地40年；综合用地50年。这些期限是建设用地使用权的最高期限，其时间的起算点从建设用地使用权出让合同生效之日起开始计算。需要注意的是，根据《物权法》第149条的规定："住宅建设用地使用权期间届满的，自动续期。"

（四）建设用地被国家依法收回

导致建设用地使用权被土地所有权人收回的情况主要有两种：第一种情况是，建设用地使用权人违反按照约定用途使用土地的义务，经所有权人请求停止而仍未停止，或已经造成土地永久性损害的，土地所有权人可以收回建设用地使用权；第二种情况是，建设用地使用权人未按合同约定开发土地满2年的，国家可以无偿收回建设用地使用权。《物权法》第148条规定："建设用地使用权期间届满前，因公共利益需要提前收回该土地的，应当依照本法第42条的规定对该土地上的房屋及其他不动产给予补偿，并退还相应的出让金。"非住宅建设用地使用权期间届满后的续期，依照法律规定办理。对于划拨的建设用地使用权，因建设用地使用权人被撤销、迁移等原因，或者用于公路、铁路、机场、矿场等的建设用地使用权，经核准被报废的，国家也可以收回土地使用权。

由于导致建设用地使用权消灭的原因各不相同，因此其所导致的法律后果也各不相同。根据我国法律、法规的规定，国家无偿收回划拨的建设用地使用权的，对其地上建筑物和其他构筑物，市、县人民政府应当根据实际情况给予适当的补偿；国家提前收回出让的建设用地使用权的，政府应当根据建设用地使用权人已使用的年限、利用土地的实际情况给予相应的补偿。该土地上的房屋及其他不动产的归属，有约定的，按照约定；没有约定或者约定不明确的，依照法律、行政法规的规定办理。对于以出让方式取得的建设用地使用权，如果建筑物为住宅，则住宅建设用地使用权期间届满的，自动续期。对于非住宅建设用地使用权期间届满后的续期，依照法律规定办理。而现行《城镇国有土地使用权出让和转让暂行条例》第 40 条规定："土地使用权期满，土地使用权及其地上建筑物、其他附着物所有权由国家无偿取得。土地使用者应当交还土地使用证，并依照规定办理注销登记。"建设用地使用权消灭的，受让人应当交还建设用地使用证并及时办理注销登记，登记机构应当收回建设用地使用权证书。

第五节　宅基地使用权

改革开放以后，随着我国农村经济的发展，农民建房的现象越来越多，为了加强对土地的管理，我国制定了一些法律进行规范。我国 1982 年《宪法》第 10 条规定："农村和城市郊区的土地，除由法律规定属于国家所有的以外，属集体所有；宅基地、自留地、自留山也属集体所有。"1986 年《土地管理法》的颁布，标志着我国农村宅基地统一管理的开始。1993 年国务院颁布的《村庄和集镇建房用地管理条例》规定了农村村民要获得宅基地使用权，需要经过政府的审批。1998 年我国对《土地管理法》作了修改，进一步完善了宅基地制度。2007 年 3 月 16 日通过的《物权法》明确规定了宅基地使用权。农民宅基地使用权是具有中国特色的一种用益物权。

一、宅基地使用权的概念及特征

（一）宅基地使用权的概念

宅基地使用权，是指农村集体经济组织的成员依法享有的在农民集体所有的土地上建造个人住宅的权利。我国《物权法》第 152 条规定："宅基地使用权人依法对集体所有的土地享有占有和使用的权利，有权依法利用该土地建造住宅及其附属设施。"该项权利是对我国农村村民长期以来将集体所有的土地用来建造住宅及其附属设施的情况的法律确认，因此意义重大。

宅基地使用权是我国特有的一种用益物权，它是专为解决农民的居住问题而设的。在我国，农村土地归集体所有，即便是集体成员也不得擅自使用集体所有的土地，为了提供农民在集体所有的土地上建造住房的权利依据，我国设置了宅基地使用权这一用益物权。

（二）宅基地使用权的特征

1. 目的的特定性

宅基地使用权的目的是依法在土地上建造住宅及其附属设施（仓库、厕所、沼气池、庭院、猪圈、牛棚等）。如果是利用集体土地从事农业生产，则不属于宅基地使用权，而是土地承包经营权。另外，与宅基地使用权形成鲜明对照的是，建设用地使用权的目的具有多样性，可以用作居住用地、工业用地、教育、科技、文化、卫生、体育、商业、旅游、娱乐等用地。

2. 权利主体的特定性

特定的宅基地仅限于本集体经济组织内部的成员享有使用权。宅基地使用权是专为解决农民的住房问题而设立的，是农村居民特有的权利，因此不能为城镇居民设置宅基地使用权，除非城镇居民依法将户口迁入该集体经济组织，否则禁止城镇居民在农村购置宅基地。除此之外，宅基地使用权的主体都局限于本集体内部的成员，本集体之外的农户则无权取得宅基地使用权。

需要注意的是，本集体经济组织之外的人不可能成为宅基地使用权的主体也不是绝对的，当本集体之外的自然人继承位于本集体经济组织的房屋时，其也会相应地取得该房屋占用范围内的宅基地使用权。

3. 权利客体的特定性

宅基地使用权的客体是本集体所有的土地。宅基地使用权，是指城、乡居民依法对批划给自己建造住宅的土地享有的建造房屋以供使用、居住的权利。[①] 除了农民可能对集体所有的土地拥有宅基地使用权外，城镇居民也可能对国有土地享有宅基地使用权，但在《物权法》中，城镇居民享有的利用国有土地建造住房的权利属于建设用地使用权的范畴，《物权法》所规定的宅基地使用权实为"农村宅基地使用权"，其客体仅限于集体所有的土地，在国有土地上不得设立宅基地使用权。

除此之外，我们还应对"集体所有的土地"作广义范围内的理解，其包括土地的地表、空中和地下，并且集体经济组织成员可以在集体所有土地的地表、空中和地下建构房屋及其他附属设施。

4. 宅基地使用权的无期限性

宅基地使用权是无期限的用益物权，具有永久性。宅基地使用权不发生因期限届满而消灭的问题，权利人得永久享有此项权利并得依法继承。

二、宅基地使用权的效力

（一）宅基地使用权人的权利

1. 物权请求权

宅基地使用权人取得宅基地使用权后，便享有对宅基地的独占权，任何组织和个人均不得非法干涉、擅自使用或剥夺宅基地使用权人对宅基地的使用。当宅基地使用权受到侵害时，权利人享有返还请

---

① 屈茂辉.用益物权制度研究.北京:法律出版社,2005,第324页

求权、妨害排除请求权、妨害预防请求权等物权请求权。

2.宅基地的占有使用权

宅基地使用权人取得宅基地使用权的目的在于在宅基地上建造房屋及其附属设施，所以，宅基地使用权人当然享有占有、使用宅基地的权利。宅基地的占有使用权主要表现在以下几方面。

（1）宅基地使用权人有权使用宅基地，在宅基地上建造房屋和附属设施。

（2）宅基地使用权人有权在宅基地上从事其他附属行为。例如，在宅基地上种植树木、蔬菜、花草等。

（3）宅基地使用权人有权利用宅基地的地上及地下一定范围内的空间。例如，挖地下菜窖、挖井、竖立一定高度的电视信号接受天线等。

3.利用宅基地获得收益的权利

宅基地使用权具有保障农民生活的功能，因此，原则上宅基地使用权仅能用于建造住宅，不能用于经营活动，也不能将宅基地使用权流转以获得利益。例如，不得将宅基地使用权出租以获得租金。在满足宅基地使用权人住房条件的前提下，宅基地使用权人可以利用宅基地从事一定的家庭生产经营活动，以增加收入。例如，利用住宅开设小商店、小旅馆、家庭手工小作坊等。但是这并非意味着宅基地使用权人不能依法出租、出卖住宅。

4.宅基地使用权的附随继承

私有房屋属于遗产，继承人在继承房屋之后，同时也享有该房屋占用范围内的宅基地使用权。

5.宅基地使用权的附随出租权

宅基地使用权不能单独出租，但农村村民可以出租房屋。房屋出租的，宅基地使用权随之出租。农村村民出租住房后，不得再申请宅基地。

6. 征收、征用时的补偿请求权

因宅基地使用权被征收、征用，致使宅基地使用权消灭或者影响宅基地使用权行使的，宅基地使用权人有权要求给予补偿。

7. 宅基地使用权的附随转让权

农民已出卖房屋的，宅基地使用权也随之移转。已经登记的宅基地使用权附随转让的，应当及时办理变更登记。但是，宅基地使用权不得单独移转，只能随房屋所有权而转让。

除此之外，宅基地使用权的附随转让还应该具备以下几个条件：第一，转让人拥有两处以上的农村住房（含宅基地）；第二，转让人与受让人为同一集体经济组织内部的成员；第三，受让人没有住房和宅基地，且符合宅基地使用权分配条件；第四，转让行为须征得本集体经济组织的同意。农村村民出卖住房后，再申请宅基地的，不予批准。

需要注意的是，转让农村住房或宅基地使用权必须要在法律规定的范围内。以下几种情况应当被认为是无效的：第一，城镇居民购买农村住房和宅基地的；第二，法人或其他组织购买农村住房和宅基地的；第三，向本集体经济组织以外的农村村民转让农村住房和宅基地的；第四，擅自转让农村住房和宅基地，未征得本集体经济组织同意的；第五，受让人已经有住房或宅基地的。

（二）宅基地使用权人的义务

1. 服从国家、集体的统一规划

宅基地使用权的行使应当服从国家、集体的统一规划。因国家、集体的统一规划而需要变更宅基地时，宅基地使用权人应当配合。由于变更统一规划而给宅基地使用权人造成损失的，国家、集体应当给予补偿。

2. **不得妨碍公共利益或其他人合法权益**

宅基地使用权人在行使宅基地使用权时，一方面不得妨碍社会公共利益，如不得侵占公共道路等；另一方面不得妨碍他人的合法权益，如不得妨碍他人通风、采光，不得给相邻房屋造成危险等。

3. **按照批准的用途使用宅基地**

宅基地只能用于建造住宅及其附属设施，不能用于其他用途。这不仅是保障农村居民生活的需要，也是维护集体土地所有权的需要。如果宅基地使用权人不按照批准的用途使用宅基地的，土地管理部门和土地所有权人应当加以制止，责令其停止不按照用途使用的行为。情节严重的，土地所有权人有权收回宅基地使用权。

4. **按照批准的面积建造住宅及其附属设施**

各地人民政府对宅基地的面积有明确规定的，宅基地使用权人必须按照批准的面积建造住宅及其附属设施。宅基地使用权人超过批准的面积使用宅基地的，不仅违反了土地管理部门的审批决定，而且构成了对土地所有权的侵犯。因此，对超越批准面积使用宅基地的，土地管理部门和土地所有权人有权加以制止，土地所有权人还有权要求宅基地使用权人承担侵犯所有权的民事责任。

5. **不得非法转让宅基地**

宅基地使用权人不得单独转让、出租宅基地。宅基地使用权不得抵押，在宅基地上建造的房屋也不得抵押，否则由于宅基地得抵押而使房屋的抵押权人不能实现房屋的抵押权；如果以宅基地使用权或农村房屋抵押的，抵押无效。

三、宅基地使用权的消灭

（一）宅基地使用权消灭的原因

《物权法》第 154 条仅规定了宅基地因自然灾害原因灭失时，宅基地使用权消灭的一种情况。但除此之外，宅基地使用权消灭的原因还包括以下四种。

1. 长期闲置宅基地

宅基地使用权长期闲置时，土地所有权人有权收回，从而使宅基地使用权消灭。特别是宅基地使用权人有意长期闲置宅基地时，作为土地所有权人的集体经济组织可以将宅基地立即收回。

2. 宅基地使用权被依法收回

宅基地使用权人不按照批准的用途使用土地，宅基地使用权被依法收回。按照宅基地使用权的目的，宅基地使用权人只能在宅基地上建造住宅及其附属设施，而不得建造或保有其他建筑物或构筑物（如兴办企业、建造商品房等）。否则，集体经济组织作为土地所有人有权收回宅基地，从而导致宅基地使用权的最终消灭。

3. 宅基地使用权人不复存在

占有、使用宅基地的农户因家庭成员全部死亡或因举家迁移城镇等原因而不复存在，宅基地使用权因无主体而归于消灭。

4. 宅基地因被征收而消灭

宅基地因国家公共利益的需要征收集体所有的土地时，宅基地使用权因失去标的物而随之消灭。

《物权法》第 155 条规定，如因出卖宅基地上的房屋而导致宅基地使用权移转的，宅基地使用权原已登记的，应当及时办理变更登记（移转登记），否则受让人虽可对转让人主张自己享有宅基地使用权，但对于第三人则无权以宅基地使用权人的身份抗辩；宅基地使用权消灭时，原已登记的，应当及时办理注销登记，否则对于宅基地的所有权人和登记机构，不得主张宅基地使用权，但对于交易相对人则不得以宅基地使用权业已消灭予以对抗。

（二）宅基地使用权消灭的法律后果

1. 重新分配宅基地

为保障农民的基本居住条件，在宅基地灭失后，没有宅基地的农户有权重新申请宅基地使用权。并非任何事由导致宅基地使用权灭失的，都可重新分配宅基地：可重新分得宅基地的事由主要包括：第一，因自然灾害使宅基地灭失的；第二，宅基地使用权被征收的；第三，宅基地使用权因土地规划而被收回的。宅基地使用权基于其他原因灭失的，农户一般无权重新申请宅基地使用权。

2. 取得补偿权

宅基地使用权被收回的情况下，如非出于宅基地使用权人的原因，土地所有权人应当对宅基地使用权人的地上附着物给予适当的补偿。例如，宅基地使用权因征收、土地利用规划变更等被收回的，应当给予适当补偿。

3. 办理注销登记

已经登记的宅基地使用权消灭的，权利人应当及时办理注销登记。

第六节　地役权

地役权是传统民法上的用益物权，地役权与相邻关系权不同。尽管地役权产生于罗马法时代，但在现今的经济生活条件下，仍有存在的必要。《物权法》对地役权的概念、特征、效力与消灭等作出了明确规定。

一、地役权的概念、特征与分类

（一）地役权的概念

地役权指的是为提高自己土地的效益而使用他人土地的权利。在地役权关系中，为自己土地的便利而使用他人土地的一方称为地役权人，又称为需役地人，需要提供便利的土地称为需役地；将自己的土地供他人使用的一方称为供役地人，供役地人的土地称为供役地。

（二）地役权的特征

1. 地役权是为提高自己土地的效益而设定的权利

设定地役权的目的在于为自己土地增加利用价值和提高其效益为前提。该种"效益"既包括生活上得到的便利，即方便利益，为满足需役地的便利需要在供役地上设立的排水、通行、铺设管线等；还包括经营上获得的效益，非财产的利益，即具有精神上或者感情上的效益，如为欣赏山水设立的"眺望地役权"就属于该类。《意大利民法典》第1028条规定："除经济利益外，需役地本身具有的较多的方便条件或者环境条件也是便利。同样需役地本身具有的工业用途也是一种便利。""便利"的内容只要不违反法律的强制性规定及公序良俗原则，可由当事人根据实际情况约定。

　　具体来说，"便利"的内容主要包括以下四个方面：第一，以供役地使用，如通行、汲水地役权；第二，以供役地的收益为目的，如取土地役权；第三，以避免相邻关系的任意规定为目的，如依相邻关系土地所有人有不得设置屋檐的义务，若想规避这一义务，则在邻地上设定一注雨水的地役权即可；第四，以禁止供役地的某种使用为目的，如要求邻地不得建筑一定高度的房屋的地役权。供役地所有人就需役地所有人对其土地的使用，有容忍的义务或不作为。"自己土地"，是指自己享有使用权的土地，而非专指享有所有权的土地；"他人土地"是指他人享有使用权的土地。因为设定地役权的目的在于调节土地利用的关系，并不在于调节土地的所有关系。因此，只要存在设定地役权的需要，非所有人可以为自己使用的土地在他人具有使用权的土地上设定地役权。

　　2.地役权是存在于他人土地上的物权

　　地役权的客体是土地，并以该土地属于他人所有或使用为要素。地役权的成立，以有两块土地为必要，享有地役权的土地叫"需役地"，供使用的土地叫"供役地"。需役地与供役地一般是相互毗连的，但并不以此为限。供役地原则上应为他人所有，但在该地为一人所有，却为不同的人使用时，也可设定地役权。对于地役权的本质，学说上曾存在着需役地所有权延长说、增加需役地价格之形状说、需役地权利说等不同学说。[①] 但多数学者认为，地役权的本质是一种以限制供役地所有权为内容的他物权。

　　3.地役权具有从属性和不可分性

　　（1）地役权的从属性

　　地役权的从属性，是指地役权从属于需役地与需役地同命运。地

---

① 梁慧星，陈华彬．物权法．北京：法律出版社，1999，第 273 页

役权虽然为一种独立的权利，而不是需役地所有权内容的扩张，但是，它又与需役地所有权的命运紧密联系在一起，因此它具有从属性。主要表现在两方面。

一方面是，地役权必须与需役地所有权或使用权一同移转，不能与需役地分离而让与。其主要表现为：需役地所有权人或使用权人不能自己保留需役地所有权或使用权而仅将地役权让与他人；需役地所有权人不能自己保留地役权而将需役地所有权或使用权让与他人；需役地所有人不能将需役地所有权或使用权与地役权分别让于不同的人。

另一方面是，地役权不得与需役地分离而成为其他权利的标的。地役权不同于其他财产权的是，地役权不能单独作为其他权利的标的，如不能单独以地役权抵押、出租等。地役权只能随同需役地而成为其他权利的标的。我国《物权法》第 165 条规定："地役权不得单独抵押，土地承包经营权、建设用地使用权等抵押的，在实现抵押权时，地役权一并转让。"

（2）地役权的不可分性

地役权的不可分性，是指地役权为不可分的权利，即地役权不得被分割为两个以上的权利，也不得使其一部分消灭。需役地被分割时，各分割部分仍享有原地役权；供役地被分割时，需役地仍对各分割地分享地役权。地役权为需役地的便利而存在，为实现这种便利，地役权只能为需役地的全部而存在，也只能存在于供役地的全部之上。我国《物权法》第 166 条规定："需役地以及需役地上的土地承包经营权、建设用地使用权部分转让时，转让部分涉及地役权的，受让人同时享有地役权。"《物权法》第 167 条规定："供役地以及供役地上的土地承包经营权、建设用地使用权部分转让时，转让部分涉及地役权的，地役权对让与人具有约束力。"

（三）地役权的分类

地役权的种类很多，根据不同的标准可以将地役权分为不同的种类。在罗马法中，根据需役地的性质，地役权分为田野地役权与城市地役权。田野地役权是为土地耕作的便利而设定的地役权；城市地役权是为房屋建筑的便利而设定的地役权。在法国、意大利、西班牙的民法中，地役权可分为强制地役权和任意地役权两类。

根据地役权行使进行分类，还可以将其分为以下几种类别。

1.表现地役权和不表现地役权

表现地役权和不表现地役权是根据地役权的权利存在是否表现于外为标准来进行分类的。表现地役权，是指地役权的行使可以由外部设施查知，即地役权的存在，有外形事实为表现，能自外部认识，如铺设道路的通行地役权、地面水管汲水地役权，这种地役权因有外形标识而能自外部加以认识。不表现地役权，是指地役权的实现是不能由外部设施查知的，如无道路的通行地役权、地下污水排除地役权及眺望、采光地役权。消极地役权一般属于不表现地役权。

2.积极地役权和消极地役权

积极地役权和消极地役权是根据地役权行使的内容为标准而进行分类的。积极地役权又叫做作为地役权，是指以地役权人在供役地为一定行为为内容的地役权，它要求供役地的所有人或使用人承担容忍地役权人为一定行为的义务，如通行地役权、汲水地役权等。在积极地役权中，供役地所有人负有容忍的义务，而不得禁止、干涉。消极地役权，是指以供役地所有人或使用人不为一定行为为内容的地役权，又称为不作为地役权，它要求供役地所有人或使用人承担不为一定行为的义务，如不建筑一定高度的楼房，不在需役地附近栽植树木等。

3.继续地役权和非继续地役权

继续地役权和非继续地役权是根据地役权权利的行使和内容实现的时间是否有继续性为标准来进行分类的。继续地役权，是指继续无间断地行使于供役地上的地役权，如眺望地役权、铺设管道引水地役权等。该类地役权的行使，不需要每次有权利人的行为，而能够无间断地享有。一般地说，消极地役权属于继续地役权。非继续地役权，是指地役权的行使，以地役权人每次行为为必要，如汲水地役权、放牧地役权。这种地役权大都没有固定的设施，因而需要地役权人的每次行为才能行使地役权。

根据地役权所涉及内容的不同又可以将其分为，引水地役权、汲水地役权、通行地役权、排水地役权与建筑物地役权等。引水地役权和排水地役权是指在地上或地下铺设管道，引用供役地的水源或经由供役地引用其他土地的水源，或者排泄自己土地的水流的权利。汲水地役权是指汲用供役地的泉水或井水的权利。通行地役权是指铺设道路或不铺设道路而通行供役地的权利。建筑物地役权主要包括眺望地役权、光线地役权、开窗地役权、泻水地役权、防止干扰地役权等。

二、地役权的效力

地役权的效力主要表现为当事人的权利义务。虽然在我国民事法律法规中并没有对地役权当事人的权利义务作出明确的规定，但是根据各国的立法，地役权的效力则主要表现为以下几方面。

（一）地役权人的权利和义务

1.地役权人的权利

（1）对供役地的使用权

我国《物权法》第159条规定："供役地权利人应当按照合同约

定，允许地役权人利用其土地，不得妨害地役权人行使权利。"地役权是在他人土地上存在的权利，地役权人在其权利范围内，可以使用供役地。其权利范围、使用方法、使用程度应依设定行为的规定，不得超过或变更当事人的规定。设定行为没有规定，则应由地役权的性质来确定，应在最少损害供役地的范围内行使。地役权有限制供役地所有权作用的效力，因此，地役权人在其权利范围内，有优先于供役地所有人使用土地的权利。但是，地役权并不排除供役地所有人设定性质相容或相对相容的几个地役权。在设定性质相容的地役权，如积极地役权和消极地役权时，各个权利并不相悖，不存在哪个权利优先的问题；在设定性质相对相容的地役权时，如设定两个汲水地役权，原则上先取得的地役权的效力优于其后取得的地役权的效力。

（2）进行必要附随行为的权利

地役权人为达到地役权的目的或实现权利内容，在行使其权利的必要范围内可以进行必要的附随行为。如汲水地役权，当然包括在供役地上的通行权。需要注意的是，在行使该权利时，应在最少损害供役地的范围内行使。

（3）工作物取回权

在地役权消灭之后，原地役权人在供役地上所设置的工作物，有取回的权利。但是，如果供役地所有人愿以时价购买其工作物时，那么原地役权人是不能拒绝的。

（4）物上请求权

地役权人在其权利范围内，有直接支配供役地的权能，不但供役地所有人应当容忍，而且第三人也不得妨碍。一旦其权利受到或有受到妨害的可能时，地役权人就有权请求加害人排除或防止妨害。

2.地役权人的义务

（1）合理使用供役地的义务

我国《物权法》第160条规定："地役权人应当按照合同约定的

利用目的和方法利用供役地，尽量减少对供役地权利人物权的限制。"
地役权人对供役地的使用应当选择损害最小的地点和方法进行。地役
权人因其行使地役权的行为对供役地造成变动、损害的，应当在事后
恢复原状并予以补偿。

（2）支付费用的义务

由于设定地役权时约定是有偿的，因此地役权人应当按照约定支
付费用。

（3）允许供役地所有人使用设置物的义务

供役地所有人如果想要使用设置物，那么应该在不妨碍地役权行
使的范围之内，地役权人应当允许供役地所有人使用其设置物。

（4）维护设置的义务

地役权人对于为行使地役权而在供役地修建的设置，如电线、管
道、道路，应当注意维修，以免供役地人因其设施损坏而受到损害。
《德国民法典》第 1020 条规定："地役权人因行使供役地上的地役
权而为设置的，以供役地所有人的利益所需要者为限，应将设置维持
良好状态。"我国《台湾民法》第 855 条规定："地役权人因行使权
利而为设置者，有维持其设置的义务。"

（5）恢复原状的义务

地役权在消灭之后，地役权人应返还土地并恢复原状。如果地役
权人在供役地有设置时，地役权人应取回该设置并承担恢复原状的义
务；如果该设置物对于供役地人有利时，供役地人可以向地役权人支
付价金，从而取得该设置物的所有权。

（二）供役地人的权利和义务

1. 供役地人的权利

（1）行使供役地所有权的权利

在不妨碍地役权行使的范围内，供役地人可以在其所有的土地内

行使属于土地所有人的一切权利。

（2）设置工作物使用权

在不妨碍地役权行使的范围内，供役地人有使用地役权人设置工作物的权利。当然，供役地人使用该工作物时，应当按其受益程度，分担维持工作物的费用。

（3）对价请求权

有偿的地役权，供役地人有对价请求权。

（4）供役地使用场所及方法的变更请求权

德国、法国及瑞士等国的法律规定，当事人在设定地役权时，设定有权利行使场所及方法的，如变更该场所及方法对供役地人有利益而对地役权人并无不利的，供役地人有请求变更场所及方法的权利。例如，《德国民法典》第1023条第1项规定：地役权的行使限于供役地一部分者，在原处所行使对供役地所有人有特殊困难时，供役地所有人得请求移转到另一同样适合于地役权人的处所行使地役权，移转的费用应由供役地所有人负担；移转的权利不得以法律行为予以排除或限制。

2. 供役地人的义务

（1）容忍及不作为的义务

供役地人对于地役权人在供役地行使地役权所为的行为有容忍的义务。但供役地人不负积极行为的义务。

（2）维持设置费用的分担义务

在地役权关系中，供役地人有时与地役权人共同利用供役地。此时，供役地人有权使用地役权人的设置。但供役地人应按其受益程度，分担维持设置的费用，以示公平。例如，《瑞士民法典》第741条规定：地役权人所为的设施供役地人亦受益的，双方应以其受益程度分担费用。

三、地役权的消灭

（一）地役权消灭的原因

1. 法院宣告

由于当前市场经济繁荣发展，因此地役权也并不是永久不变的。如果地役权的存在已经无存续的必要，那么在征得地役权人的同意之后就对地役权进行消灭，这样是可行的。但是如果地役权人不同意地役权被消灭，那么供役地权利人就需要向法院请求消灭地役权。所谓"无存续的必要"指的是，地役权的继续存在，已在事实上无可供或不能供需役地的方便和利益之用。例如，需役地灭失、方便和利益之用的不存在（不汲水、不通行、不放牧）以及设定目的不能达到（无水可汲）等，都属于该范围。

2. 土地灭失

地役权以存在供役地和需役地为必要，因此地役权不仅因作为标的物的供役地的灭失而消灭，而且也随地役权人自己的土地（需役地）的灭失而消灭；另外，供役地虽然不是全部灭失，但事实上已不能再供需役地的方便和利益时，地役权也就因此而消失。

3. 抛弃

地役权以有偿还是无偿为标准，可分为无偿地役权与有偿地役权。无偿地役权，无论有无期限，基于财产权可随时抛弃的规则，地役权人可以随时抛弃；对于有偿地役权来书，一般认为，如果有时间的限制，那么在支付剩余期间的费用之后，才可以抛弃。在需役地上存在抵押权时，由于地役权的抛弃会对抵押权人的利益产生影响，因此应该在征得抵押权人的同意之后才可以对地役权进行抛弃。通常，抛弃的方法都是向供役地权利人为抛弃的意思表示。

4. 约定事由的发生

设定地役权时，如果当事人在地役权设定合同中订有特定的消灭事由时，那么一旦该约定成为事实，地役权也就会消灭。例如，约定需役地上的 A 栋建筑物一旦建成，地役权人在供役地上的通行地役权便归于消灭。

5. 地役权存续期间届满

如果地役权被规定了有一定的存续期间，那么在存续期届满之后，地役权就会归于消灭。

6. 违反法律规定或者合同约定，滥用地役权

地役权人违反法律规定或者合同约定，滥用地役权时，地役权会消灭（《物权法》第 168 条第 1 句）。

7. 未依约定支付地役权费用

有偿利用供役地，约定的付款期间届满后在合理期限内经两次催告未支付费用的，供役地权利人有权解除地役权合同，地役权归于消灭（《物权法》第 168 条第 2 句）。

（二）地役权消灭的法律后果

（1）已经登记的地役权消灭的，除供役地权利人可单独申请地役权注销登记外，地役权人还负有协同供役地权利人办理注销地役权登记的义务。

（2）地役权人占有供役地的，应将供役地回复原状并予以返还；地役权人不占有供役地又未建造设置物的，自然回复原状；已经建造了设置物的，地役权人可以取回设置物，或由供役地权利人作价补偿

给地役权人，但对于供役地权利人无利益的，供役地权利人有权请求
地役权人拆除设置物，回复原状。

第五章　担保物权问题研究

担保物权是保证债权顺利实现的一种重要方式，其存在的意义是在于在债权保证自身利益的同时还在外部同时附加了效力更强的物权保障方式。担保物权是支配物的交换价值的一种他物权，其与以支配物的使用价值为目的的用益物权共同构成了我国《物权法》上的他物权体系。担保物权是物权法中最为活跃的一个领域，其为债权的顺利实现、保证资金的融通等发挥了重要作用。

第一节　抵押权研究

在担保物权的制度体系中，最为重要也是最为复杂的一项制度就是抵押权。抵押权的效力涉及多个方面，如抵押财产、从物、从权利、孳息、附合物和代位物等，并且对抵押权人和抵押人都产生相应的效力。如果债务人在债务到期之后没有履行还债义务或是出现了当事人约定的实现抵押权的情况，抵押权人在与抵押人商议之后就可以对抵押物进行折价或是拍卖抵押财产来补偿债务。如果抵押权人与抵押人之间不能顺利达成协议，那么抵押权人就可以申请人民法院对抵押财产协助进行变卖或拍卖。

一、抵押权的概念、性质特征及分类

（一）抵押权的概念

我国《物权法》第 179 条规定："为担保债务的履行，债务人或

者第三人不转移财产的占有，将该财产抵押给债权人的，债务人不履行到期债务或者发生当事人约定的实现抵押权的情形，债权人有权就该财产优先受偿。"

抵押权的概念有广义和狭义之分。狭义的抵押权指的是债权人对于债务人或者第三人不转移占有而为债权提供担保的抵押财产，在债务人不履行债务时，依法享有的就该物变价并优先受偿的担保物权。在抵押权的法律关系中，抵押人指的是提供担保财产的债务人或者第三人；抵押权人指的是享有抵押权的债权人；抵押财产指的就是抵押人提供的担保财产。

广义的抵押权除包括上述含义之外，还包括其他特殊的抵押权，如船舶抵押权、航空器抵押权等。我国《海商法》《民用航空法》对这些抵押权作了特殊的规定，其与狭义的抵押权的概念和规则有所不同。

（二）抵押权的性质

1. 从属性

抵押权所具有的从属性主要是针对其所担保的债权来说的，主要表现在三个方面。

（1）成立上的从属性，也就是抵押权的成立，通常都是以债权的成立作为前提。如果债权是不存在的，那么抵押权也就不会产生。由此可知，如果抵押权所担保的债权是不成立的、无效的或是被撤销了的，那么抵押权也就失去了产生的基础。

（2）转移上的从属性，也就是抵押权的转移，随着债权的转移而转移。只有抵押权随着担保的债权进行转移，才能通过让与的行为而为其他的债权进行担保。应当注意的是，抵押权不能与债权分离而单独进行转让或是为其他的债权进行担保。

（3）消灭上的从属性，也就是抵押权的消灭，通常会随着债权的消灭而消灭。抵押权所担保的债权，如果由于分割、清偿、提存、免除、混同等原因而全部消灭时，债权也会随之消失。随着抵押权制度的不断发展、完善，在最高额抵押权制度中，抵押权的成立已经可以不再以债权的成立而存在，并且在当事人有特别要求的情况下，抵押权也不会随着债权的转让而发生转让。

2. 不可分性

抵押权的不可分性主要表现在两方面：一方面是抵押财产的全部担保债权的各部；另一方面是抵押财产的各部担保债权的全部。也就是说，享有抵押权的债权人有权就抵押财产的全部行使抵押权，不管是抵押财产被分割或是一部分灭失，还是抵押权所担保债权被分割、让与或是部分清偿，都不会对抵押权产生任何影响。

3. 物上代位性

物上代位性指的是，在抵押权的标的物因灭失、毁损而获得赔偿金、补偿金或保险金时，该赔偿金、补偿金或保险金就成为抵押权标的物的代替物，抵押权人有权对其行使抵押权。而由于抵押财产灭失、毁损所获得的赔偿金、补偿金或保险金则被称为"代偿物"或"代位物"。

（三）抵押权的特征

1. 抵押权在性质上属于担保物权

抵押权是在财产所有权之上再次设置的一种他物权，其设置的主要目的是保证债权的顺利实现。从这个角度上来说，抵押权的性质就属于一种担保物权。对于权利人来说，其对抵押财产具有优先效力与支配效力。

2. 抵押权的标的物是债务人或者第三人的不动产、动产或权利

在抵押权刚开始出现的时候，其只是被用于不动产，而动产上设定的担保物权是质权。随着社会经济的不断发展，很多动产的价值也开始上升甚至有的已经查过了不动产的价值，因此为了满足人们的需要，法律开始允许在一些特定的动产之上也可以使用抵押权，甚至于在不动产权利或特许物权上也可以设立抵押权，如荒山、荒沟、荒丘、荒滩等的土地使用权等。上述的这些动产、不动产或权利的提供者，既可以是债务人，又可以是债权关系之外的第三人。

3. 抵押权的标的物不需要转移占有

抵押权与质权、留置权等担保物权明显的差异是，其不需要标的物的转移占有。抵押权的成立与存续不需要对移转标的物实行占有，抵押人仍然可以占有标的物进行使用、收益、处分等权利活动，这对抵押人发挥物的效用是极为有利的。除此之外，抵押权人也不用承担保存标的物的义务，可以获得完全的担保权，这也有利于维护抵押权人的正当权益。

4. 抵押权的价值功能主要是就抵押财产所卖得的价金优先受偿

抵押权的该项特征主要表现在四个方面。

（1）抵押权人与债务人的普通债权人相比，其有权就抵押财产卖得的价金优先于普通债权人而受清偿。

（2）与债务人的其他抵押权人相比，如果抵押权已经登记生效，那么就应按照抵押登记的先后顺序进行清偿；如果顺序是相同的，那么就应该按照债权的比例进行清偿。

（3）抵押合同在签订之日起开始生效，抵押权登记的，应当按照登记的先后顺序进行清偿；无须登记的，已登记的抵押权优先于未登记的抵押权。如果都没有进行登记，那么就应该按照债权的比例进

行清偿。

（4）如果债务人破产，那么抵押权人根据其享有的别除权，仍可以就抵押财产卖得的价金优先受偿。抵押权人优先受偿的范围，以抵押财产的变价款为限，如果抵押财产的变价款仍不能全部清偿债务，则债权人就未清偿的部分对于债务人的其他财产无优先受偿的效力，应与其他的债权平均受偿。

（四）抵押权的分类

根据不同标准可以将抵押权分为不同的种类。

1. 不动产抵押权、动产抵押权与权力抵押权

依据抵押权的抵押财产的不同，可以将抵押权分为不动产抵押权、动产抵押权与权力抵押权三种不同的类型。

（1）不动产抵押权，指的是以不动产为标的物而设定的抵押权，这是我国《物权法》中所规定的最主要的抵押权。

（2）动产抵押权，指的是以动产为标的物而设定的抵押权。我国《物权法》的第180条第1款第4、6、7项以及第5项部分内容对动产抵押权做出了规定。

（3）权利抵押权，指的是以不动产物权作为抵押客体而设定的抵押权。依据《物权法》第180条规定，可以作为抵押财产的权利，主要包括建设用地使用权，通过拍卖、招标、公开协商等方式获得的荒山、荒沟、荒丘、荒滩等土地的承包经营权等。

2. 普通抵押权与特殊抵押权

根据确立抵押权的不同依据，可以将抵押权分为普通抵押权与特殊抵押权两类。其中，普通抵押权指的是在《物权法》中规定的一般抵押权，而特殊抵押权指的是与普通抵押权相比具有一定特殊性的抵押权。

特殊抵押权的特殊性主要表现在三方面。第一，标的物特殊，如权利抵押权、财团抵押权、动产抵押权、共同抵押权等。普通抵押权的标的物一般为不动产，而上述中抵押权的标的物则比较特殊。第二，发生原因特殊，如法定抵押权。普通抵押权是根据当事人之间的合意而设定的，而法定抵押权则是基于法律的规定而产生的。第三，其他情形特殊，如最高额抵押权、证券抵押、所有人抵押权等。

《物权法》规定的特殊抵押权主要有三个：第一，最高额抵押权。最高额抵押权指的是为保证债务的顺利履行，债务人或者第三人以抵押财产对一定期间发生的债权提供的抵押权。第二，共同抵押权。共同抵押权指的是为了担保同一债权而在数个不动产、动产或权利上设定的抵押权。这数个不动产、动产或权利可以分属于不同的人，可以属于同一个人。第三，浮动抵押权。浮动抵押权指的是抵押人以其所有的全部财产为标的而设立的抵押权，该抵押权的特点是，抵押财产不仅包括抵押人现有的财产，同时也包括抵押人将来可能会拥有的财产。我国《物权法》的第181条对此做出了明确规定。

（五）抵押财产

抵押财产也被称为抵押权的标的物，指的是被设置了抵押权的不动产、动产或者权利。《物权法》第179条第2款后段规定"提供担保的财产为抵押财产"。

并不是当事人的所有的财产都可以作为抵押财产，《物权法》第180条和第184条对允许抵押的财产范围与禁止抵押的财产范围作出了明确的规定。

1. 允许抵押的财产

（1）抵押财产的学理分类

根据学理，允许抵押的财产主要可以分为三类。第一类是动产，

《物权法》允许抵押的动产主要包括航空器、船舶（包括在建）、生产设备、原材料、产品、交通工具，以及家用电器、家具、金银珠宝及其制品等。第二类是不动产，允许抵押的不动产主要包括房屋、厂房、林木、没有收割的农作物及其他地上附着物，还包括正在建造的建筑物等。第三类是权利。在将权利作为抵押物财产时，必须要注意两个条件：首先是，只有不动产上的用益物权以及特别法确立的特许物权才能进行抵押；其次是，根据物权法的相关规定，不动产上的用益物权以及特别法确立的物权只有在法律允许抵押的情况下才能进行抵押。在社会生活中，通常只有建设用地使用权和"四荒"土地承包经营权才符合该项规定。

（2）法定的抵押财产范围

法律所规定的抵押财产范围主要包括：建设用地使用权；建筑物和其他土地附着物；以招标、拍卖、公开协商等方式取得的荒山、荒沟、荒丘、荒滩等土地承包经营权；交通运输工具；正在建造的建筑物、船舶、飞行器；生产设备、原材料、半成品、产品；法律、法规规定可以抵押的其他财产。

2. 禁止抵押的财产

法律出于对公共利益、社会政策等方面的考虑，因此规定的禁止进行抵押的财产较多。《物权法》第 184 条列出了禁止进行抵押的财产，主要包括有："土地所有权；耕地、宅基地、自留山、自留地等集体所有的土地使用权，但法律规定可以抵押的除外；学校、幼儿园、医院等以公益为目的的事业单位、社会团体的教育设施、医疗卫生设施和其他社会公益设施；所有权及使用权不明或者有争议的财产；依法被查封、扣押、监管的财产；法律、行政法规规定不得抵押的其他财产。"

二、抵押权的效力

（一）抵押权对抵押财产的效力

抵押权对抵押财产的效力主要体现在抵押的标的物上，也就是当时所抵押的财产。这种效力主要体现在以下四个方面。

1. 抵押财产的从物

根据物的属性原则，一般来说，从物都是根据主物进行处分的，所以抵押权对于抵押物的效力主要体现在从物上面。但是这个原则并不具有一定的强制性，在一些特殊的情况下，也会出现其他的结果。比如，如果在抵押过程中，当事人双方约定抵押权的效力不能体现在抵押财产的从物上，那么这种效力就应该按照当初的约定进行办理。

《物权法》第 200 条规定："建设用地使用权抵押后，该土地上新增的建筑物不属于抵押财产。该建设用地使用权实现抵押权时，应当将该土地上新增的建筑物与建设用地使用权一并处分，但新增建筑物所得的价款，抵押权人无权优先受偿。"《担保法解释》第 63 条规定："抵押权设定前为抵押物的从物的，抵押权的效力及于抵押物的从物。但是，抵押物与其从物为两个以上的人分别所有时，抵押权的效力不及于抵押物的从物。"例如，甲将一幢别墅抵押给乙，在别墅旁建有一座小花园，但是花园的所有权是丙，这时，别墅的抵押权就不及于小花园。

一般认为，从主物与从物的关系出发，不管该从物是动产还是不动产，也不管该从物是于抵押权设定时既已存在还是后来增加的，抵押的效力都应该及于从物，从物应该处于抵押权效力所及的范围之内。但是对于抵押权设定后成为抵押财产从物的物来说，其是由抵押人的部分财产转化而来，因此抵押权人在需要时虽然可以将其随主物一同进行变价，但是如果法律另有规定或是抵押权人优先受偿会对其他债权人的利益产生影响时，那么此时抵押权人对从物的变价部分就会丧失优先受偿权。[①]

2.抵押财产的从权利

从权利与主权利的关系，实际上同从物与主物的关系是一样的。例如，《物权法》第165条规定，"以需役地使用权设定抵押时，从属于需役地之地役权，应为抵押权效力所及。"即使并不是本质上的从权利，但是如果该权利是抵押物不可缺少的一项权利时，那么为了保全抵押物的经济效用，也应该将其解释进行扩充而作为从权利。例如，我国公民私有房屋的所有权与其宅基地使用权是不可分割的，如果所有人将房租作为抵押物，那么房屋宅基地的使用权也应该被作为从权利处于抵押权的效力所及范围内。

3.抵押物的附合物

附合物与抵押物是一个整体不可分割的，如果将其分离就会减少抵押物的价值，因此附合物为抵押权效力所及。《担保法解释》第62条规定："抵押物因附合、混合或者加工使抵押物的所有权为第三人所有的，抵押权的效力及于补偿金；抵押物所有人为附合物、混合物或者加工物的所有人的，抵押权的效力及于附合物、混合物或者加工物；第三人与抵押物所有人为附合物、混合物或者加工物的共有人的，抵押权的效力及于抵押人对共有物享有的份额。"

4.抵押财产的孳息

根据《物权法》第197条、《担保法解释》第64条的相关规定，如果债务人到期不履行债务或者发生当事人约定的实现抵押权的情形，从而导致抵押财产被人民法院依法扣押的，自扣押之日起抵押权人有权收取该抵押财产的天然孳息或者法定孳息，但抵押权人未通知

---

① 郭明瑞.民商法原理（二）.北京：中国人民大学出版社,1999,第250页

应当清偿法定孳息的义务人的除外。所收取的孳息，应当先充抵收取孳息的费用，然后再充抵主债权的利息，最后才会被用来清偿主债权。

5. 抵押财产的代位物

《物权法》第 174、191 条规定，在抵押期间，如果抵押的财产出现毁损、灭失或者被征收等情况，那么抵押权人就可以获得相应的保险金、赔偿金或者补偿金等优先受偿。即使被担保债权的履行期还没有到期，也可以提存该保险金、赔偿金或者补偿金等。在抵押期间，抵押人在经过抵押权人的同意而对抵押财产进行转让的，应当将转让所得的价款向抵押权人提前清偿债务或提存。超过债权数额的转让的价款，一部分归抵押人所有，不足的部分则由债务人进行清偿。在抵押期间，抵押人在没有经过抵押权人同意的情况下，就不得对抵押财产进行转让，但受让人却可以代为清偿债务而消灭抵押权。《担保法解释》第 80 条规定，"在抵押物灭失、毁损或者被征用的情况下，抵押权人可以就该抵押物的保险金、赔偿金或者补偿金优先受偿；如果抵押权所担保的债权未届清偿期的，抵押权人可以请求人民法院对保险金、赔偿金或者补偿金等采取保全措施。"

（二）抵押权对担保债权的效力

抵押权对担保债权的效力，也就是抵押权所担保债权的范围，指的是抵押权人在实行抵押权时，能够优先清偿的债权范围。根据《物权法》第 173 条和《担保法》第 46 条的规定，"抵押权担保的范围包括主债权及其利息、违约金、损害赔偿金和实现抵押权的费用。"

1. 主债权

主债权主要是指在行使抵押权的时候，约定了应该承担原本的债权。一般主债权也可以称为原债权。为了能够更好地明确原本债权，应该在抵押权设定的时候就完成所有的登记程序。

2. 利息

利息主要是指由原本债权所产生的一些孳息。这些孳息主要包括了法定的利息、期内利息、双方约定的利息和延迟利息等。

原则上来说，利息应该按照法定利息来进行计算，如果当事人所约定的利率较高，那么就应该按照约定来进行计算，但是约定的利息应该受到最高法定利率的限制，对于超过的部分法律将不予保护。除此之外，当事人约定的高于法定利率标准的利息，也应该在抵押权设立时进行登记，否则将不得对抗第三人。

3. 违约金与损害赔偿金

违约金主要是指债务人在不能按时履行债务的情况下，按照合同的规定或者法律的有关规定，给债权人支付一定的金额作为违约的赔偿。

损害赔偿金主要是指债务人为加害给付的时候应该向受到损害的债权人支付一定的数额作为赔偿款项。

虽然这两种款项都处于抵押权担保的债权范围之内，但各国的立法体系中对于这两种款项是否必须要进行登记并没有一致的看法，而我国法律体系中并没有对此作出明确的规定。在社会生活中，人们通常认为，违约金和损害赔偿金不需要以登记作为前提条件，但是在实际处理中，违约金必须进行登记，否则就失去了对抗第三人的权利。

4. 实现抵押权的费用和保全抵押权的费用

该项抵押权对担保债券的效力指的是，抵押人由于实行保全和实行抵押权而产生的费用支出，主要包括有申请强制执行的费用、拍卖费用、评估费用等。该项费用不需要当事人实现约定，并且也不需要登记，其主要原因是，该费用主要是由于债务人不履行其应当承担的债务而产生的，应该被包含在抵押权所担保债权的范围之内。

（三）抵押权对抵押人的效力

抵押权对抵押人的效力，实际上也就是在抵押法律关系中抵押人所应承担的权利和义务，其主要包括以下几方面。

1. 对抵押物的占有权

如果法律或是合同中没有额外的规定，那么抵押人将有权继续保持对抵押物的占有，并且有权获得抵押物的孳息。

《担保法》第 47 条的规定，在债务到期之后，如果债务人由于没有按时履行债务而导致抵押物被人民法院依法所扣押的，自扣押之日起，抵押权人可以收取由抵押物分离的天然孳息及法定孳息，也就是说抵押权效力及于抵押物所生的孳息。如果抵押权人没有将扣押抵押物的事实告知应当清偿法定孳息的义务人的，则抵押权效力不及于该孳息。

2. 抵押人的主要义务是妥善保管抵押物

《物权法》第 193 条规定："抵押人的行为足以使抵押财产价值减少的，抵押权人有权要求抵押人停止其行为。抵押财产价值减少的，抵押权人有权要求恢复抵押财产的价值，或者提供与减少的价值相应的担保。抵押人不恢复抵押财产的价值也不提供担保的，抵押权人有权要求债务人提前清偿债务。"

3. 抵押人对抵押物的收益权

因为抵押物在抵押期间是由被抵押人所占有的，所以当抵押人对抵押物进行出租的时候，会产生以下两种结果。

（1）如果抵押物是出租在前，抵押在后的情况，那么抵押物的租赁合同在有效期内应该对抵押物的受让人仍保持合同的有效。

（2）如果抵押物是抵押在前，出租在后的情况，那么抵押物的租赁合同就会失去一定的约束力。抵押人如果把已经抵押的财产进行出租的时候，由于抵押人没有事先告知承租人，抵押物已经被抵押的实际情况，那么这时候承租人由于抵押物所造成的损失就应该由抵押人进行赔偿。但是如果承租人已经知道了抵押物的抵押情况，仍选择签订租赁合同的话，那么由于抵押权所产生的损失就由承租人自己承担。

4. 抵押人对抵押物的处分权

虽然财产已经被进行了抵押，但是抵押物的所有权仍然是属于抵押人的，因此抵押人有权将抵押物进行转让，但是抵押人对财产的处分权利会受到一定的限制，主要表现在两方面。

（1）如果抵押物没有进行登记，那么抵押权人将不能与善意第三人相对抗，并且抵押人应该承担由此而对抵押权人所造成的损失。

（2）根据《物权法》第191条的规定："抵押期间，抵押人经抵押权人同意转让抵押财产的，应当将转让所得的价款向抵押权人提前清偿债务或提存。转让的价款超过债权数额的部分归抵押人所有，不足部分由债务人清偿。抵押期间，抵押人未经抵押权人同意，不得转让抵押财产，但受让人代为清偿债务消灭抵押权的除外。"

（3）抵押物依法被继承或赠与的，抵押权不受影响。

5. 抵押人对抵押物设定多项抵押权利

抵押人可以对同一个抵押物设定多个抵押权，但是注意不能超过余额的部分。如果同意抵押物上有多个抵押权，那么各抵押权人应该按照法律所规定的顺序依次行使抵押权。

（四）抵押权对抵押权人的效力

抵押权对抵押权人的效力主要表现在以下几个方面。

1. 保全抵押物

根据《物权法》第 193 条、《担保法》第 51 条的规定，抵押物在遭受抵押人或是第三人的损害时，抵押权人有权要求停止侵害、恢复原状、赔偿损失。如果由于抵押人的行为而造成抵押物遭受了价值损失，那么抵押权人将有权要求抵押人恢复抵押物的原有价值，或是为其提供与减少价值相等的担保。

2. 放弃抵押权或变更抵押权的顺位

抵押权人与抵押人可以通过协议对抵押权顺位及被担保的债权数额等内容进行变更。但需要注意的是，在抵押权变更的过程中，在没有经过其他抵押权人书面同意的情况下，不能使其他的抵押权人造成损失。当债务人将自身的财产作为抵押，而抵押权人放弃该抵押权、抵押权顺位或变更抵押权时，其他担保人在抵押权人丧失优先受偿权益的范围内可以免除担保责任，但其他担保人承诺仍然提供担保的除外。也就是说，不侵犯其他抵押权人的权利是抵押权进行变更的前提，如果可能会对其他抵押权人的权利造成侵害，那么应该事先征得其他抵押权人的书面同意；如果是以债务人的财产来进行抵押，并且抵押权人放弃或变更抵押权的，其他担保人继续承诺承担责任的情况除外，其他担保人在丧失权益的范围内应该免除担保责任。

三、抵押权的实现

（一）抵押权实现的概念及程序

1. 抵押权实现的概念

抵押权实现指的是在债务到期之后，债务人没有按约定履行还债义务，通过依法对抵押财产急性处理而保证债权获得清偿。

从本质上来说，抵押权是抵押权人的一项权利而不是义务，因此当抵押权人要求债务人清偿债务时，债务人不能以先行使抵押权作为抗辩理由，不能强行以抵押财产来对债务进行清偿。

2.抵押权实现的条件

在债务到期支付还有进行清偿的，抵押权人通过与抵押人协商的方式对抵押的财产进行折价或者以拍卖、变卖该抵押财产所得的价款优先受偿。抵押权人想要实现其抵押权，需要满足三个条件：第一，抵押权是有效存在的；第二，债权人的债权未受清偿；第三，债务人不履行到期债务，或是出现了当事人约定的实现抵押权的情形。

3.抵押权实现的程序

根据《物权法》第195条第1款和第2款的有关规定，当债务履行期届满但抵押权人还未受清偿的，想要实现其抵押权需要经过以下程序。

（1）协议实现

根据当事人事先约定的抵押权实现的条件，在抵押权人与抵押人协议一致后，可以将抵押财产折价或者以拍卖、变卖该抵押财产所得的价款优先清偿债务。如果当事人所制定的协议损害了他人的利益，那么其他的债权人就有权行使撤销权，请求人民法院将该协议予以撤销。

（2）诉讼实现

如果抵押权人和抵押人之间没有对抵押权的实现达成统一的协议，那么抵押权人就可以向人民法院提起诉讼，由人民法院判决或者调解拍卖、变卖抵押财产，从而实现抵押权人的抵押权。

《物权法》第195条第3款规定："抵押财产折价或者变卖的，应当参照市场价格。"该条款有利于保护抵押人的合法权益，避免由于对抵押财产的低价变价而对抵押人造成严重的损失。

4. 禁止流押

流押又被称为流押契约、抵押财产代偿条款或流抵契约，指的是抵押权人与抵押人约定，在债务期满但是债务人却没有履行债务时，抵押权人将有权直接获得抵押财产的所有权。《物权法》第 186 条规定："抵押权人在债务履行期届满前，不得与抵押人约定债务人不履行到期债务时抵押财产归债权人所有。"抵押权人和抵押人订立流押契约的，一律无效。即使是在抵押权实现时订立的实现抵押权协议中，也不得出现流押契约，但是当事人以抵押财产折价方式来对自身的债务进行清偿的，则被认为是抵押权的正常实现。

（二）抵押权实现的方法与变价款的分配

1. 抵押权实现的方法

根据《物权法》第 195 条的规定，抵押权的实现主要有三种方法，即对抵押财产进行折价、拍卖和变卖。

究竟要采用哪种方式实现抵押权，应该由当事人根据实际的情况来进行决定。如果所签订的抵押合同中对抵押权的实现方式已经有了规定，那么就应该按照合同的规定来进行办理。但是如果抵押合同没有对债权实现的方式进行约定，那么抵押权人就可以通过与抵押人协商的方式确定债权实现的方式；如果不能达成一致的协商意见，那么抵押权人就可以向人民法院起诉，请求由人民法院来裁决应该使用哪种方式实现抵押权。

（1）抵押财产折价

抵押财产折价指的是在抵押权完成的时候，抵押人与抵押权人可以自愿达成协议，按照抵押财产的自身价值或者市场参考价值的价格为价款，抵押人将抵押物的所有权转移给抵押权人，在此过程中都是由抵押人和抵押权人双方进行协议，不需要经过法院的判决。

当事人可以对抵押财产的折价事先进行商定，如果双方协商不成，那么抵押权人就可以向人民法院提起诉讼，在抵押权人获得胜诉判决后，由人民法院在不经拍卖、变卖就直接将抵押人的抵押财产作价交抵押权人抵偿债务，对不足清偿部分的债务，债务人应该继续进行清偿；如果有剩余的部分，则应该对抵押人予以返还。

（2）抵押财产拍卖

抵押财产拍卖指的是通过拍卖程序将抵押财产变价，通过变价款实现抵押权的一种方式。

抵押人和抵押权人可以就抵押财产的拍卖达成一致的意见，共同协商委托拍卖机构进行正常拍卖，如果双方当事人无法达成一致意见，就可以申请通过法院按照法律的有关规定进行拍卖。

（3）抵押财产变卖

抵押财产变卖指的是通过一般的买卖形式出卖抵押财产，以其变价款实现债权的方式。

变卖与拍卖都属于买卖方式，但是变卖与拍卖还是存在很大的差异。

拍卖对于商品交易来说，是一种比较特殊的流通方式，与一般的商品买卖有着很大的区别，拍卖商品都是通过公开竞价的方式把商品卖给出价最高的竞买人。很多贵重和稀有的商品都选择拍卖的方式进行竞买，主要是因为拍卖具有公平性和透明性。

变卖是一种直接的商品交易，与拍卖相比，更加的简单直接，不需要经过竞价，只需要当事人或者法院把商品按照市场价格进行交易。

当事人双方可以自愿协商进行变卖，如果无法进行协商，就可以向法院提起诉讼，在取得胜诉之后，法院可以通过强制执行的程序把抵押财产进行变卖或者拍卖。

2. 抵押财产拍卖或变卖后变价款的清偿顺序

《物权法》第198条规定，"抵押财产折价或者拍卖、变卖后，其价款超过债权数额的部分归抵押人所有，不足部分由债务人清偿。"从司法实践应用中来看，如果抵押财产进行折价、变卖或者拍卖所得的价款低于抵押权所设定的约定的价值的时候，不足的那部分应该由债务人进行清偿。而抵押人对剩余的债权将不再承担担保责任，此时剩余的债权作为普通债权与其他普通债权处于平等受偿的地位。

如果抵押财产的折价或者拍卖、变卖是由当事人通过协商来决定的，那么抵押权人与抵押人之间可以就该抵押财产折价、拍卖或变卖后所得价款的清偿顺序问题作出约定。如果抵押的时候，双方当事人没有进行约定的话，应该按照以下顺序进行清偿，首先是抵押财产变现的费用，比如拍卖的费用、变卖抵押财产所需要的费用等，包括诉讼费、保全费、鉴定费、评估费、拍卖费等；其次是抵偿主债权的利息；最后是抵偿主债权。

四、抵押权的消灭

抵押权因下列原因消灭。

（一）因主债权全部消灭而消灭

一般情况下，因为抵押权具有从属性，所以当主债权因清偿、抵销、混同、免除或者其他原因而消灭时，抵押权无所依附，随主债权一起消灭。

（二）因抵押物的全部灭失而消灭

抵押物是抵押权的客体，抵押物灭失，抵押权即随之消灭。但抵押物灭失后存在代位物的，抵押权存续于代位物上。

（三）因抵押权的实现而消灭

根据法律规定以拍卖、变卖或者折价的方式实现抵押权后，无论债权是否全部受清偿，抵押权均归于消灭。

（四）因一定期间经过而消灭

我国《物权法》规定，抵押权人应当在主债权诉讼时效期间行使抵押权；未行使的，人民法院不予保护。

第二节　质权研究

质权是担保物权的一个重要组成部分，在现代的社会生活中具有重要的作用和价值。质权与抵押权一样，都可以保证债权的实现，同时还有助于融通资金。但其与抵押权存在的一个重要区别是，质权的设定要以转移标的的占有为要件。

一、质权的概念、特征及分类

（一）质权的概念

质权主要是指债务人将出质的财产或者权利转移给债权人占有，把这些作为债权的一个担保，如果债务人无法履行债务，债权人有权将出质的财产或者权利通过折价、变卖或者拍卖等形式进行处理，所得的价款优先进行赔偿的一种权利。

在质权所涉及的法律关系中，质权人指的是享有质权的人；出质人指的是将财产移转于质权人占有而供债权担保的债务人或第三人；质押财产指的是出质人移转给债权人占有以供债权担保的财产，又可以叫做质物。

（二）质权的性质

1. 从属性

质权的从属性又叫做质权的附随性。设定质权的主要目的是保证债券的实现，因此，质权应该从属于所担保的债权。也就是说，无论质权是进行转移或是消灭，都要从属于被担保的债权的存在、移转或者消灭。

随着社会经济的不断发展，质权的从属性已经不仅仅再局限于已经存在的被担保的债权，例如为将来的债权设定质权、设立最高额质权，这些都表明了未来质权的从属性可以被设定在未来的债权上。

2. 物上代位性

质权的实质内容为占有并控制质押财产，从而对质押财产的交换价值进行支配。对于质权来说，其最为重要的内容是重视质押财产交换价值所发生的变化，在交换价值在本质上没有由于质押财产的形态或性质而发生变化的情况下，质权就可以继续维持其效力至质押财产的替代物或转化物上，也就是所谓的质权的物上代位性。因此，当质押财产发生毁损或者灭失时，质权的效力同样及于因此而获得的赔偿或者保险或者其他对待给付的基础上。质权人在取得代位权之后就可以直接向负有赔偿或者给付义务的第三人要求进行赔偿，同时还可以享有优先受偿。

3. 不可分性

质权的行使不会由于质押财产进行的分割、让与或是被担保的债权的部分清偿而产生变化，质权人仍然可以对全部的质押财产行使权利以保证债权的实现，不管被担保的债权发生怎样的变化，质权人都可以对全部的质押财产行使质权。也就是说，即使被担保的债权已经进行了部分清偿，但是质权人却仍然可以留置全部的质押财产，并在适当的条件下对其进行处分，以保证优先受偿。如果担保财产已经部分分割或者转让，质权人仍然有权利对全部质押财产实现质权。即使担保财产出现部分灭失的情况，质权人仍然可以根据其享有的质权对剩余部分的质押财产行使质权，这就是质权的不可分性。

（三）质权的特征

1. 质权是一种担保物权

质权是质权人直接对物享有的权利，可以与物的所有人和第三人进行对抗。质权的实质内容是占有质押财产并取得质押财产的交换价值。如果债务人在债务到期之后没有如约履行债务，那么质权人就可以通过质押财产来优先受偿。由此可见，质权为保证债权的顺利实施而专门设立的，其与主债权的担保物权是一种从属的关系。

2. 质权的标的是动产或者财产权利

在不同的国家，其法律中对债权的标的有着不同的规定。例如，德国法律将质权的标的规定为动产和财产权利；法国法律将质权的标的规定为动产和不动产，并且将财产权利看作无体动产；日本法律将质权的标的规定为动产、不动产和财产权利。而在我国，根据《物权法》和《担保法》的相关规定，质权是在债务人或者第三人提供的特定财产上设定的，质权的标的物只能是动产或者可让与的财产权利，不能是不动产或者不动产的用益物权。

3. 质权是优先受偿的权利

由于质权从属于担保物权，其同样具有优先受偿性。如果债务人在届期不能清偿债务或是发生当事人约定的情形，那么质权人就有权对质押财产进行折价或者变卖、拍卖该质押财产的价款优先受偿。除此之外，质押权还具有留置效力，这是与抵押权所不同的。需要注意的是，质权人在实现质权之前，可以事先留置质押财产，这样就可以对债务人造成一定的心理压力，从而间接促使其尽快对债务进行清偿。

4.质权须移转质押财产的占有

质权的公示方式是占有，出质人应该将质押财产或是权利凭证交付质权人占有，否则，质权关系将不会产生相应的效力。此外，在质权关系成立之后，质权人想要继续维持自己的权利，就必须要对质押财产保持持续占有。

（四）质权的分类

1.法定质权与意定质权

根据质权成立的不同原因可以将质权分为法定质权与意定质权两类。法定质权指的是根据法律的规定而当然发生的质权。意定质权指的是以法律行为设定的质权，我国《物权法》中所规定的质权是通过质权合同来进行设定的。

2.动产质权、不动产质权与权利质权

根据指标标的物的不同可以将质权分为动产质权、不动产质权与权利质权三类。其中，动产质权指的是以动产作为标的物的质权。动产质权是质权中最主要也是最为普遍的质权，每个国家几乎都对此有相关的规定，其将占有作为公示手段。不动产质权指的是以不动产作为标的物的质权，其在农业经济社会中是一种重要的物权担保的方式，但是到了现代社会已经很少会被提及，除日本之外。权利质权指的是将可以让与的财产权利作为标的物的质权。在《民法典》中对全职质权所做的规定，成为现在各国制定物权立法的范例。我国所设立的质

权制度中将动产质权作为最主要的形态，同时对权利质权也作了相
关的规定。

3. 民事质权、商事质权与营业质权

根据质权所适用的法规的不同可以将质权分为民事质权、营业质
权和商事质权。民事质权指的是适用民法规定的质权，主要包括动产
质权与权利质权。营业质权指的是适用于当铺业管理规则的特殊质权。
其是债务人以一定的财物（当物）交付于债权人（当铺）作为担保，
向债权人（当铺）借贷一定数额的金钱，于一定期限（回赎期限）内，
债务人清偿债务后即取回（赎回）担保物；在债务到期之后，如果债
务人不能及时进行清偿，那么担保物（当物）就会归债权人所有或由
债权人以其价值优先受偿。在民事质权中，禁止当事人约定在履行期
满后若债权未受清偿质押财产归质权人所有，而营业质权则没有该限
制，这是营业质权与民事质权的主要区别。商事质权指的是适用商
法规定的质权。在那些实行民商分立主义的国家，质权被分为民事
质权与商事质权两部分；而在采取民商合一主义的国家，则没有该分
别。我国采用的就是民商合一的形式，因此不存在民事质权与商事质
权之分。

4. 占有质权、收益质权与归属质权

根据质权内容的不同可以将质权分为占有质权、收益质权与归属
质权三类。占有质权指的是，质权人对质押财产只能占有，而不得使
用、收益的质权，通常只适用于消耗物。收益质权指的是，质权人不
仅可以占有质押财产，并且还可以对质押财产使用、收益的质权，通
常适用于非消耗物尤其是不动产。归属质权指的是，质权人通过取得
质权标的物的所有权，以充抵其债权的质权。在大多数国家，包括我
国对归属质权都是禁止的。我国《担保法》第 66 条规定："出质人
和质权人在合同中不得约定在债务履行期届满质权人未受清偿时，质

物的所有权转移为质权人所有。"

二、动产质权

（一）动产质权的概念与特征

1.动产质权的概念

动产质权指的是，债务人或者第三人将其动产转移给债权人占有，并将该动产作为债权的担保，当债务人不履行债务或者发生当事人约定的实现质权情形时，债权人以该动产折价或者以拍卖、变卖该动产的价款优先受偿的担保物权。《物权法》第 208 条规定："为担保债务的履行，债务人或者第三人将其动产出质给债权人占有的，债务人不履行到期债务或者发生当事人约定的实现质权的情形，债权人有权就该动产优先受偿。"

2.动产质权的法律特征

（1）动产质权以他人的动产为标的物

动产是动产质权的标的物，同时还要属于债务人或者第三人所有。动产质权的标的物不能是权利，这是动产质权与权利质权的主要区别。

（2）动产质权以质权人占有作为质押财产的动产为必要条件

动产质权的生效条件是移转动产的占有，其主要原因是：动产物权的变动以占有为公示要件，这与不动产物权变动是不同的，并且质权需要通过留置效力来满足其担保主债权实现的功能。质押财产的交付实际上也就意味着占有的移转，但是却并不仅仅局限于现实的移转占有。

（二）动产质权的效力

1. 动产质权对质权标的物的效力

作为质押财产的动产为质权的效力所及。为了兼顾双方当事人的利益，同时也为了维护质押财产的经济效用与交换价值，在一定的条件下质押财产以外的其他物或权利应该被纳入到质权效力所及的标的物范围之中。这些物或权利主要包括以下几方面。

（1）添附物

质押财产所有人为附合物、混合物或者加工物的所有人的，质权的效力及于附合物、混合物或者加工物；质押财产因附合、混合或者加工使质押财产的所有权为第三人所有的，质权的效力及于补偿金；第三人与质押财产所有人为附合物、混合物或者加工物的共有人的，质权的效力及于出质人对共有物享有的份额。

（2）代位物

质权会随着质押财产的灭失而消灭。但需要注意的是，因质押财产灭失、毁损、征收所得的保险金、赔偿金、补偿金等，是质押财产的代位物，所以应当将其作为质押财产。

（3）质押财产的从物

动产质权的效力及于质押财产的从物。但是，从物未随同质押财产移交质权人占有的，质权的效力不及于从物。

（4）孳息

我国《物权法》第 213 条规定："质权人有权收取质押财产的孳息。"但是如果所签订的质权合同上另有约定的，应该按照约定进行办理。此处的孳息包括天然孳息和法定孳息。质权人收取质押财产的孳息，应当首先被充抵收取孳息的费用。

2. 动产质权对所担保的债权的效力

《物权法》第173条规定："质权担保的范围包括主债权及其利息、违约金、损害赔偿金、保管担保财产和实现担保物权的费用。"若质权合同上另有规定的，应按照约定进行办理。一般认为，由于质押财产的隐蔽瑕疵导致产生损害赔偿的，也应该属于动产质权所担保的债权范围。

3. 质权对质权人的效力

（1）质权人的权利

质权人的权利主要包括以下五方面。

第一，留置质押财产的权利。质权人在其债权还没有完全被清偿前，有权留置质押财产。也就是说，在质权人的债权没有获得满足之前，质权人有权拒绝出质人或是质押财产的第三人要求其交付质押财产的请求，继续留置质押财产，同时可以行使质押财产的所有权利。

第二，收取孳息的权利。《物权法》第214条规定："质权人有权收取质押财产的孳息，但合同另有约定的除外。"需要注意的是，质权人收取孳息的权利是推测基于当事人意思扩张担保物范围的结果，并不是行使用益权，这主要是因为质权属于担保物权。

第三，优先受偿的权利。如果债务人不能在届满时偿还债务，那么质权人有权以作为质押财产的动产折价或者以拍卖、变卖该动产的价款优先受偿。质权人的优先受偿权体现在三方面：首先，质权人较债务人的一般债权人优先受偿；其次，出质人破产时，质权人有别除权，质押财产不能列入破产财产；最后，即使是质押财产被查封或扣押，也不会对质权人的优先受偿权产生影响。即使是人民法院对质押财产采取查封、扣押措施的，质押财产被拍卖、变卖后所得价款也应当在质权人优先受偿后，剩余的部分才可以被用于清偿申请执行人的债权。

第四，转质权。转质权指的是，质权人为了担保自己的或者他人的债务，将质押财产向第三人再度设定新的质权。我国《物权法》第217 条规定："质权人在质权存续期间，未经出质人同意转质，造成质押财产毁损、灭失的，应当向出质人承担损害赔偿责任。"虽然在条文中没有对转质进行明确的规定，但是却可以从条文中解读出来。转质可以分为两类，即责任转质和承诺转质。责任转质指的是，质权人在质权存续期间，不需经过出质人的同意，而以自己的责任将质押财产为第三人设定质权。承诺转质指的是，质权人在获得出质人的同意之后，为了担保自己或者他人的债务而以质押财产向第三人设定质权，也就是说，质权人在得到质押财产所有人的处分承诺时，为担保自己的债务于其占有的质押财产上设定比自己享有的质权更为优先的一个新的质权。

第五，质权保全权。质权保全权又称为质押财产变价权，质权人在质押财产有损坏或者价值减少的危险，并且会对质权人的权利造成侵害时，有权要求出质人提供相应的担保。如果出质人拒不提供担保，质权人有权将质押财产进行变价，以保全其债权。我国《物权法》第216 条规定："本法第 216 条因不能归责于质权人的事由可能使质押财产毁损或者价值明显减少，足以危害质权人权利的，质权人有权要求出质人提供相应的担保；出质人不提供的，质权人可以拍卖、变卖质押财产，并与出质人通过协议将拍卖、变卖所得的价款提前清偿债务或者提存。"

（2）质权人的义务

第一，质押财产的保管义务。我国《物权法》第215 条规定："质权人负有妥善保管质押财产的义务。因保管不善致使质押财产毁损、灭失的，应当承担赔偿责任。"妥善保管义务指的是根据善良管理人的注意义务对质押财产进行保管。质权需要承担最高的注意义务，这是因为质权对质押财产进行占有的最终目的是质权人确保自己的债权可以实现，而不是为了维护出质人的利益。因此，质权人所要承担的责任要大于为他人利益而占有他人之物的人。如果由于质押人违反保管质押财产的善良管理人的注意义务，从而对质押财产造成损失的，那么质押人就应该承担下相应的赔偿责任。应当由出质人根据客观的标准来对质权人的过错进行评判，如果确实是由于质权人的过错而对质押财产造成损失的，那么质权人就应当承担相应的赔偿责任；如果不是质权人的过错，那么就不需再承担责任。除此之外，如果质押财产是由于不可抗力的因素而造成损失的，则质权人也不用承担责任。

第二，返还质押财产的义务。我国《物权法》第219条规定："债务人履行债务或者出质人提前清偿所担保的债权的，质权人应当返还质押财产。"在债务履行期届满之后，如果债务人按约定将所有的债务都偿还之后，那么债权就会消灭，同时债权人也就丧失了占有质押财产的依据，因此应将质押财产返还给债务人。质押财产的返还以出质人为相对人。

4. 质权对出质人的效力

（1）质押财产的处分权

在出质人将抵押财产转交给债权人占有之后，并不会丧失对抵押财产的所有权，因此在对动产上设定质权之后，出质人仍然享有对该动产的处分权。但需要注意的是，该处分指的只是法律上的处分而不是事实上的处分,因为在质押人将质押财产交给债权人进行抵押之后，出质人已经不能再对质押财产进行事实上的处分，因为该种处分会对质权的利益产生损害。

（2）财产的收益权

我国《物权法》第214条第1款规定："质权人有权收取质押财产的孳息，但合同另有约定的除外。"质押财产的占有权被交给质权人之后，从原则上来说，出质人就已经丧失了对质押财产的收益权。

（3）保全质押财产的权利

为了保证质押人占有的质押财产不遭受损害，出质人享有保全财产的权利。根据实际情况的不同，可以将该种权利分为三类。第一，在质权人侵害质押财产时，出质人享有保全质押财产的权利。第二，在质押财产本身具有腐败的危险或者价值可能发生重大减少时，出质人享有保全质押财产的权利。第三，在质权人之外的第三人侵害质押财产时，出质人享有物上请求权以及侵权损害赔偿请求权。

（4）物上保证人的代位权

当出质人是主债务人之外的第三人时，则其就可以被称为是物上保证人。在代债务人清偿债务之后或是因质权的实现而丧失质押财产的所有权时，物上保证人可以依据其所享有的代位权向债务人进行追偿。

（三）动产质权的实现

动产质权的实现指的是，质权所担保的债权在清偿期届满之后，债务人却没有履行相应的清偿义务，此时质权人与出质人协议以质押财产折价，或依法拍卖、变卖质押财产并就所得的价款优先受偿的行为。我国《物权法》第 219 条规定动产质权实现的条件主要有两个：第一，动产质权是有效存在的；第二，在债务到期之后，债务人没有履行偿债义务，或是发生了当事人约定的实现质权的情形时作为质权人的主债权人未受清偿。

我国《物权法》第 220 条第 2 款规定，出质人请求质权人及时行使权利，但是质权人却怠于行使权利而对质押财产造成损害的，质权人应该根据损失承担相应的赔偿责任。

动产质权实现的方式主要有三种，即折价、拍卖和变卖。其中，最主要的方式是拍卖。对质押财产进行拍卖、变卖之后所得的变价款，质权人有权优先受偿。质押财产折价或者拍卖、变卖后，其价款超过债权数额的部分归出质人所有，而不足的部分应由债务人进行清偿。

三、权利质权

（一）权利质权的概念和特征

1. 权利质权的概念

权利质权指的是，为担保债务的履行，将债务人或第三人所享有的权利移转给债权人占有，在债务人届期不履行债务时，债权人有权将该权利处分以优先受偿的权利，又叫做"准质权"。其中，债务人或者第三人为出质人，债权人为质权人，移交的权利为质押财产。

我国《担保法》和《物权法》对权利质押和权利质权分别进行了规定。其中，《担保法》侧重于对债权人（质权人）、债务人和（或）出质人之间相互关系的描述，并且表现出更多的合同关系色彩。物权法侧重对债权人（质权人）的质权效力的规定，也就是说，在质押权利价值的范围内，债权人（质权人）享有优先于其他债权人获得清偿的法律效力。

2. 权利质权的特征

由于权利质权是以财产权利作为标的，因此其具有的特点主要表现在以下两方面。

（1）权利质权以交付或登记为公示方式

动产质权的公示方式是占有转移，而由于权利质权是以无形财产作为标的，其在公示方法上也具有一定的特殊性。对于有权利凭证的，权利质权在出质人交付权利凭证后生效；而没有权利凭证的，一般权利质权需要在进行登记之后才能生效。权利质权所具有的该特点决定了权利质权与动产质权在成立方法及实行方式上有显著的差异。因此，各个国家和地区在为其进行立法时，都会单独对其进行规定。同样的，我国《担保法》在质押一章中也对此专门作出了规定。

（2）作为质权的权利必须为一定范围内的财产权利

该种财产权利不仅要具有可让与性，并且还必须适于设质。对于何种财产权利适于设质，一般都会在法律中做出明确的规定。我国《担保法》第 75 条就对可以设立质权的权利作出了例示规定。

（二）权利质权的效力

1. 权利质权对质押标的物的效力

权利质权效力所及的标的物的范围，应该根据关于动产质权的有关法律规定来进行判断。由于权利质权的标的物具有一定的特殊性，因此权利质权对质押标的物的效力与动产质权之间存在一定的差异，主要表现在两方面。

（1）股权质权效力所及的标的物范围

由于股权、股票都会产生孳息，如现金红利、股息、红股、转增股等，所以我国《物权法》第 213 条第 1 款规定，"权利质权人有权收取该权利所生的孳息，除非质权合同对此另有约定。"因此，如果质权人与出质人没有针对出质的股票、股权所生孳息提前做出约定，那么质权人将有权收取该孳息。

（2）代位物

动产质权标的物如果因灭失、毁损或者被征收而获得的保险金、赔偿金或者补偿金，则是质押财产的代位物，为权利质权的效力所及。

2. 权利质权对担保债权的效力

从总体上来说，权利质权对债权的担保范围与动产质权的担保范围是类似的，主要表现在两方面：一方面是，有些权利质权的设定并不需要移转占有只需办理登记即可；另一方面是，即使是有些权利质权需要移转权利来作为凭证，但是却不存在支出标的物的保管费用。因此，权利质权担保的债权范围不仅包括主债权、利息、违约金、损害赔偿金，同时也包括实现质权的费用。

3.权利质权对质权人的效力

我国《物权法》第 229 条规定："权利质权准用动产质权的有关规定"。由此可见，权利质权人与动产质权人的权利义务基本上是相同的。例如，质权人享有占有或者留置权利凭证的权利、收取质押财产孳息的权利、变价质押财产的权利以及优先受偿的权利。权利质权在设定之后，质权人负有妥善保管质押标的和返还质押标的的义务。

权利质权对债权人效力的特殊之处主要表现在以下两方面。

（1）股票质权人保全股票价值的权利

由于股票市场频繁变动，因此质权人在接受股票质权时不得不面对的一个重要问题就是股票价格的频繁变动，所以很有可能会产生股票价格在质权存续期间内的急剧下跌而导致股票质权的担保功能减损的情况。在这种情况下，为了保证质押财产的价值，因此质权人通常会产生将股票变现的冲动。但出质人有时还会考虑到在股票下跌之后可能会大幅上扬，因此有时就会决绝质权人的该项要求。我国《物权法》第 226 条第 2 款规定，"基金份额、股票出质后，不得转让，但经出质人与质权人协商同意的可以转让。"

（2）禁止质权人转让标的物

对于质权人所取得的质押财产来说，其只享有质权而非所有权，因此质权人不得随意将作为质押财产的股票进行转让。除此之外，以票据、债券、存款单、仓单、提单出质的，质权人再转让的，为无效。

质权人对已经质押的商标专用权以及专利权、著作权中的财产权的转让也是被限制的，在没有经过当事人协商的情况下不得进行转让或是允许他人使用。对此种财产进行限制的原因是，商标专用权、专利权以及著作权中的财产权的质权发生效力的条件只是办理登记即可，出质人不需要也没有办法转让权利凭证，因此出质人就可以将这些已经设立质权的权利再次转让或者许可他人使用。这种形式的转让可能会导致质押财产价值的下降，对债权人的合法权益造成损害，因此应该对其加以限制。

4. 权利质权对出质人的效力

（1）出质人的权利

如果由于质权人没有尽善良管理人注意保管的义务，从而导致质押财产造成损失的，出质人有权要求质权人将该权利凭证提存，也有权提前清偿债权而消灭权利质权，以取回设质的权利凭证。

除此之外，在设定权利质权之后，不管质押物是否存在灭失或毁损的危险，出质人都有权提前清偿所担保的债权以消灭权利质权，权利质权因出质人提前清偿债权而消灭的，有权取回质押的权利凭证或者注销权利质权的登记。

如果出质人并不是债务人，而以自己的财产权利设质的，那么该物上保证人也有权代债务人提前清偿债权以消灭权利质权，以取回质押的权利凭证或注销质押登记。

（2）出质人的义务

出质人在将其享有的权利出质之后，依然享有对该权利的处分权，但是法律上通常会对其处分质押的权利予以限制。这是因为，质押权利已经成为质权的标的物，如果质押人仍然享有对质押物随意处分的权利，那么可能就会对质权人对该标的物交换价值的支配权，权利质权所具有的担保功能也将可能因此而丧失。由于权利质权的标的物是权利，因此出质人可以通过法律行为消灭该权利，质权人对标的物的控制力比较弱，因此应该加强权利质权中对出质人处分权的限制。

在各国的法律中，通常会禁止未经质权人同意的情况下通过法律行为将质押的权利加以消灭。

我国《物权法》虽然没有对此作出明确的规定，但是却根据权利的不同而对出质人的处分权进行了一定的限制。

第一，股权在出质之后，不得进行转让，但不包括经过质人与质权人协商同意的情况。出质人转让股票所得的价款应当向质权人提前清偿或者提存。

第二，根据法律规定的可以进行转让的商标专用权或者专利权、著作权中的财产权出质的，出质人不得转让或者许可他人使用，但不包括经出质人与质权人协商同意的情况。出质人所得的转让费、许可费，应当向质权人提前清偿或者提存。如果出质人在没有经过质权人同意的情况下就将出质权利进行转让或是允许他人使用，那么该种行为在法律上就会被认定为无效，并且由此为质权人或者第三人造成损失的，应当由出质人承担相应的责任。

（三）权利质权的实现

权利质权的实现指的是，质权所担保的主债权已届清偿期而债务人不履行债务时，质权人依法以质押的权利变价并就其价款优先受偿的行为。

权利质权主要是通过以质押的权利折价、拍卖或变卖来最终实现。由于权利质权的标的物是一种权利，具有一定的特殊性，因此在不同的权利上所设定的质权也就有很多不同之处。除此之外，由于作为权利质权标的物的债权存在清偿期限，同时权利质权担保的债权也存在清偿期限，因此在实际运用中通常会出现一定的时间差，再加上这两种债权分属于不同的种类，因此就将权利质权的实现变得更为复杂。权利质权的实现主要包括以下两种具体的形式。

1. 债权质权的实现

（1）作为质押财产的债权的清偿日期先于质权所担保的主债权清偿日期的，由于当前质权人所享有的主债权只是期待权，因此不能确定债权人能否如约履行债务，此时质权人就比较被动，因此其不能要求债务人提前偿清债务，也不能直接实现质权。由于作为质押财产的债权的履行期限届至，在这种情况下，如果出质人因此受领给付就会导致质押财产的消灭，但是不受领则又会导致受领迟延。为了解决这一矛盾，质权人可以在债务履行期届满前，就要求作为质押债权关系中的债务人履行债务，同时与出质人进行协商，将所获得的给付标的用于提前清偿或者提存。

（2）作为质押财产的债权的清偿日期晚于质权所担保的主债权的清偿日期的，由于主债权清偿期限届至，而作为质押财产的债权的清偿期尚未届至，因此质权人在此时不能享有直接收取权。但需要注意的是，作为质押财产的债权关系中的债务人的期限利益应该受到保护，这是因为，质权人在接受出质人以该种债权质押时就应该明了，作为质押财产的债权的清偿日期要晚于主债权的日期，因此，质权人应当自行承担这种结果。

2. 有价证券质权的实现

出质人在以债券、票据、仓单、存款单、提单等有价证券设立质权时，如果这些有价证券可以随时兑现或者提货，或兑现日期或提货日期与质权所担保的主债权的清偿日期相同，那么权利质权就可以顺利实现。但在现实生活中，还会出现一些特殊的情况需要引起注意。

（1）被质押的有价证券上所载明的兑现日期或者提货日期早于质权所担保的主债权的清偿日期，质权人可以在债务履行期届满前兑现或者提货，并与出质人进行协商，提议将兑现的价款或者提取的货物提前清偿债务或者提存。

（2）被质押的有价证券上所载明的兑现日期或者提货日期晚于质权所担保的主债权的清偿日期，质权人只能在兑现或者提货日期届满时兑现款项或者提取货物。

第三节　留置权研究

留置权是担保物权的一种法定形式。由于留置权的行使是法律例外的允许私力救济的情形，因此它的成立较为严格。留置的财产只限于动产，留置的动产应当与债权属于同一法律关系，但企业之间留置的除外。

一、留置权的概念及特征

（一）留置权的概念

留置权指的是，债权人根据合同的约定占有债务人的动产，在债务人不能如约履行债务时，获得留置该合法占有的动产并在法定或约定期间经过后可以就该动产的变现价款优先受偿的担保物权。

留置权属于一种担保物权，其可以担保一定债务的履行。留置权与抵押权和质权一样，留置权人也不能对留置的动产使用或是获得收益。

（二）留置权的特征

1.留置权的效力具有双重性

留置权的留置效力（权能），又可以称为留置权的第一次效力，这是留置权的主要效力，指的是留置权人在其债权未受清偿以前可以对债务人的财产进行留置，留置权人对留置物具有占有的权利，可排除债务人所为的债权请求权或物权请求权的行使。当债务到期，并且经过一定的期限债务人仍不能按约定履行债务时，留置权人有权以标的物折价或拍卖、变卖并就所得价款优先受偿，这是留置权的变价与优先受偿效力（权能），又称为留置权的第二次效力。

2.留置权产生的法定性

留置权是直接在法律规定的基础上而产生的担保物权，其与抵押权和质权基于当事人约定而有明显的差异。在符合法律规定的条件下可以产生留置权，在我国民法中因保管合同、加工承揽合同、仓储合同、运输合同、行纪合同中发生的债权，如果债务人不能按约履行债务，则债权人享有留置权。但需要注意的是，立法中并没有对留置权进行强制性的规定，因此当事人可以事先约定排除关于留置权规定的适用。根据我国《物权法》第230条的规定，其一方面肯定了留置权的法定性，赋予合同的债权人一方在债务人不履行合同时，对合法占有的债务人的动产当然享有留置权，另一方面也允许当事人事先可以通过约定排除该项权利的适用。

3.留置权具有从属性、不可分性与物上代位性

从属性、不可分性与物上代位性是担保物权的通用属性。留置权是法律在公平原则的基础上而创设的权利，其主要目的是担保债权的实现，因此留置权为从属于所担保债权的从权利，具有从属性。留置权所担保的是债权的全部，而不是某一部分。留置权的效力及于债权人所留置的全部留置财产，因此留置权人可以对全部的留置财产行使留置权。留置权与其他担保物权相同，不管留置财产的形态发生产生何种变化，只要其交换价值仍然存在，那么留置权人就可以继续对留置财产的交换价值进行支配，留置权就不会被消灭，并且留置权人可以就留置财产的损害或者灭失而发生的保险、赔偿或者其他对待给付的价金获得优先受偿的权利。

4. 留置权的标的物限于动产，不动产或权利一般不得成立留置权

对于抵押权来说，其标的物可以是动产也可以是不动产；对于质权来说，其标的物可以是动产也可以是权利质权。但是对于留置权来说，根据《物权法》第 230 条的规定，其只能以动产为标的物。同时，根据《物权法》第 230 条的规定，留置权只能设定在债务人的动产上。

二、留置权的效力

（一）留置权标的物的范围

留置权标的物的范围指的是，债权人可以对多大范围内的标的物实行留置权。留置权标的物的范围，除了包括留置动产本身标的物之外，下面的几项也属于留置权标的物的范围。

1. 从物

如果留置物还包括从物，那么根据"从随主"的原则，其他的从物也应该属于留置权的效力范围之内。但需要注意的是，留置权成立的要件是占有标的物，所以该从物也必须应该是被债权人所占有，然后才可以被包含在留置权的效力范围之内。

2. 孳息

债权人有收取留置物所生孳息的权利，因此，留置物所产生的孳息也应该被包含于留置权的范围之内。

3. 代位物

留置权属于担保物权的一种，担保物权具有物上代位性，因此留置权也同样具有该性质，由留置权灭失所得的赔偿金，也就应该被包含在留置权效力的范围之内。

（二）留置权担保的债权范围

通常情况下，所有与留置物有关系的债权都应该被包含在留置权的效力范围之内，属于留置权所担保的范围。原债权、利息、迟延利息、实行留置权的费用、因留置物隐有瑕疵而生的损害赔偿，再加上债权人因保管留置物所支出的必要费用等，都属于留置权所担保的债权范围。需要明确的是，由于留置权是法定担保物权，因此其所担保的债权也必须要与留置物有一定的关系，当事人约定不同的留置权担保范围的可能性是不存在的。这与抵押权、质权所担保的债权范围可以由当事人任意约定的规定是不同的。

（三）留置权对债务人的效力

1. 债务人保有留置财产的所有权

在债务人的财产被设定留置之后，依然享有财产的所有权。因此，债务人可以自行对财产进行处置，或是出卖、转让，或是赠与都可以，但是却不会对留置权产生影响。

2. 债务人负有偿付必要的费用的义务

留置财产在被设置留置之后，由于其所有权等权属并不会因此而发生改变，因此对于留置权人保管、维护留置财产所产生的一系列必要费用都应该由债务人来承担。

3. 债务人行使所有权受到限制

在留置权成立之后，债务人针对留置财产所行使的所有权也必然会受到一定的影响。债务人不能再对留置财产占有、使用和收益，并且也不能将留置财产用于设定质权和出租。

（四）留置权对留置权人的效力

1. 留置权人的权利

（1）优先受偿权

留置权效力集中体现为留置权人就留置财产的价值优先受偿，这是留置权人最基本的权利，也是保障其债权的根本手段。虽然留置权人已经留置了标的物，可以促使债务人履行债务，但是入股债务人迟迟不能清偿债务，那么留置权人也不能受偿，其合法利益就会受到损害。在这种情况下，留置权人享有优先受偿权就可以有效维护其正当利益不受侵害。对于留置权人的优先受偿权来说，债权已届清偿期是其成立的要件，但是却不是实行要件。债务履行期届满后一定宽限期（不少于两个月）的经过是留置权人优先受偿权的实行条件。对于获得的价金，留置权人有权要求优先偿还其所担保的债权，剩余部分才归债务人。对于不足的部分，债务人应该承担继续清偿的责任。

（2）留置物保管上的必要使用权

由于留置权属于担保物权的一种，因此从原则上来说，留置权人不得对留置物加以使用、收益。但是为了满足保管留置物的需要，法律又对留置权人赋予了对留置物的必要使用权。例如，对于容易生锈的机械，可以偶尔加以使用以防止其生锈，为了保持赛马的最佳状态，可以偶尔乘骑等。但需要注意的是，留置权人对留置财产的使用应该保持在一定的范围之内，如果超过必要的使用范围，就会被禁止，并且如因此对债务人造成损害的，应该对其损害承担赔偿责任。如果因此而获得收益，还需要根据不当得利的相关规定，将所得的利益返还给债务人。

（3）留置占有的动产

留置权为债权人留置债务人的动产，在债权还没有被完全清偿前，拥有拒绝返还的权利。除此之外，债权人在其债权还没有被完全清偿前，拥有对全部留置物的留置权，这是留置权的不可分性。在留置权关系中，债权额如果发生分割或是减少的情况，其所担保的债权也会随之产生分割或减少的效果。

（4）必要费用求偿权

留置权人由于对留置物进行保管所支出的费用，可以向留置物的所有人请求偿还，成为留置权人的必要费用求偿权。留置权人虽然对留置物没有使用、收益权，但是却对留置物负有以善良管理人的注意加以保管的义务，因此对于因保管所生的费用可以请求偿还。需要注意的是，该"费用"主要包括必要费用与有益费用。其中，必要费用指的是，为了维持或保管留置物的现状所不可或缺的费用，例如留置物为动物时所必需的饲养费用等。至于留置权人就留置物所支出的有益费用，一般在留置物增加价值现存部分的范围内允许债权人请求债务人返还。

（5）收取留置物所生的孳息

由于留置权是担保物权的一种，因此债权人无使用、收益留置物的权利。但是留置物会产生孳息，债权人有收取孳息的权利。因此，无论留置物产生的孳息是法定孳息或是天然孳息，债权人都有收取的权利。由于留置财产被设定留置之后就会被留置权人所占有，并且留置权人对留置物负有善良管理人的保管义务，因此由其收取孳息是最为恰当的。债权人收取的孳息，并不归他自己所有。通常情况下，收取的若为天然孳息，那么在经过协议估价抵偿其债权，或是将其拍卖以卖得价金抵偿；收取的若为法定孳息且与自己的债权种类相同，则可以直接用以抵偿。

2. 留置权人的义务

（1）对留置物的保管义务

留置权人的保管义务指的是，留置权人应以善良管理人的角色注意对留置物进行保管。如果留置权人违反该保管义务从而对债务人造成损失的，留置物保管人应该承担相应的赔偿责任。《物权法》第234条规定："留置权人负有妥善保管留置物的义务，因保管不善致使留置财产灭失或者毁损的，留置权人应承担赔偿责任。"根据该项规定，留置权人应该以善良管理人的注意对留置物进行保管，如果因没有尽到善意保管人义务而导致留置物毁损或灭失的，其应该承担赔偿责任。如果留置物是由于不可抗力或是意外事故而遭受的风险损失，则留置权人不负责任，而是由债务人负责。

（2）返还留置物的义务

留置权人在留置权所担保的债权消灭时，不管债权消灭的原因是什么，其都应该有义务将留置物返还给债务人或其他有受领权人。除此之外，如果债权虽然没有消灭，但是债务人却以另行提供担保而使留置权发生的原因消灭的，留置权人也应当承担返还留置物的义务。如果留置权人对留置物拒不返还，那么就会形成非法占有，从而需要承担相应的民事责任。在留置权人对留置财产实行折价或变卖后，以变价款抵偿债权后如有剩余，对剩余部分留置权人也应返还给留置财产所有人。

需要注意的是，留置权人不得擅自使用、出租或将留置物供作其他债权的担保，留置权人非以必要的使用为目的，未经债务人同意，不得使用、出租留置财产或者以留置财产为他人担保。否则，留置权人应负义务不履行的损害赔偿责任。

三、留置权的实现

（一）留置权实现的条件

1.债务人未依法定宽限期或者约定宽限期履行债务

债权人在行使留置权之前，应当在法定期限或者约定期限内通知债务人履行债务。我国《担保法》第87条规定："债权人与债务人应当在合同中约定，债权人留置财产后，债务人应当在不少于两个月的期限内履行债务。债权人与债务人在合同中未约定的，债权人留置债务人财产后，应当确定两个月以上的期限，通知债务人在该期限内履行债务。"《物权法》第236条在留置权实现的条件上作了一定修改："留置权人与债务人应当约定留置财产后的债务履行期间；没有约定或者约定不明确的，留置权人应当给债务人两个月以上履行债务的期间，但鲜活易腐等不易保管的动产除外。债务人逾期未履行的，留置权人可以与债务人协议以留置财产折价，也可以就拍卖、变卖留置财产所得的价款优先受偿。留置财产折价或者变卖的，应当参照市场价格。"

在债务人没有按照合同约定或是未在法律规定的时间内履行债务时，债权人才可以对留置物行使留置权，从而促使债务人履行债务。留置权人就留置物进行变价受偿前，必须要经过一段法定期限或者约定期限，否则也不得行使留置权。当事人可以对债务履行期限进行协商，如果没有对宽限期进行约定或是约定不明，留置权人就可以自行确定宽限期，至少不得少于2个月（鲜活易腐产品除外）。

2. 债权人必须持续不断地占有债务人的动产

在法定的留置权成立之后，债权人不能丧失对留置的动产的持续占有，否则就会丧失对该物的留置权。导致留置物丧失的原因是多种多样的，如果是因为债权人的过错而丧失对留置物的持续占有的，那么留置权人不仅会丧失留置权，同时还要对丧失留置物承担相应的法律责任。但是如果是由于侵权行为而导致留置物暂时丧失的，那么当债权人恢复占有而重新取得占有权的，不构成丧失占有，仍可以继续实行留置权。

3. 妨害留置权实现的法定或者约定情形

债权人留置债务人的动产的权利行使应当符合法律规定及合同约定。如果留置权的实现违背了一些限制性条件，那么债权人也不得行使留置权。债权人留置的动产如果违反了社会公共利益，或是违背了债权人应承担的义务，那么即使是债务人迟延履行义务，债权人也不得行使留置权；如果当事人约定排除留置权的适用或者债权人主动放弃留置权的行使，那么即使是债务人迟延履行债务，债权人也不得行使留置权；如果留置权的行使违反了法律，那么也是禁止行使的；如留置物是禁止流通物的，非经法定程序，不可折价为已有，也不可变卖给他人。

（二）留置权实现的范围

留置权属于一种担保物权，因此其具有不可分性。当留置物为不可分物时，留置权人在其债权还未被全部清偿之前，有权对留置物的全部行使权利。在债务分割或者让与时，也仍以留置物的全部担保各个债务的清偿；在债权分割或是对其中的一部分进行让与时，各债权人以其相应的债权共同对于留置物的全部行使权利；债权一部分受清偿时，其剩余部分债权仍由留置物的全部来担保，留置权的效力及于留置物本身和留置物的从物和孳息。当留置物为可分物时，债权人只能留置与债务金额相当的留置物。如果债务人已经对部分债务进行了清偿，从而使得留置物的价值超过剩余债权时，留置权只能拍卖、变卖与剩余债权相当的留置物，而不能将全部的留置物进行变价。

（三）留置权的实现方法

留置权的实现方法同抵押权和质权是一样的，在债务人没有按约定期限偿还债务的，债权人可以在于债务人进行协商之后对留置物进行折价，也可以依法对留置物进行拍卖或是变卖。

1. 协议将留置物折价

协议将留置物折价指的是，债权人与债务人进行协商，在达成合意之后对转移留置物的所有权以折作价款。应当明确的是，只有在以留置物进行折价时才需要债权人与债务人进行协议。在采用折价的方法实现留置权时，要求双方应遵循公正、合理及诚实的原则协商对留置物进行折价，同时还要兼顾对方的利益及考虑该留置物的利用价值及经济效益，对留置物进行切合实际的折价。

2. 依法拍卖、变卖留置物

对留置物的拍卖、变卖可以由当事人单方依法进行。所谓"依法"通常指的是，债权人通过合法的途径或者合法的方式将留置物拍卖或者变卖。一般来说，留置财产的价值往往会高于债务人的债务，在折价时债权人和债务人往往不能达成协议，债权人通产也会对该财产进行经营或者生产，即使折价归债权人所有，但也不能满足债权人的实际需要。为此，采用拍卖或者变卖方式来实现留置权是常用的一种方法。拍卖价以有关机构对留置物的估价作为标准，应该严格按照法定的程序对留置物进行拍卖或者变卖，这样可以避免对债务人的合法利益造成损害。留置物被折价、拍卖、变卖后，其价款超过债权数额的部分，应归债务人所有，不足部分则应由债务人继续清偿。如果债务人对债权人的处置行为存有疑虑，则可以向法院提起诉讼。

（四）留置权实现的程序

1. 留置权人应对债务人发出履行债务的通知

依据《担保法》第87条的规定，"债权人应向债务人发出通知，要求其在法定的或者约定的宽限期内履行给付义务，债务人在该期限内仍不履行义务的，留置权人才可以将留置物拍卖、变卖或者折价。"由此可见，发出通知是留置权人应履行的一项义务，也是留置权实现的必经程序。如果留置权人在没有对债务人提前通知的情况下就对留置物进行变价的，留置权人就要承担相应的法律责任。只有在债权人与债务人约定有宽限期，并且关于宽限期的约定符合法律规定的，债权人才可以在不对债务人进行通知的情况下直接实现留置权。

2. 折价或者变卖、拍卖留置物应当经过法定或者约定的宽限期

债权人在通知债务人履行给付义务的同时，还要额外留给债务人一定的时间。担保法规定，债权人与债务人在合同中约定债权人留置财产后，债权人还应该给债务人一定的履行期，该时间不能少于 2 个月。如果双方没有提前约定，那么应当确定的履行期限必须要在 2 个月以上。期限的起算，应以债务履行期届满之日起开始计算。

第四节　非典型担保和担保物权的竞合问题

我国《物权法》中并没有对优先权制度等非典型担保制度进行明确的规定，但是在现实生活中却经常会使用到，因此了解实践中这些非典型担保制度的存在及其特征对于我们大有裨益。

一、优先权

（一）优先权的概念、特征及分类

1. 优先权的概念

优先权又可以叫做优先受偿权或先取物权，指的是债权人根据法律规定对债务人的财产享有优先于其他权利人受偿或者优先取得的权

利。优先权的意义在于给一些特定权利的实现提供特殊的权利保障，从而达到维护社会公平正义的目的。

2.优先权的特征

（1）法定性

优先权的法定性主要包括两方面的含义：一是优先权是根据法律产生的，不允许随意变更创设。二是优先权中的位次通常采用的是法定顺序主义或依法特别规定的位次。

（2）从属性

优先权只是担保物权中的从权利，其中债权才是主权利，优先权具有从属性，这主要是因为它是附属于债权而存在的，在转让的时候它不能和债权进行分离，也不能为其他的债权进行担保。

（3）物上代位性

物上代位性指的是优先权人也能对债务人因其标的物的变卖、租赁、灭失或毁损而应受的金钱或其他物行使权利，如果其标的物由于第三人的侵权而造成损失的，对于其所受的赔偿金有优先权的债权人在受偿的时候有优先的权利。

（4）不可分性

优先权多具有不可分割性，这和抵押权是一样的。优先权是以债权和作为标的物的债务人财产的存在为前提，可以就债权的全部和标的物的全部行使权利。即使是债权或标的物部分消失，优先权也依然有效。

（5）变价受偿性

这主要是指优先权人利益依靠债务人财产售出转换为价款进行清偿来实现，不直接通过占有债务人财产发生所有权转移而实现。

（6）不以占有和登记为要件

这主要和留置权、质权和抵押权相区别来看，优先权人只是就债务人的财产售出后的价款有优先受偿权，不对财产进行占有，这与留置权和质权相区别。也不需要对财产进行登记，这与抵押权相区别。

3.优先权的分类

根据不同的标准，不同的国家对优先权有不同的分类。其中，法国和日本民法是仿照罗马法来进行分类的，其将优先权分为了一般优先权和特别优先权两类。一般优先权，是指存在于债务人全部财产上的优先权。特别优先权，是指存在于债务人特定财产上的优先权，根据客体的不同，又可以将其分为动产优先权和不动产优先权两类。

（二）优先权的效力

1.优先受偿效力

优先受偿效力是优先权效力中最为重要的效力之一。主要目的是保证优先权人权利。在债务人破产之后，一般优先权人可以从破产财团中优先接受清偿，而特别优先权人则享有别除权。另外，优先权人并不仅仅像这样在债权人申请强制执行或债务人破产场合下被动地优先受偿，为了实现优先受偿，优先权人有权对标的物自行拍卖。对于一些动产特别优先权人来说，其还享有占有留置标的物的权利。

2.物上代位效力

需要指出的是，优先权的效力既能在标的物上体现出来，也能及于标的物的出卖价金以及由灭失而生的赔偿金、保险金等替代物上。物上代位性主要是针对特别优先权而言的，这主要是因为一般优先权是设立在债务人的总财产上，并不是设立在特定标的物上的，因此一般优先权不会涉及物上代位性。对于不动产特别优先权来说，在已经进行登记的情况下，即使标的物被卖给第三人，该优先权也仍然存在，优先权人可以不必从所得价金中优先受偿，而是可以直接追及该标的物。而对于动产特别优先权来说，其不能追及该标的物，因此，要在价金上设立的物上代位权。需要指出的是，当优先权人对标的物的替代物行使物上代位权时，其替代物在支付或是交付之前，应对其实行扣押。

3. 优先权与第三取得人的关系

在优先权的标的物被第三人获得之后，由于标的物的不同，优先权与第三取得人之间也会呈现出不同的关系。

（1）当标的物为不动产时。不动产特别优先权与第三取得人之间的关系是根据权利登记的先后顺序来确定的，先登记的效力优先。

（2）当标的物为动产时，不论是一般优先权还是动产特别优先权，在标的物被让渡给第三人之后，虽然不会对优先权产生影响，但是一旦标的物被转交给第三人，就不能再对该标的物行使优先权。就该标的物之价金优先权人可以行使物上代位权，但是不能与善意第三人进行对抗，这样就可以保护善意第三人的利益，从而保证交易的安全进行。

二、所有权保留

（一）所有权保留的概念及特征

1. 所有权保留的概念

所有权保留指的是，在双务合同中，尤其是分期付款买卖合同，出卖人根据约定以保留标的物所有权的方式担保买受人价金的给付或其他义务的履行。

2. 所有权保留的特征

所有权保留的特征主要表现在三个方面。

（1）所有权保留是担保出卖物的价款债权的物的担保。

（2）所有权保留是当事人针对买卖合同中约定的物的担保。在买卖合同中，当事人会对所有权保留条款作出特殊的规定，其不是在买卖合同中之外另行设立的一种担保，而是自身本来就被包含于买卖合同的内容中的。

（3）所有权保留是一种非典型物的担保。在法律中并没有对所有权保留作出明确的法律规定，它是一种在交易习惯中逐渐发展起来的具有担保作用的交易方式。

（二）所有权保留的效力

所有权保留对第三人所产生的效力，根据实际情况的不同，也会产生不同的效力。

1. 标的物以登记为物权公示方法的情况

当标的物为以登记为物权公示方法的不动产或如车辆、船舶、航空器之类的特别动产时，出卖人将标的物再次转让给第三人，并且办理了相关的产权变更登记手续，对于第三人是否能够取得标的物的所有权，应该根据所有权保留是否已经进行登记来进行确定。如果所有权保留已经进行了登记，那么根据该登记的预告登记性质，买受人的期待权具有物权效力，具有排他效力，能够与其请求权内容相同的物权处分相对抗，第三人不能获得该标的物的所有权。但如果该所有权保留没有进行登记，那么买受人的期待权将不能与第三人相对抗，第三人也就可以获得标的物的所有权。

2. 标的物以占有为物权公示方法的情况

当标的物是以占有为物权公示方法的一般动产时，出卖人于所有权保留成立之后再将标的物所有权让与第三人，对于第三人能够取得标的物所有权的判断，应该先看所有权保留是否已经进行了登记，然后还要根据标的物占有的不同情况来具体进行分析。根据所有权保留的登记对抗主义设定原则，如果所有权保留已经登记，那么第三人就不能再获得标的物的所有权，但是如果所有权保留还没有进行登记，那么通常第三人就可以获得标的物所有权，但在一些特殊的情况下还要根据具体的实际占有情况来进行判定。一是如果第三人没有尽到明标的物权属的义务，那么则判定其出现过失，将不能再与买受人相对抗从而取得标的物的所有权。二是如果买受人在获得标的物的实际占有之后，由于标的物存在瑕疵而将其送交出卖人修理，或是出卖人原本就是以占有改定的方式交付标的物，则标的物实际由出卖人占有，此时第三人不能对标的物上是否附有买受人期待权进行准确的判断，根据善意取得原则，第三人将不能获得标的物的所有权。

三、让与担保

（一）让与担保的概念

让与担保的概念有狭义和广义之分。狭义的让与担保指的是让与式担保，是指债务人将标的物财产权转移给债权人，当事人之间存在一定的债权债务关系，债权人具有请求债务人履行债务的权利，当债务人不能按期履行债务时，债权人可以就标的物取偿。广义的让与担保包括买卖式担保与让与式担保。买卖式担保指的是通过买卖的方式进行信用之授受，授信者没有请求返还价金的权利，但受信者却享有通过支付一定金额而请求返还自己所让与的标的物的权利。在日本，这种买卖式担保被称为"卖渡担保"。

让与担保的设立对社会经济的发展会产生很多积极的作用，主要表现在三方面：第一，让与担保可以为那些不能设定典型担保的标的物与集合财产提供最佳的融资渠道，从而充分发挥其担保价值；第二，让与担保可以减少实行抵押权与质权的费用，减少由于拍卖程序中换价过低而导致的不利因素；第三，让与担保与动产质权和动产抵押权相比较，其动产标的物仅具有让与性就能够设立，并且所涉及的范围极为广泛，并且，在设定让与担保之后，仍是由设定人所占有，保留用益权，这种方式恰好弥补了典型担保制度的缺失，满足了现代商业社会活动的需求。

（二）让与担保的效力

让与担保的效力可以分为对内和对外两个方面。

1. 对内效力

（1）让与担保标的物的范围

让于担保标的物的范围主要包括：主物、从物及担保物灭失时的变形物或代位物。

（2）让与担保的债权范围

当事人可以通过事前约定的方式来确定让与担保的债权范围。如果当事人没有事先进行约定或是没有进行明确的约定，那么通常让与担保的范围包括原债权、利息、迟延利息和实现担保权的费用。

（3）担保权人的优先受偿权

如果债务人在债务到期之后没有按时进行偿还，那么债权人就可以就让与担保标的物实行优先受偿。优先受偿的实行方法主要有两种，即清算型和流质型。在债务人不能按期履行债务时，担保权人就可以直接获得标的物的所有权。当前社会经济中主要采用的是清算型的实行方式。而清算型又可以分为归属清算型和处分清算型两类。其中，归属清算型指的是，债权人债务人先对标的物进行评估或交评估机构进行评估，评估后，标的物归债权人所有，标的物价值超过担保债权额部分，由债权人承担返还的义务；处分清算型指的是，将标的物进行变价，债权人从变价所得的价款中优先受偿。

（4）对标的物的占有及使用收益

当事人可以通过事先约定的方式对标的物的占有进行约定，如果没有约定或是约定不明，通常都会认为是被设定人占有，这可以体现出当事人的意思自治。

通常情况下，如果是债务人占有标的物，那么标的物上的收益被认为应该归属于债务人。但是如果标的物被债权人所占有，日本学者认为，应先以收益抵充费用和利息，然后剩余的部分被用于抵充债务的清偿。但在流质型让与担保场合，在发生流质效果之时，应认为收益连同担保标的物都应该由债权人所获得。

2. 对外效力

（1）当事人处分标的物时与第三人的关系

让与担保的设定可以采用一定的公示方式，当双方当事人履行一定的公示方式（即对抗要件）时或是当一方当事人由于对标的物进行处理而对另一方的利益造成损害时，另一方可以根据对抗要件向第三人主张权利，处分人与第三人的处分行为无效。

当双方当事人没有完成一定的对抗要件时，如果第三人是善意的，那么第三人就可以受到善意取得制度的保护，遭受损害的一方也可以向处分人请求对损害进行赔偿。

（2）设定人与担保权人的第三债权人的关系

第一，担保权人破产。

当担保权人破产时，设定人可以自行行使取回权。在让与担保权人破产时，如果债务已届清偿期，那么破产管理人就可以行使担保权。设定人只有在清偿所承担的对担保人的债务的情况下，才可以取回让与担保的标的物，否则将会由让与担保人的破产管理人就让与担保优先受偿。如果标的物的价格超过了被担保的债权从而产生清偿金的，那么超过的部分就不应再被作为破产财产，设定人可以请求支付。如果让与担保人在破产时债务未届清偿期，那么设定人就可行使取回权，但取回权的行使仍要以设定人偿还债务来作为前提。如果在债务尚未届清偿期且设定人也未偿还债务时，让与担保权人就不得将担保财产纳入破产财产之中。在这种情况下，设定人可以要求担保权人将担保财产进行区分，让与担保权人对设定人的让与担保债权构成破产财产的一部分，可由破产管理人于债务届清偿期时行使。

第二，担保权人的债权人申请强制执行。

在让与担保存续期间，如果让与担保权人的债权人对担保标的物申请强制执行，那么设定人对第三人能否提起异议之诉，学术界有着不同的观点看法。一种观点认为，由于担保权人已经获得了担保标的物的所有权，因此当担保权人的债权人对标的物申请强制执行时，设定人将不得提起上述。第二种观点认为，设定人在清偿期对于担保权人所负债务，可以针对担保权人享有的标的物返还请求权来向法院提起诉讼。

（3）担保权人与设定人的第三债权人的关系

第一，在设定人破产的场合。

在设定人破产的情形下，让与担保权人在破产程序上所行使的权利应属于别除权，这是由让与担保的实质内容所决定的。虽然让与担保在表面的法律形式上体现为标的物所有权的移转，但是担保权人对标的物实际上只享有担保权，设定人并没有表示出意思要将标的物的最终所有权归属于让与担保权人。因此，让与担保权人只能就其担保物优先受偿，而不足部分将作为破产债权。

第二，设定人的债权人申请强制执行的场合。

当设定人的债权人对标的物申请强制执行时，应当赋予债权人享受提起诉讼的权利。这是因为，让与担保的性质较为特别，让与担保权的实行可以根据当事人合意的方式而无须经过公开拍卖等程序。由于当事人发现法定程序不能获得充分的卖得价款是担保产生的一个重要原因，因此，如果被担保债权的充分满足将由于其他债权人对标的物的强制执行而无法实现，那么让与担保就会丧失其原本的功能。

对担保人可以提起诉讼的另一个重要原因是，让与担保设定的前提是标的物的评价额与被担保债权额均衡，对第三人异议的肯定不会损害设定人的债权人利益。但需要注意的是，如果标的物的价值明显大于被担保债权额，那么法官就应该对当事人的异议进行驳回，在这种情况下当事人只能提起优先受偿的诉讼。

四、担保物权的竞合

（一）担保物权竞合的概念及条件

担保物权的竞合又被称为物的担保冲突，指的是在同一标的物上同时存在数个不同种类的担保物权时，各担保物权的效力优先问题。

担保物权的竞合的概念有狭义与广义之分。狭义的担保物权竞合指的是，在同一标的物上同时存在多个不同种类的担保物权，包括同一物上具有抵押权、质权、留置权、优先权及其他非典型物的担保（所有权保留、让与担保）之间发生的竞合，这种现象被称为"一物保数债"。广义的担保物权竞合，不仅包含狭义中"一物保数债"的情况，同时还包括不同种类的担保方式担保同一债权的现象，即"一债数保"的现象。通常情况下，"一债数保"也就是在为同一债权设定数项物上担保权时，债权人可以根据当事人约定的担保额而行使权利，各个担保物权之间不会产生应优先行使何种担保权的问题。本书主要是针对担保物权狭义的概念来进行研究探讨的。

担保物权的竞合与担保物权的并存是不同的。担保物权的并存指的是，同一标的物上同时存在多个同一种类的担保方式以担保不同债权的现象，即"重复担保"的现象。对该种问题的解决属于同一种担保权的顺序问题，各个权利人可以根据其所担保权的先后顺序来行使权力，因此不会产生哪种担保权应该优先的问题。

担保物权竞合的条件主要有两个：一是同一标的物上同时存在多个不同种类的担保物权；二是各个物上担保权人不为同一人。

（二）抵押权与质权的竞合

由于抵押权不会对标的物的占有进行转移，而质权需要以标的物的转移才能成立，因此在设定抵押权之后，抵押人还可以在标的物上设定质押，从而形成质权。在这种情况下，在后来才设定的质权不会对抵押权产生影响，同时也会产生抵押权与质权的竞合。一般认为，由于抵押权的设立要先于质权，因此其效力也应优先于质权。但需要注意的是，如果抵押权属于可不予登记即成立而当事人又未为抵押权登记的，那么由于未登记的抵押权不具有对抗第三人的效力，虽然未登记的抵押权的成立要先于质权，但是质权的效力要优先于抵押权。在标的物上设定抵押权之后，还可以在上面设定质权。在我国的司法实践中，同一财产法定登记的抵押权与质权并存时，抵押权人优先于质权人受偿。

（三）抵押权与留置权的竞合

《物权法》第239条规定："同一动产上已设立抵押权或者质权，该动产又被留置的，留置权人优先受偿。"该条款表明，在同一动产上，无论留置权是产生在抵押权或者质权之前还是之后，留置权的效力都要优先于抵押权或者质权。实际上也就是说，受留置权人在留置动产时是善意还是恶意，不会对抵押权或者质权的优先效力产生影响。除此之外，还应注意以下情况的处理问题。

1. 先成立留置权而后设定抵押权

对于这种情况，需要注意下面两个问题。

（1）留置物所有人将留置物进行抵押，就等于在留置物上又设定了抵押权，此时抵押权与留置权发生竞合，在竞合的过程之中留置权的效力要先于抵押权，这是由于留置权的形成要早于抵押权。

（2）留置权人（不是留置物所有人）将留置物作为抵押，在法律上认为这种抵押是无效的，当然也不会产生抵押权和留置权的竞合问题。但是如果留置权人在经过留置物所有人的认可之后将留置物进行抵押以寻求自己的债权的，这种情况是有效的，而且在这种情况之下，会发生抵押权与留置权的竞合，但是抵押权会优先于留置权而发挥作用。

2. 先设定抵押权而后成立留置权

由于标的物在设定抵押之后，占有不会随之发生改变，因此在抵押人的标的物因为抵押关系被另一人所占有时，可以在留置权形成之后在抵押物上再设定留置权，这样也会发生留置权和抵押权的竞合，而且这种情况下留置权要优先于抵押权。

（四）留置权与质权的竞合

留置权和质权都以标的物的占有为成立的条件，但是占有有多种类型，例如直接占有和间接占有，所以在同一标的物上可以发生留置权与质权的竞合。根据权利设定的先后，可以分为两种不同的情况。

1. 质权的设立先于留置权

如果第三人直接占有质物，而质权人此时是间接地占有质物，第三人可以基于留置权的成立事由而获得留置权。不过此时质权人的质权并不会消灭，而是发生留置权与质权的竞合，如果发生了这种类型下的竞合，那么留置权的效力要优先于质权。

2. 留置权的设立先于质权

在经所有人同意之后，如果留置权人于其占有的留置物之上再设立质权的，则质权成立，如果没有经过所有人的同意，那么质权就是无效的。但是如果在留置期间经过留置权人同意之后，标的物所有人可以法定设定质权的，由于留置权成立的时间要早于质权，因此留置权的效力要优先于质权。

（五）非典型担保物权与典型担保物权的竞合

1. 所有权保留与典型担保物权的竞合

（1）所有权保留与抵押权的竞合

第一，先设定所有权保留后设定抵押权时的竞合。该种情况还可以分为两种不同的情形：其一，所有权保留买卖合同中的买受人在占有标的物之后，将该标的物向第三人设定抵押，在这种情况下，可以类推适用动产善意取得而主张抵押权有效，此时所有权保留应当优先于抵押权；其二，所有人以保留的所有权出卖标的物后就该已出卖标的物再设定抵押权。所有人在将物出卖之后仍享有所有权，也就是说还可以对该出卖物进行处置，因此在该出卖物上再设立抵押权也是可行的。但需要注意的是，抵押权不能与第三买受人相对抗。

第二，先设定抵押权后设定所有权保留时的竞合。在所有人将其财物设定抵押权之后仍然享有所有权，因此可以对财产实行让与行为，因此也就可以在其基础之上再设定所有权保留。当抵押人要对抵押物进行出卖但又想保留所有权时，就会产生所有权保留与抵押权的竞合。在这种情况下，如果抵押已经进行了登记，那么抵押权的效力就应优先于所有权保留。在抵押权登记为对抗要件而当事人又没有办理登记的情况下,就会由于没有经过登记的抵押权不具有对抗第三人的效力,从而导致所有权保留优先于抵押权。也就是说,只要买受人能够将全部的价款偿清,那么该物的所有权就会归买受人所有。

（2）所有权保留与质权的竞合

第一,先设立质权后设立所有权保留时的竞合。对于出质人来说,其是物的所有人,因此不能再为所有权保留的买卖,也就不能再将财产转移给买受人。对于质权人能否将质物为所有权保留的出卖上,学术界有着不同的观点。一些学者认为,质权人在质权存续期间对质物有一定的处分权利,质权人得就标的物再为所有权保留买卖。而另外一些学者则认为,质权人不能为保留所有权买卖。在社会实践中,第二种观点是较为现实的。在所有权保留买卖中,买受人不能即时取得所有权,也就不能根据善意取得原则来获得所有权,这样质权人作为非所有人出卖他人之物的行为也就不会产生买卖的效果。

第二,先设立所有权保留后设立质权时的竞合。转移标的物的占有是质权成立的要件,在所有权保留中也由买受人占有标的物,并且买受人有期待权,因此在对标的物为保留所有权的出卖之后,出卖人就不能再在标的物上设定质权。但需要注意的是,由于标的物为买受人所占有,买受人是以该标的物设定质权的,第三人就可以根据善意取得原则从而获得质权。在第三人取得质权时,所有权保留与质权的竞合就会随之发生。在这种情况下,质权的效力就会优先于所有权保留。

（3）所有权保留与留置权的竞合

第一,先设立所有权保留后成立留置权时的竞合。在为所有权保留买卖之后,如果标的物在具备了留置权成立的要件从而成为留置物时,留置权的效力就会优先于所有权保留的效力。

第二,先成立留置权后设立所有权保留时的竞合。留置权设立之后,留置权人将标的物为所有权保留买卖的,如果留置权人获得为所有权保留买卖，那么标的物上的留置权会就会因此失去占有而在所有权保留买卖设立后消灭。

2. 优先权与典型担保物权的竞合

我国并没有针对优先权制定统一的制度体系，并且物权法中也并没有对优先权做出统一的规范。优先权的构成较为复杂，其标的不仅包括动产和不动产，同时也包括一般财产和特别财产。在担保物权与优先权竞合的情况下，对其效力的确定，每个国家的规定都是有所不同的。当前我国规定，建筑工程优先权、船舶优先权、民用航空器优先权与其他担保物权竞合时，优先权的效力优先于其他担保物权。

3. 让与担保与典型担保物权的竞合

（1）让与担保与抵押权的竞合

让与担保在设定之后，让与担保设定人不享有对标的物的处分权，因此不能在标的物上再次设定抵押。但应明确的是，虽然让与担保权人只是暂时获得了所有权，但是作为所有权人来说，有权利对其所有物设定负担，因此其以让与担保标的物设定抵押权时，抵押权应被视为有效。在让与担保权与抵押权竞合时，抵押权的效力优先于让与担保权。由于让与担保关系实际上是一种债权关系，因此让与担保双方之间的约定不具有对抗第三人的效力。

标的物在设定抵押权之后，然后又设定让与担保的，如果抵押权已经进行了登记，那么让与担保在设定之后，抵押权应优先于让与担保权。这是因为，让与担保人知道标的物上设有抵押权的负担而仍愿意接受的，其权利当然不能优先于已存在的担保物权，这也是抵押权的追及性使然。如果抵押权还未登记，则让与担保应当优先于抵押权，此时抵押权不具有对抗第三人的效力。

（2）让与担保与质权的竞合

第一，先设定质权后设定让与担保时的竞合。对于出质人来说，在设定质权之后，尽管标的物已经被质权人所占有，但是出质人可以占有改定的方式移转所有权而成立让与担保，在这种情况下会产生质权与让与担保的竞合。根据设定在先的原则，质权应该优先于让与担保权。而对于质权人来说，在设定质权之后，如果以其占有的质物为标的设定让与担保，此时当让与担保权人为善意或经出质人同意时，可以获得让与担保权，随之产生发生质权和让与担保的竞合，质权也应该优先于让与担保权。

第二，先设定让与担保后设定质权时的竞合。由于让与担保人是标的物的所有权人，因此让与担保办理所有权登记的，让与担保权人可以将标的物设定质权。在这种情况下，会产生让与担保与质权的竞合，根据设立优先原则，让与担保的效力应优先于质权。由于在让与担保中，让与担保设定人通常仍然可以继续保留对标的物的占有，因此，如果让与担保没有办理权利移转登记，并且占有标的物的让与担保设定人将标的物出质的，那么第三人就可以根据善意取得原则获得质权。在这种情况下会产生质权与让与担保权的竞合，质权的效力应优先于让与担保。

（3）让与担保与留置权的竞合

如果让与担保标的物上已经具备了成立留置权的要件，那么就可以在标的物上再设立留置权，留置物所有人以留置物设定让与担保的，也可以成立让与担保。但需要注意的是，不管让与担保与留置权的竞合是怎样发生的，留置权的效力都应该优先于让与担保权。

第六章　占有问题研究

占有是物权法体系中的一项重要组成部分，其指的是人对于物管领、支配的事实。占有的成立并不是以人对于占有物的物权作为前提条件，而是只需要占有的事实和人具有占有的心态就可以成立。占有制度的设立，对于保护物权，维护社会财产的正常秩序发挥着重要的作用。

第一节　占有的一般理论

在民事法律关系中，占有制度对保护实际占有人的正当权益具有重要意义，其在国外的发展中具有悠久的历史，甚至可以追溯到闻名于世的古罗马十二表法。而在我国，对于占有制度的相关规定，如占有范围、无权占有情形下的损害赔偿责任、原物及孳息的返还以及占有保护等，在我国《物权法》的第五编第241～245条中有着较为详细的规定。

一、占有的概念

占有指的是在事实上人对于物具有一种管领力。占有制度是物权法体系的一项重要组成部分，因此在《物权法》的第五编中就专门针对占有进行了详细的规定。《物权法》的第241条规定："基于合同关系等产生的占有，有关不动产或者动产的使用、收益、违约责任等，按照合同约定；合同没有约定或者约定不明确的，依照有关法律规定。"

持有的概念与占有极为类似。持有在刑法上使用的较为普遍，其指的是人对于物在事实上具有一种控制力,主要包括对物的实际占有、携有、藏有、保存或以其他方式的拥有。[①] 占有与持有的概念中,虽然都具有人对于物具有事实上的管领力的含义,但是却存在很多的不同之处,其主要表现在以下四个方面。

(1)人对于自己的占有物可以进行转移和继承等,而人对于物的持有则不能进行类似的行为。

(2)占有人对于自身的占有物所行使的权利,可以在立法中找到相应的依据,而持有则无法找到相应的法律依据。

(3)占有的行为可以根据抽象的状态形成一种间接占有,而持有则不具备该种效力。

(4)对于法律中所规定的禁止流通的物品来说,其不可以被人们所占有,但是却可以被人所持有。因此,从这个意义上来说,持有不应该在民法中出现。

二、占有的性质

(一)我国对"占有"性质的认定

1.占有是一种事实

(1)对物支配须是现实的。所谓现实的支配,是指主体的支配力正及于物,如现实的掌握物,控制物,对物进行使用、收益等。过去对物有过一定的支配力,但后来基于某种原因而丧失者,不构成现实占有关系。主体仅存在将来支配某物的可能性,但其支配力尚未现实地及于物者,也不构成占有。

(2)对物的支配须是确定的。所谓确定,是指对物的支配是明确的、肯定的,且具有一定的稳定性,偶然的转瞬即逝的支配不构成

---

① 高铭暄.新编中国刑法学.北京:中国人民大学出版社,1998,第 915 页

占有。

(3) 对物的支配须具备一定的外观，为外人所认识。占有作为一种事实是有其为外人识别的表现形式即外观的。物之支配关系通常从两个方面表现出来：①物在空间上所处之地位。例如，置于宅内及宅旁的物，通常应认定为住宅所有人或使用占有人之物。②物在法律上的地位。例如，物虽为承租人现实地使用、收益，但依该法律地位应认定其所有人具有间接的占有关系。

2. 占有是一种利益的体现

需要明确的是，占有并不是一种自然现象，而是一种利益的体现，其体现着占有人的正当权益。因此，法律对于占有的保护，实际上就是对占有人利益的保护，不过特殊的是法律并没有将其认定为是一种权利。在很多情况下，法律权衡的过程中或是在某种考虑下，并不会将一种利益当作权利来进行考虑，这是在社会情势的发展下而决定的，但是法律却依然会对这种利益进行保护；反过来，如果法律将一种利益作为权利来进行保护，则可能会损害到该种利益。

3. 占有与占有权能的区别

作为所有权和其他物权能之一的占有权能与作为独立物权制度的占有权的区别表现在以下几方面：①发生和消灭的根据不同。占有权能产生于本权，是本权的一项内容、一种作用与表现，它伴随本权的发生而发生，并随着本权的消灭而消灭。而占有权发生根据则是现实地对物进行占有的事实，它随占有的取得而取得，随占有的丧失而消灭，无论占有人对物的占有是否基于本权，只要占有事实存在，占有人均依法律保护占有规定而享有一定的占有权。②两者的内容和表现形式不同。占有权能不论其基于什么权利而发生，其内容都是确定的，仅表现为对物体进行掌握和控制一个方面，而占有权的内容则是多方面的，而且依占有原因的不同而有所不同。善意占有人的占有权包括即时取得权、使用收益权、排除妨害请求权、费用偿还请求权等，其内容十分广泛。善意占有人的占有权还可在一定条件下排除本权。而恶意占有则只能在其占有存续期间依占有适法之推定而享有一定的占有权，且其占有权不能对抗本权。③两者与占有的关系不同。就占有权能与占有的关系而言，享有占有权能是对物进行占有的基础和前提，而对物的实际占有则是行使占有权能的表现。在占有权与占有的相互关系中，两者的地位则完全颠倒过来了，占有成了享有占有权的基础和前提。

（二）其他国家对于"占有"的不同认识

在世界上的不同国家中，他们无论是对于占有的概念还是对于占有的性质来说，都具有不同的观点。他们对占有这一问题产生了激烈的争论，其争论的焦点是占有究竟应该是将其定义为事实还是将其定义为权利。

1. 罗马法对于占有的定义

在罗马法，其将占有定义为"真正的掌握"，指的是人对物在事实上的控制。从某种意义上来说，占有可以被看作是所有权的外部形象，是所有权的事实状态。由于事实与权利的分离装泰山极为容易并且较为频繁的，因此罗马法规定在占有的事实状态受到特定的和严重的侵扰或侵犯的情况下，对占有的事实予以充分的法律保护，但保护的不是权利而是事实。①

2. 英美法系国家对于占有的定义

在英美法系国家中，其认为占有权是构成财产权或财产所有权的一部分，具有重大的法律意义。其可以是构成所有权的权利或要素之

---

① [意]彼得罗·彭梵得.罗马法教科书.北京:中国政法大学出版社,1990,第271页

一；也可以产生所有权，如由占有所取得的所有权；还可以导致一种权利推定，即对某项财产享有实际占有权的人，被推定为对该项财产拥有所有权，因此法律会对其该项财产的占有权利给予保护，除非有人能够证明他对该项财产享有更高的产权。因此在该项观点中，侵害当事人的占有权被视为一种侵权行为。

3. 法国、德国、瑞士对于占有的定义

《法国民法典》《德国民法典》和《瑞士民法典》中都对占有作出了相关的规定，它们都将占有看作是一种事实状态，而不是一种权利。例如，《德国民法典》中，第854条至第872条共19个条文的篇幅，都对占有作了详细的规定，将占有认定为是一种事实。可以肯定的是，大陆法系的这种立法是受到了罗马法的影响。虽然他们不认为占有是一种权利，但是却对占有的事实给予了保护。如果当事人的占有被侵夺或是收到妨害，那么法律就会给予当事人回复这种占有或除去妨害的请求权。《意大利民法典》中也专门有一章规定了"占有"，认为占有是一种以行使所有权或其他物权的形式表现出来的对物的权力，被以暴力或者秘密的方式侵夺占有的人，可以自权利被侵夺之日起1年内，向侵夺者提出归还占有的请求。

4. 日本对于占有的定义

在日本法律中，将占有看作是一种权利。《日本民法》中专门设置了一章"占有权"，分为4节，用26个条文对占有权进行了详细的规定。日本学者认为，"占有权是认占有的事实作为法律要件所发生的物权，其效力包括：一是推定占有人具有适法的实质权利；二是占有构成取得时效的条件，作为物权变动的表象；三是占有人具有占有诉权，所以排除外来的侵害；四是占有人对本权有果实取得权和费用偿还请求权。侵害占有权，占有人可依占有诉权请求排除妨害或返

还占有物"①。

三、占有的特征

占有的法律特征主要表现在以下三方面。

（一）占有的标的物是物

对于占有来说，其标的物仅限于物。因此，对于那些不因物的占有而成立的财产权只能成立"准占有"，而不是占有。所谓的"物"，主要指的是人们的动产以及不动产。其中，动产物权的公示方法是占有，而不动产物权的公示方法则是登记，因此有关专家学者对能否可以将占有的规则完全适用于不动产还存在疑虑。我国《物权法》第241条规定，占有的对象既包括动产，也包括不动产。需要明确的是，占有标的物所指的"物"并不是必须是独立的物，因此一物一权原则并不适用于占有。例如，当时人占有房子的一面墙壁或是占有一宗土地的某一部分，都是可以成立的。

（二）占有是一种法律保护的事实状态

从我国《物权法》的相关规定中我们可以看出，占有不是一种权利，只是一种事实状态。这种事实状态实际上就是人们对物的实际控制。在法律中虽然没有将对这种事实状态明确规定为权利，但是却其给予了相应的法律保护，使其具有准物权的性质。

（三）占有是对物具有的事实上的管领力

所谓的占有，只有在一个人对物具有事实上的管领力之后，然后才可以说这个人占有了该物。管领力指的是人们对物进行掌握、控制、

---

① ［日］我妻荣 . 新版新法律学辞典 . 北京：中国政法大学出版社 ,1991, 第 592 页

使用、收益及处分等，也就是人对物所具有的实际的控制力。在对事实上的管领力进行判断时，应该根据社会的一般观念来进行判断，占有的本质就在于对物具有事实的支配，这就必须要存在可以由外部认识的具体的支配关系。是否在事实上存在于对物的支配，不能根据物理的表现来进行决定，而是应该按照当时的社会观念、客观事实来进行判断。如果在社会观念中，认为其人的实力及于其物，那么则认为其物属于其人的支配。[①]

对人对物是否具有事实上的管领力的判断需要依据三个标准：第一，占有人与物之间具有空间上的结合关系；第二，占有人与物之间具有一定时间的结合关系，也就是说人对于物的支配并不是短时间的，而是一种较为稳定的、确定的支配，在时间上具有连续性；第三，占有人与物之间具有某种法律关系上的结合，占有的形成并不一定是要人对物有着直接支配的关系，也可以是通过一定的弗拉率关系以他人为媒介形成支配，该种支配方式属于一种观念上的支配。

四、占有的功能

（一）持续功能

持续功能又叫做继续功能，指的是占有人对于占有物具有持续使用的权利。一些情况下，为了保障占有人对其占有物具有继续使用的利益，占有制度保护合法占有人不受所有权人的权利继受人的侵犯。占有制度所具有的持续功能，有助于维护社会经济秩序的客观、公平和稳定。

（二）公示功能

公示功能指的是占有具有的表彰本权的作用。在人类法律发展史

---

① 史尚宽. 物权法轮. 台北：荣泰印书馆, 1979, 第 530 页

中，占有是其中历史最为悠久的一种公示方法，占有人对某物的占有，就可以将其对该物的权利通过占有而向外界进行展示。该方法就可以全面体现出占有制度的公示功能。应该明确的是，占有所具有的公示功能主要是针对动产来说的，对于不动产主要是通过登记的方式进行公示，占有不能对不动产起到法律上的公示作用。占有所具有的公示功能如下所示。

1. 权利转移效力

权利转移的效力，是指占有的交付向外界展示了动产物权的变动。《物权法》第 23 条规定，动产物权的设立和转让，自交付时发生效力，但法律另有规定的除外。《合同法》第 133 条规定，除法律另有规定或者当事人另有约定的情况除外，否则在买卖合同中交付即表示动产所有权的移转；在质权合同中，交付也意味着动产上质权的设定。

2. 善意取得效力

占有是善意取得的主要要件，只有在占有某物之后才可以对占有的物发生善意取得的后果。如果没有形成占有，那么善意取得也就无法成立。

3. 权利推定效力

根据占有，就可以推定出占有人对于占有物享有权利，占有人不必对其权利的存在进行证明。如果想要否认该推定，那么就应该由对此有异议的人通过反证的方式来进行推翻。

（三）保护功能

占有的保护功能，指的是占有人对物的占有是现实存在的并且不受第三人的侵犯，这样有助于维护法律秩序的稳定。占有是人对物在事实上具有一种控制力，这种控制力一旦产生，则不论这种控制力是来源于合法的权利还是非法的权利，都应当受到保护，这种事实上的支配状态构成一种重要的法律地位。占有人对物在事实上的可支配性，以及其所具有的占有意思，在法律上被看作是真实权利状态的表达和象征。即使占有人对物是非法占有，除非前权利人在其对物的占有被剥夺后立即采取自力救济措施，否则在经过一段时间后，由于非法占有人对物的支配关系具有一定的稳定性，为了防止私人执法与暴力行为，法律不允许权利人以自力救济的方式去解除占有人对物的占有。这种解除行为必须要通过司法程序来进行解决，由司法机关采取公共执法的方式进行。如果不这样做，那么社会秩序就可能会陷入一种不安宁、不和平状态之中。

《物权法》第 245 条第 1 款规定："占有的不动产或者动产被侵占的，占有人有权请求返还原物；对妨害占有的行为，占有人有权请求排除妨害或者消除危险；因侵占或者妨害造成损害的，占有人有权请求损害赔偿。"从该条款中我们可以看出，占有的保护功能主要表现在两方面。

（1）保护占有人对物的占有不受第三者私人力量对占有现状的改变，防止出现私人执法和暴力行为，维持社会秩序的和平、稳定。如果违反了占有人的意思实施掠夺或妨害其占有，并且这种掠夺和妨害不是法律所允许的，那么这种行为就被看作是法律所禁止的行为，应当受到法律的保护。需要注意的是，如果他人要非法占有所有人的不动产那么除非该所有人当即采取措施排除侵害，恢复占有，否则所有人只能通过法院实现其返还占有的请求权。

（2）侵权法和不当得利法可以对占有进行保护。占有属于侵权法中的一部分，因此受到侵权法的保护。如果遇到非给付型不当得利或侵害型不当得利的情况时，就可以受到不当得利法的相关保护。

五、占有的成立要件

（一）占有的主体

占有的主体较为广泛，自然人和法人都可以成为占有的主体。由于法人机关的行为在法律上视为法人本身的行为，法人得依其机关直接为物的占有，因此法人可可以成为占有的主体。原始取得直接占有是一种事实行为，而不是一种法律行为，因此占有人不会被强制要求具有相应的民事行为能力，无民事行为能力人也可依其行为直接取得对物的占有。因法律行为发生的既存占有的继受，应该受到有关法律行为的支配，占有人也应具有相应的民事行为能力。由于其它的原因而产生的继承，占有人只需要具有民事权利能力。

（二）占有的客体

占有的客体只能是物，并且还应是有体物，动产和不动产皆可。不能成为客体的无主要包括三种：第一种是无体物，其只能是成立准占有，而不能成立占有；第二种是占有的客体应该是特定物，种类物在没有进行特定化以前，也不能成立占有；第三种是不得为本权客体的物，如法律绝对禁止持有的物。

（三）占有的客观要件

占有是占有人对于物有事实上的管领力的事实。[①] 是否有事实上的管领力，在通常情况下，应该通过对社会观念及斟酌外部可以认识的空间关系、时间关系和法律关系认定来判断是否具有事实上的管领力。从空间关系上来看，可以根据物在空间上所处的具体位置来进行

① 梁慧星 . 物权法 . 北京：法律出版社 ,2008, 第 397 页

判断，如置于屋内之物，通常应认定为房屋所有人或使用人占有之物。从时间关系上来看，人对物的支配是可以明确及肯定的，并还具有很好的稳定性。因此，如果人对物只是暂时的支配，那么就不能认为人对物具有事实上的管领力，也就不会存在占有关系。例如，主人在家里请朋友吃饭，虽然朋友对餐具有使用事实，但是却不能被认为是占有。即使是人对物没有空间或是时间上的结合关系，但是在客观上却存在着某种法律关系时，那么就可以认为占有关系是存在的。例如，承租人虽然对物有事实上的使用权和收益权，但是该物却应该是被认为同物的所有人之间存在着间接的占有关系。

应当注意的是，对物的控制和支配都应该是切实存在的，也就是说主体的支配力正及于物，物处于占有人力量作用的范围内，如房屋、土地因被使用而构成占有。如果人在原来对物具有支配力，但是再后来由于种种的原因而丧失了支配力，那么现实的占有关系就不成立。如果主体只是在将来可能存在对某物的支配力，但是在当下却没有对物产生现实的支配力，那么这种情况下的占有也是不成立的。

（四）占有的主观要件

将占有的意思作为占有的构成要件，专家学者们对此有着不同的看法。

1. 主观说

主观说认为，占有的事实和占有的意思是占有的构成要素，二者缺一不可。在罗马法上，占有"是指一种使人可以充分处分物的事实关系，它同时要求具备作为主人处分物的实际意图"。[①] 根据占有的不同意思，又可以将其分为三种学说。

---

① ［意］彼得罗·彭梵得. 罗马法教科书. 北京：中国政法大学出版社,1992, 第 270 页

（1）所有意思说。在萨维尼之后，很多的学者都认为法律保护占有的主要目的就是实现占有人将物据为己有的意愿。

（2）支配意思说。德国学者温德夏认为占有的意思是支配物的意思。

（3）自己意思说。德国学者庞堡认为占有的意思是以自己的名义或为自己的利益持有物的意思。

2. 客观说

客观说认为占有仅仅是对物在事实上的支配，不需要以任何意思作为要件，意思不过是决定占有人是否有事实上的支配时的条件。罗马法学家拉贝奥认为，"坐在某个地方即所谓占有，因为那个地方自然被位于其上的人占据着。"[①] 客观说的观念源于日耳曼法，后来获得了德国学者耶林的大力支持，德国、瑞士和我国台湾地区的"民法"都采用的是该种学说。

六、占有的分类

在不同的国家，对于占有有着不同的分类，其对司法实践具有重要的意义。不同种类的占有中，其中占有关系中占有人的法律地位各不相同，因此其所体现出来的法律效果也就各有差异。根据不同的标准，可以将占有分为不同的种类。

（一）直接占有与间接占有

根据对占有定义的发展和占有概念的抽象化，可以讲占有分为直接占有和间接占有两类。针对租赁关系来说，在罗马法时期，其认为出租人享有对出租屋的管领力，承租人只是暂时的，因此出租人为占

---

① ［意］桑德罗·斯契巴尼. 民法大全选择·物与物权. 北京：中国政法大学出版社,1999,第 205 页

有人。而到了日尔曼法时期，人们通常将承租人认为是占有人。后来在德国法继受罗马法时，为了对这两种法律进行协调，消除二者之间的矛盾，因此将承租人确定为直接占有人，而将出租人确定为间接占有人。例如，《德国民法典》第868条规定，"作为用益权人、质权人、用益承租人、使用承租人、保管人或者基于其他类似的法律关系而占有其物的人，由于此类关系对他人暂时享有占有的权利或者负有义务时，该他人也是占有人（间接占有人）。"台湾的"民法"就继承了这一立法思路，因此在"民法"的第941条规定："质权人、承租人、受寄人、或基于其他类似之法律关系，对于他人之物为占有者，该他人为间接占有人。"

1. 直接占有与间接占有的区别

在通常情况下，间接占有主要是由占有媒介关系、直接占有人之他主占有的意思、间接占有人之返还请求权三个构成要件组成的。

（1）占有媒介关系指的是直接占有人与间接占有人之间存在保管、租赁、买卖等方面的法律关系。需要注意的是，媒介关系效力并不会对间接占有的成立造成影响。例如，在出租人将房屋出租给承租人之后，由于一定的原因造成租赁合同被撤销或解除而最终无效，在这种情况下间接占有依然存在并成立。

（2）直接占有人必须是以他主占有的意思进行占有，一旦占有意思转换为自主占有，那么间接占有也就不存在了。

（3）虽然间接占有人对占有物之间没有直接管领力，但是间接占有人却享有最终管领力，也就是说可以要求直接占有人对占有物予以返还。从间接占有人想有的返还请求权上我们可以看出占有的抽象性，同时这也是间接占有能够受到法律保护的原因。产生间接占有概念的一个重要意义就是扩大了占有保护的范围，其不仅充分体现出了占有的抽象化和概念化，并且间接占有人还可以通过时效而获得一定的经济收入。

2. 对直接占有与间接占有进行区分的意义

直接占有指的是对物具有事实上的直接管领或支配力；间接占有指的是对物没有直接管领力，但是在合法的情况下却可以对直接占有人却具有特定的返还请求权。通过直接占有和间接占有定义的区分，可以明确二者之间的法律关系，确定间接占有人的法律地位。

（二）有权占有与无权占有

根据占有是否以本权（有无法律上的原因）为基础而进行划分，可以将其分为有权占有和无权占有两类。所谓的占有的本权实际上指的就是基于一定法律上原因而享有的占有的权利。

1. 有权占有与无权占有的区别

有权占有是指，有本权基础的占有；物权占有是指，没有本权基础的占有。在有权占有中，占有本权的权利并不是固定的，凡是具有占有内容的权利都可以，如物权、债权，以及父母在亲权的基础上而享有对未成年子女财产的占有管理。有权占有包括多种形式，如所有权人、地上权人、质权人、承租人、借用人等。无权占有的形式包括盗贼对于赃物之占有、拾得人对于遗失物之占有等不符合法律规定的占有。我国《物权法》第 241 条规定，"基于合同关系等产生的占有，有关不动产或者动产的使用、收益、违约责任等，按照合同约定；合同没有约定或者约定不明确的，依照有关法律规定。"该条款实际上就表明了，物权法的调整范围不包括有权占有。

2. 对有权占有与无权占有进行区分的意义

对有权占有和无权占有进行区分的一个重要意义是二者的法律效力不同。有权占有人有权拒绝他人的返还请求；而无权占有人则不得拒绝权利人的返还要求。譬如台湾地区"民法典"第767条规定，"所有人对于无权占有或侵夺其所有物者，得请求返还之。"

（三）自己占有与占有辅助

根据占有人与事实管领人之间是否存在从属指示关系或是否借助别人的行为而占有，可以将占有分为自己占有和占有辅助两类。

1. 自己占有与占有辅助的区别

自己占有指的是不借助他人而自己对物为事实上的管领；占有辅助指的是根据特定的从属关系，受他人指示，而对物进行事实上的管领。需要明确的是，占有辅助并不是占有，而只是为他人的占有进行的事实管领。台湾地区"民法"第942条规定，"受雇人、学徒或基于其他类似之关系，受他人之指示，而对于物有管领之力者．仅该他人为占有人。"《德国民法典》第855条规定，"为了他人、在他人的家务、营业或者其他类似的关系中，遵照他人有关其物的指示，对此物行使实际的控制的，仅以此他人为占有人。"

占有辅助人与占有人之间是一种从属的关系，该从属关系的成立要件就是受到他人的指示而对物进行事实管领。这种从属关系在雇佣关系中表现的最为典型。例如，雇主雇佣员工为司机，雇主就为自己占有人，员工则为占有辅助人。不同的专家学者对这种从属关系有着不同的看法，一些专家认为该种关系是一种社会从属，而另外一些专家则认为该种关系主要是一种对指示的服从，其中最重要的是要将这种关系与间接占有之中的媒介关系区分开来。在间接占有的媒介关系中，事实管领人在很大程度上属于自己占有的情况，通常都不需要接受间接占有人的指示。例如，一个人在租用房子的期间内，通常都不需要接受出租人的指示。

占有辅助中产生从属关系的基础对该从属关系以及占有的属性

也不会产生影响，该从属关系可能是在私法上产生的，也可能是在公法的基础上产生的；既可能是在契约的基础上产生的，也可能是在法律的基础上产生的；可能是长期的，也可能是短期的，但是都不会对占有产生实际的影响。

2. 对自己占有与占有辅助进行区分的意义

对自己占有与占有辅助进行区分的重要意义在于明确自己占有人与占有辅助人之间不同的法律地位。占有辅助人虽然具有事实上的管领力，但是却不能因此而占有。正是因为占有辅助人不是占有人，因此其也就不享有或负担因此事实而产生的一切权利义务责任，主要表现在两方面。

第一，占有辅助人不得对占有主人主张占有的保护，并且占有主人对占有辅助人不存在占有返还请求权，其可以行使所有权返还请求权或根据两者之间的基础从属关系请求。

第二，占有辅助人并不是事实上的占有人，因此在占有受到外界的损害时，占有辅助人应该根据占有者的指示而进行处置。第三人不能向占有辅助人主张占有保护请求权，占有辅助人的管领不会产生无权占有的情况。

（四）单独占有与共同占有

单独占有和共同占有是根据占有人的多少来进行划分的。单独占有指的是一个人对物进行事实上的管领控制，而排除他人的占有，如单独所有人对自己物的占有、单一承租人对房屋的占有等情况。共同占有指的是多个人共同占有某物。台湾地区"民法"第965条规定，"数人共占有一物时，各占有人，就其占有物使用之范围，不得互相请求占有之保护。"

在很多情况下，部分占有也可以被看作是单独占有，而单独占有在区分部分的情况下会被称为分别占有。例如，三个人同租一间公寓，分别居住在甲、乙、丙三个房间，属于单独占有，而客厅、浴室、厕所、厨房是共用的区域，属于共同占有。对于占有来说，其最为重要的是对物的直接支配和排他性事实管领，因此一个物上不能同时存在两个及以上的占有。应当明确的是，共同占有是一个占有，而不是多个占有，只是占有的人数较多。共同占有是多个占有人对同一个物品进行的统一管理。

由于共同占有所涉及到的人数较多，因此共同占有所涉及到的法律关系要比单独占有要复杂很多，主要表现在两方面。

（1）在对外关系上，当占有被侵夺时，各共同占有人可以单独请求占有的保护。

（2）在共同占有人内部对占有保护请求权的行使有一定限制。从上面三人共同租房的例子来说，如果其中的一个人霸占了浴室而不让另外的两个人使用，那么其就侵害了另外两个人的共同占，此时这二人可以申请占有保护。但是如果这个人只是在某个固定的时间主张自己占有而排除其他二人的占有，那么这就涉及占有物使用范围上的争议，另外二人就不能主张占有保护，因此此时他们二人的占有并没有被侵害或是剥夺，他们只是在占有的使用范围上存在矛盾。

（五）自主占有与他主占有

自主占有与他主占有是根据占有人是否具备所有意思为标准来进行划分的。

1.自主占有与他主占有的区别

自主占有人，是指"以物属于自己所有而为占有"的人，而该占有是否为有权占有，以及该本权的性质都不会对此产生影响。实际上也就是说，自主占有与真实的权利状况之间没有联系。他主占有是指，对物的占有不以所有权人的意思而是以其他限制性物权、债权或其他权利人之意思为内容进行占有。因此，嫌疑人对偷窃而得到的赃物被称为自主占有，而通过租赁、保管等中间交易关系而获得的占有则被称为他主占有。

2.对自主占有与他主占有进行区分的意义

对自主占有和他主占有进行区分的重要意义主要表现在两个方面。

（1）符合取得时效以及先占等具体制度规则适用条件的要求，在取得时效和先占中都必须为自主占有。例如，台湾地区"民法"第802条规定，"以所有之意思，占有无主之动产者，取得其所有权。"

（2）有助于确定占有人的赔偿责任。根据自主占有和他主占有的不同，占有人的赔偿责任也不相同。例如，台湾地区"民法"第956条规定，"恶意占有人或无所有意思之占有人，因可归责于自己之事由，致占有物灭失或毁损者，对于回复请求人，负损害赔偿之责。"

（六）善意占有与恶意占有

在上述中我们已经知道，根据有无法律上的原因可以将占有分为有权占有和无权占有两类。具有正当的法律上的原因的叫做有权占有，因此该占有被认为是积极的，而无权占有所面临的情况要更为复杂一些。例如，占有人对于该占有物的权利归属或占有权源具有不同程度的主观状态。因此，根据实际情况的不同，又可以对物权占有进行进一步的划分。

1.善意占有与恶意占有的区别

一些学者认为，根据无权占有人是否了解占有权源之情形为标准进行划分，可以将其分为善意占有和恶意占有两种不同的形式。而另一些学者则认为，应该对区分善意占有和恶意占有的标准进行严格的规范，应该按照占有人对其占有权源是否有确定的误信来进行划分。当前，后一种观点受到大多数学者的认同。综上所述，我们可以这样为善意占有和恶意占有来进行定义。善意占有是指，错误的认为自己的占有为有权占有且确信不疑；恶意占有是指，明知自己的占有为无权占有或不能确定自己占有是否为有权占有而仍为占有。

2. 我国法律对善意占有与恶意占有的区分

我国《物权法》中，第 242、243、244 条都分别对善意占有和恶意占有的区别进行了规范。

（1）第 242 条对恶意占有人的损害赔偿责任进行了规定，其主要内容是，如果占有人由于使用占有的不动产或者动产而导致该不动产或者动产受到损害的，恶意占有人应承担相应的赔偿责任。

（2）第 243 条规定，善意占有和恶意占有都属于无权占有，他们都有义务向权利人返还原物及其孳息，但是善意占有人可以请求权利人支付因维护占有物而支出的必要费用，而恶意占有人则不享有此项权利。

（3）第 244 条规定，当占有物毁损或灭失时，权利人的损害未得到保险金、赔偿金等的足额弥补的情况下，恶意占有人应继续承担赔偿责任，而对于善意占有人，只有在其因占有物的毁损或灭失受有利益时，才对物的权利人承担赔偿责任。

除此之外，对于善意占有来说，根据占有人对该确定的误信是否有过失作为标准，有可以将其分为无过失占有和过失占有两类。对此进行区分的意义在于不动产取得的时效期间不同。

在司法实践中，在对恶意与善意的区分中还存在着一个重要的问题就是如何对其进行认定。这一问题通常会在立法上通过采取善意推定的方式来进行解决。例如，日本民法典第 186 及我国台湾地区"民法"第 944 条都规定，"对占有人，推定其为以所有之意思，善意、和平及公然占有。"而在我国的《物权法》中并未对此作出相关的规定。

（七）占有状态的推定

法律中所规定的占有状态多种多样，而在现实生活中就更是如此，对占有状态的判定也就更为困难，增加了当事人举证的困难。占有的制度价值主要表现在，将既定的占有秩序作为核心，维持社会和平。因此，为了降低占有人的证明责任，因此法律中规定了通过推定技术来对占有的状态进行确定。

（1）将一般占有推定为善意占有。

（2）难以判定善意占有人有无过失时，首先推定为无过失占有。

（3）不能断定是自主占有与他主占时，推定为自主占有。

（4）一般占有推定为和平、公然、持续占有。台湾地区"民法"第944条明确规定，"占有人，推定其为以所有之意思，善意、和平及公然占有者。经证明前后两时为占有者，推定前后两时之间，继续占有。"

（八）占有状态的变更

根据不同的标准对占有进行的不同种类的划分，实际上是对占有不同状态的划分，在实际的社会生活中，不同的占有状态还经常会发生互变更的情况。例如，有权占有可能转化为无权占有，在租赁期间的承租人的占有为有权占有，而期满之后则会转为无权占有。再如，善意占有与恶意占有之间的转换，台湾地区"民法"第959条规定，"善意占有人，于本权诉讼败诉时，自其诉讼拘束发生之日起，视为恶意占有人。"

需要注意的是，自主占有与他主占有之间的变更较为复杂，因为它们是以占有人的主观意思来作为标准进行划分的。自罗马法以来就存在"无论何人，不得仅以意思的变更而变更占有的原因"的原则，因此占有人不能随意将他主占有转化为自主占有。将他主占有转化为自主占有主要有两种方式：一种是特定的意思表示，另一种是事实变更。在他主占有转变为自主占有的过程中，不仅占有人自己内部的意思要进行变更，并且还要将意思明确表示出来。但是，这种意思的表述并不是法律行为中的意思表示，因为占有实际上是事实而不是法律行为，因此这种意思表示可以只是事实表示。[①] 除此之外，自主占有的意思还可以根据新发生的事情而随之产生。例如，一个人租用了他人的房屋，此时表现为他主占有，在后来该人又买下了此房屋，也就是通过购买行为取得了房子的所有权，此时自主占有就取代了他主占有。

第二节　占有的取得与消灭

我们已经知道，占有是一种事实，而不是一种权利，但是占有仍会受到相关法律的保护，其表彰的是一种特定的法律地位，因此也就会存在该法律地位的得丧变更，这与权利的得丧变更是一样的。占有的取得可以分为原始取得和继受取得,而消灭则可以分为绝对消灭(如占有物的灭失）和相对消灭（如占有主体的变更）。而引起占有的得丧变更的法律事实包括行为（法律行为、事实行为和侵权行为），也有行为之外的事实，如继承的发生等。

一、占有的取得

（一）直接占有的原始取得

直接占有的原始取得是指不以他人的占有为基础的对物的事实管领。直接占有的原始取得的方式多种多样，如先占、拾得遗失物、

---

① 谢在全.民法物权论.北京:中国政法大学出版社,1999,第951页

发现埋藏物、添附和侵占等。取得原始占有的行为可以是事实行为，如建造、捕捞等，也可以是侵权行为，如侵占别人的财物等。直接占有的取得必须要具有占有的一般意思，并且该意思应该是个自然意思，而不是法律行为的意思。直接占有的原始取得可以通过辅助人来最终实现，而且该占有取得与本权享有之间不存在任何联系。

（二）直接占有的继受取得

权利的取得可以分为原始取得和继受取得两种方式，而占有的取得也可以依据不同的标准来对其进行区分。直接占有的继受取得主要表现为占有的转移取得。在现代法律体系中，通常搜认为交付是动产物权变动的公示方式。我国《物权法》第 23 条规定，"动产物权的设立和转让，自交付时发生效力，但法律另有规定的除外。"所谓的交付实际上就是占有的转移，台湾地区"民法"第 946 条规定，"占有之移转，因占有物之交付，而生效力。"也就是说，占有的又可以分为现实交付和观念交付两种形式，而观念交付又可以进一步分为简易交付、占有改定和指示交付三种不同的形式。

1. 现实交付

现实交付指的是让与人将其对物的事实管领转移给受让人，如将货物递交到买者手中或家中、房屋买卖中的交钥匙等。

2. 简易交付

我国物权法第 25 条规定，"动产物权设立和转让前，权利人已经依法占有该动产的，物权自法律行为生效时发生效力。"这实际上指的就是简易交付。例如，一个人将某一物体交给另一个人使用或是代为保管，在出借期限或保管期限内，这个人又将该物出售给借用人或保管人。在这种情况下，实际上买受人在进行买卖之前就已经占有了买卖交易的标的物，因此在买卖双方当事人达成有效的交易协议之后，占有就应当被看作是转移，交付也就随之完成。

3. 指示交付

指示交付是转移动产占有的一种抽象方式，指的是在动产的物权转让时，如果让与人的出让动产是被第三人所占有的，那么让与人就可以将对第三人的标的物返还请求权转移给受让人，用来代替实际交付。我国《物权法》第 26 条规定，"动产物权设立和转让前，第三人依法占有该动产的，负有交付义务的人可以通过转让请求第三人返还原物的权利代替交付。"例如，甲将汽车借给乙使用，在借用期限内，甲想将汽车出售给丙，在这种情况下，甲就不用在乙返还汽车之后再交付给丙，而是可以直接将其对乙的返还请求权转让给丙以代替交付。

在指示交付过程中，应该注意两个问题。

（1）第三人的范围

所谓的第三人指的是实际占有转让物，而又负有返还义务的人，其包括有权占有人和无权占有人。需要注意的是，当前学术界对无权占有的第三人能否成为指示交付中的第三人仍存在很大的争议。

（2）所让与的返还请求权的性质问题

判断该问题属于物权请求权还是债权请求权也存在很大的争议。社会上普遍认为，出卖人让与受让人的应该认为既包括物权请求权也包括债权请求权，要根据具体问题具体分析。如果第三人是无权占有，那么让与人对第三人享有的占有返还请求权就会由受让人取得。如果是第三人有权占有，如第三人根据其与出让人之间的合同而占有标的物，那么受让人首先应该取得根据合同而产生的债权请求权；而如果合同是无效的，那么就会产生不当得利返还请求权。出卖人所让与的请求权从内容上看只能是标的物返还请求权或占有返还请求权，而不会具体去对性质进行追究和分析。

4. 占有改定

占有改定是一项历史悠久的制度，其甚至可以追溯到罗马法上的占有协议。其产生的主要目的是解决要式物和略式物区分的僵化，扩大让渡的范围和内容。当前的社会生活中，通常占有改定都具有混合交易的特点，可以满足交易当事人的多种需求。我国《物权法》第27条规定，"动产物权转让时，双方又约定由出让人继续占有该动产的，物权自该约定生效时发生效力。"例如，甲将一部相机出售给乙，但是在交易时与达成协议，甲需要继续借用相机一个月时间。在这种情况下，甲就不用将相机实际交付给乙，而是可以在他们双方的买卖合同生效时，所有权已经发生了转移，甲对相机的所拥权会交付给乙，虽然甲一直在持有相机，但是在以前是根据所有权而产生自主占有，而现在已经变为了根据借用合同的他主占有。

5. 占有的概括承受

继承是导致占有的概括承受产生最主要的原因，除此之外，法人解散等情形也是占有的概括承受发生的重要原因。虽然占有被大多数人认为是一种事实而不是一种权利，但是在很多的国家立法中仍然规定占有可以被继承。例如，《德国民法典》第857条规定，"占有移转于继承人"。台湾地区的"民法"第947条第1款规定，"占有之继承人或受让人，得就自己之占有，或将自己之占有与其前占有人之占有合并，而为主张。"这些法律条文都明确了占有是可以被继承的。但是在我国的法律中却没有相关的规定。

规定占有可以被继承的一个重要原因是避免占有真空状态的出现。如果一个人在生前占有某物，但是在他死亡之后这种占有就会呈现一种无主的状态，占有物会的事实管领就会丧失，而占有的继承转移正好可以避免此种情况的发生。占有的继承转移实际上是一种概括式的当然全面转移，也就是说，在被继承人死亡时占有的状态，不管是任何形式的占有，如有权占有或无权占有、自主占有或他主占有、直接占有或间接占有等，都可以在继承人不了解该占有状态的时候全部转移给继承人。同时还应该注意的是，占有的继承是一种观念占有的转移，由于继承的行为而获得的占有是一种不需要事实管领的占有。

（三）间接占有的取得

直接占有是间接占有的基础和前提，因此间接占有只会存在继受取得而不会出现原始取得的情况。间接占有的取得又可以分为创设取得和移转取得两种不同的形式。

1.间接占有的移转取得

在对间接占有的转移取得进行分析时，需要注意民法中"买卖不破租赁"的规定，其是间接占有转移发生的一个重要原因。例如，甲将自有房屋出租给乙，甲就成为间接占有人，而乙为直接占有人，在租赁期间甲又将房租出售给丙，并办理了变更登记手续，根据我国《合同法》第229条的规定，"租赁物在租赁期间发生所有权变动的，不影响租赁合同的效力"，乙仍然享有租赁房租并居住的权利。对于房租的出售，只是房租的间接占有人发生了变化，由甲变为了丙，而直接占有人仍然是乙，没有发生变化，这种情况就是间接占有的转移。

2.间接占有的创设取得

间接占有的创设取得可以分为三种情形。

（1）直接占有人自己创建的间接占有。例如，所有人在将自己的物出租或出借给他人之后，出租人仍是物管领人，但是物的直接占有人却发生了改变，自己变为了间接占有人。

（2）直接占有人为他人创设间接占有。例如，房屋原来的所有人在房租出租的期间内将房租出售给另一个人，在这种情况下，只是间接占有人发生了变化，而直接占有人不变，间接占有人转给了购买房屋的人。

（3）非占有人为自己取得直接占有，而为他人创设间接占有。例如，在监护人占有被监护人的物的情况中，被监护人是间接占有人，而自己则是直接占有人。

二、占有的消灭

由于占有是一种事实状态，而不是一种权利，但是却受到法律的保护，因此占有的消灭也只是一种事实的消灭，而不是权利的消灭，进而混同、抛弃额等物权消灭的原因不一定就会成为占有消灭的原因。实际上，占有的消灭只是对物的事实管领或控制的丧失，这种占有的消灭通常需要通过具体事实、法律关系以及社会观念的认定才能被最终确定下来。

（一）直接占有的消灭

1. 直接占有人对物的管领力丧失，即导致占有消灭

如果占有人直接丧失的是对物的管领力的丧失，那么就会直接导致占有的丧失。台湾地区"民法"第 964 条第 1 款规定，"占有因占有人丧失其对于物之事实上管领力而消灭。"管领力丧失又包含有基于占有人意思的丧失，如抛弃占有物和非基于占有意思的丧失，占有物被偷窃或遗失等。如德国民法典第 856 条第 1 款规定，"占有因占有人放弃或者以其他方式丧失对物的实际控制而终止。"

2. 管领力行使障碍能否成为占有消灭的原因

台湾地区"民法"第 964 条第 2 款规定，"管领力一时不能行使的不认为占有消灭。"德国民法典第 856 条第 2 款也规定，"占有不

因在行使控制时遇有按其性质为暂时的障碍而终止。"

3.管领物灭失，自然导致占有消灭

如果所有人的管领物灭失，那么也就意味着管领力的丧失，占有也就自然消灭。

（二）间接占有的消灭

间接占有消灭的原因通常包含有以下三个。

1.直接占有人丧失占有而导致的间接占有消灭

如果直接占有人对物的占有丧失，那么就会导致间接占有的丧失。这种情况出现的主要原因是，直接占有与间接占有只之间存在着紧密的联系。例如，甲将某物委托乙保管，但是乙在保管期间内却将该物出售给丙，在满足善意取得的情况下，丙就会获得该物的所有权，成为自主占有和直接占有，在这种情况下，甲就会丧失直接占有。应当引起注意的是，如果直接占有发生改变，那么就可能导致多层间接占有的发生，而不是间接占有的丧失。在上例中，如果乙只是把保管物出借给丙，那么乙就会成为该物的间接占有人，这样甲原有的间接占有也不会丧失。

2.直接占有人以公开的方式不承认存在上级占有

如果直接占有人以公开的外部可认识的方式不承认上级上级占有的存在，那么也会导致间接占有的消灭。例如，在证券市场上，客户委托券商在独立的账户内进行投资管理，但是后来券商挪用了客户账户内证券，那么客户就会丧失对其账户内证券的间接占有。

3.返还请求权的消灭进而导致间接占有的消灭

在该种原因下导致的间接占有的消灭。其表现最为典型的就是在让与担保交易中，甲将出卖物交付买受人乙，但保留所有权为甲所有直到乙付清全部货款，那么此时甲为间接自主占有而乙为直接他主占有，在乙支付全部的费用之后，就可以获得卖手物的所有权，而甲随之就会丧失掉以所有权为基础的间接占有。

第三节　占有的效力与保护

占有在《物权法》中处于一种特殊的法律地位，法律制度会根据其秩序价值取向而赋予该特定的事实状态以法律效力，即占有的效力，同时在占有的法律地位在受到侵害时就会为其提供充分的法律救济，也就是所谓的占有的保护。

一、占有的效力

在民法中所规定的很多制度都与占有的效力相关，如时效取得、善意取得、先占、拾得遗失物等。这些效力大致可以分为两类，即占有的属性效力和占有的辐射效力。占有的属性效力指的是在受法律保护的事实管领的法律地位的基础上而产生的占有用益以及占有人与回复请求人的权利义务关系，而占有的辐射效力主要表现为权利的推定和权利的取得两个方面。

（一）占有人与回复请求权人之间的权利义务关系

回复请求权人指的是根据其对物所享有的权利而可以向占有人要求返还物的人。如果占有人与回复请求权人之间存在租赁合同关系、借用合同关系或者质权关系等法律关系，就可以根据其法律关系来厘定这二者之间所存在的权利义务关系。《物权法》第241条规定，"基于合同关系等产生的占有，有关不动产或者动产的使用、收益、违约责任等，按照合同约定"。

需要注意的是，如果占有人与回复请求权人之间没有该种法律关系，在解决当事人之间在物的孳息与收益归属、占有物毁损灭失的损害赔偿责任以及所支出费用的求偿权等问题时，应当根据《物权法》第242条至244条对占有人与回复请求权人之间的法律关系的规定来进行处理。该条款规定了形成孳息返还规则、善意占有人必要费用的偿还规则、占有物毁损灭失的赔偿规则，这些规则，被作为侵权损害赔偿规则、不当得利返还规则的特别规则，学说称为"所有权人——占有人关系"[①]，也就是占有人与回复请求权人之间的权利义务关系。

1.占有物的使用收益

《物权法》第242条规定，"占有人可以使用占有物"。这里所指的占有人指的是无权占有人。无权占有可以分为善意占有和恶意占有两类。在立法例与民法理论上都认为恶意占有人对占有物没有使用权，但是我国《物权法》中却不这么认为，其在第242条明确规定了，"恶意占有人有使用占有物的权利"。

无权占有人在占有期间，通过对物的使用会获得一定的收益，甚至还可能会产生一定的天然孳息或是法定孳息。因此，法定所有权人在要求返还占有物时，能否同时要求返还收益和孳息，各国的法律中有着不同的规定。普遍的观点是，占有物的收益与孳息，要根据占有人的善意或是恶意而进行不同的处理。如果是恶意占有，那么占有人就必须要将收益和孳息全部返还给占有人；如果是善意占有，那么就有可能不需返还所有物的收益个孳息。

而在我国，《物权法》的第243条规定，"不动产或者动产被占有人占有的，权利人可以请求返还原物及其孳息"。该条文虽然是针对孳息返还义务的，但是却没有明确区分出善意占有与恶意占有应当承担的责任。因此，对此条款的正确理解应是：无论对所有物是善意占有还是恶意占有，通过占有物所产生的孳息都要全部返还

---

① 刘家安.物权法论.北京:中国政法大学出版社,2009,第233页

给权利人。

2. 占有物毁损灭失的赔偿责任

一般侵权行为规定，占有人在占有期间，如因过失行为造成占有物毁损、灭失的，占有人应对权利人承担完全的损害赔偿责任。但通常情况下，如果占有人是出于善意造成的，那么就应该适当减轻或是免除其赔偿责任，也就是说占有人应以因灭失或者毁损所受利益为限，负赔偿责任。[①] 由于此项责任所涉及的范围仅限于占有物因毁损、灭丧而所得受的利益，因此在学说上通常被称为是善意占有人的有限赔偿责任。《日本民法》第191条规定，"占有物因可归责于占有人的事由而灭失或毁损时，善意占有人以其灭失或毁损后尚存实际利益为限，负赔偿义务。"

我国《物权法》第244条规定，"占有的不动产或者动产毁损、灭失，该不动产或者动产的权利人请求赔偿的，占有人应当将因毁损、灭失取得的保险金、赔偿金或者补偿金等返还给权利人；权利人的损害未得到足够弥补的，恶意占有人还应当赔偿损失"。这与日本民法的看法是类似的。根据该项规定我们可以认为，善意占有人对所有物所造成的损失只需要向权利人返还因标的物毁损、灭失而取得的保险金、赔偿金或者补偿金，若损害没有因此而得到完全地弥补，则善意占有人不再承担赔偿责任，该条款采用的是不当得利返还的原则。[②]该条款的规定可以减轻善意占有人的责任，从而体现出法律对善意占有人的保护。如果占有是恶意的，那么占有人就可以依据侵权损害赔偿原则，依据《侵权责任法》的规定，要求权利人承担毁损、灭失所有物所遭受损失的全部赔偿责任。

---

① 　刘家安.物权法论.北京:中国政法大学出版社,2009,第235页
② 　王泽鉴.民法物权.北京:中国政法大学出版社,2001,第325页

3. 对占有物所支出费用的偿还

占有人在占有标的物的期间内，由于对占有物的维修或是改良等原因可能会之处一定的费用。例如，甲虽然无权占有乙的房屋，但是由于暴雨冲刷造成了屋顶漏雨，甲为此对房屋进行了修缮而花费了费用；或者甲对该房屋因进行装修而花费不菲。在这种情况下，如果所有权人要求乙返还房屋，对于甲支出费用的处理，各国在进行判断时首先要考虑占有是恶意还是善意，其次还要考虑所支出的费用是必要费用还是有益费用。多数国家都认为，善意占有人可以要求返还必要费用，然后还可以在占有物现存的增加价值范围内，要求偿还一定的有益费用；而恶意占有人可以根据不当得利的规定要求偿还支出的必要费用，但是对于支出的有益费用则不得要求返还。

我国《物权法》第 243 条规定，"回复请求权人应当支付善意占有人因维护不动产或者动产支出的必要费用。"此规定中并没有涉及到恶意占有人对必要费用的求偿权，因此对恶意占有人显得有失公平。例如，在上例中，虽然占有人是恶意占有，但是因房屋漏雨而支出的修缮费用明显是必要费用，因此也应当有权要求权利人给予偿还。除此之外，该条款中还没有涉及到善意占有人对有益费用的偿还请求权问题，这应该被看成是法律制定中的一个疏漏，因此在以后的修订时应及时进行填补。

应当注意的是，上述《物权法》第 243 条规定中所涉及到的必要费用，指的是维护占有物所不可或缺的费用，通常包括必要费用与特别必要费用（临时必要费用）两部分内容。前者指的是因保存或管理占有物通常所需要的费用，如维护费、修缮费、饲养费等；后者主要指的是如房屋遭地震损坏、汽车被洪水淹没等而支出的重大修缮费用。①

---

① 王泽鉴．民法物权．北京：中国政法大学出版社，2001，第 328 页

（二）占有权利的推定

1. 占有权利推定的概念

占有人在占有物上行使的权利，推定其合法有此权利，称为占有的权利推定。实质或真实的权利是占有存在的基础，占有不仅表现为对标的物在事实上的管领力，并且还是物权（尤其是动产物权）变动的要件与权利存在的外在表现，占有通常伴随着事实和权利，因此根据占有事实与权利关系的常态，占有人也就应当享有占有的权利。根据这种权利存在的盖然性，因此法律设置了权利推定制度。该制度规定占有人在占有物上行使的权利，推定其合法有此权利。由此我们可以得出，占有人在对其占有物行使权力时，不需要单独证明其享有的权利，如果有人主张其无权利时，那么就应当承担相应的举证责任。

2. 占有权利推定的理由

法律可以对占有的权利进行推定，其原因主要有以下几点。

（1）维持社会秩序

占有的权利推定可以降低举证的困难，有利于减少侵害，维持正常的财产秩序。如果我们所穿的鞋子、所看的书籍、所买的珠宝、所住的房子，如果不推定为我们所有，那么就很可能引起他人的激烈争执，导致诉讼不断，从而严重破坏正常的社会秩序。

（2）保护占有背后的权利

由于外在表现与实质几乎是没有差异的，因此某物的占有人大多都会有其其本权，具有权利存在的盖然性，因此权利的推定还有助于保护占有背后的权利。

（3）符合经济原则

权利的推定，不仅有助于保护本权、避免争议、维护社会秩序、促进交易安全，而且也可以减少诉讼，节省资源，发挥物尽其用的作用。[①]

（4）促进交易安全

对占有的权利进行推定，有助于产生公信力，从而可以对那些进行善意占有交易的人进行有效的保护，保证交易的安全。

（5）遵循《物权法》的规定

我国《物权法》对占有权利的推定在答题上是认可的，其主要体现在第106条关于善意取得（尤其是动产善意取得）的规定上。

3.占有权利的推定的范围

在日耳曼法中最早出现了占有的权利推定概念，在多年的演变中通过法国民法的传承而逐渐被以后的各国民法所采取。各国对推定其合法有此权利中的"权利"的范围，有着不同的看法和规定。例如，《德国民法典》第1006条、第1065条和第1237条规定，该"权利"只限于动产物权。而其它国家的民法中则没有这种限制，认为物权、债权（租赁权、借用权）都是符合规定的。具体而言，占有人以所有的意思对占有物行使权利者，推定其具有所有权；以行使留置权的意思行使留置权者，推定其有留置权；以承租人的意思对占有物行使权利者，推定其有租赁权；以行使质权的意思行使质权者，则推定具其有质权，等等。

占有的权利推定不仅包括动产，而且也包括不动产。但需要注意的是，由于不动产物权主要是将登记作为权利存在的表现形式，因此如果不动产权已经进行了登记，那么不动产真正的权利人就很容易以登记作为证据以推翻占有人的权利推定。由此可见，对不动产占有的权利推定，其范围应该被限制在未登记的不动产物权以及以不动产为标的物的债权之中。

---

① 王泽鉴.民法物权.北京:中国政法大学出版社,2001,第234页

4. 占有的权利推定效力

占有的权利推定效力，主要表现为以下六个方面。

第一，对于权利推定的效力来说，除去占有人自己可以采用之外，第三人也可以援用。例如，债权人对于债务人占有的动产，可援用推定为债务人所有的效力，主张其为债务人所有。再如，甲占有的动产，若乙因为过失而将其损毁，那么乙就应该承担侵权行为的损害赔偿责任，需要对甲进行相应的赔偿，不管甲是否是真正的动产所有人，都应该进行偿还。

第二，占有人在其占有物上行使的权利，推定其合法拥有此项权利。受推定权利的占有人就其对标的物的权利，可以免去其举证的责任。若有人对其权利产生争议或是想要争夺此项权利，那么占有人就可以直接援用该推定与之相对抗，而不用再次对自己真正权利人的身份进行证明。但是，如果争执人提出反证，证明自己具有占有的权源，而占有人却没有时，那么占有人为了推翻该反证，就需要承担举证的责任。需要注意的是，占有人对于占有权力的推定来说，其目的不仅是进行防御，同时也可以作为向第三人主张权利的有力证据。例如，对于没有进行的登记房租所有权人来说，若该房租的使用或是收益权收到了侵害，那么对该妨害之人可以行使排除妨害请求权。这是因为根据占有权利的推定，占有该房屋的人已经被推定为了房屋的所有权人。①

第三，对占有权利的推定，若只能产生消极的效力，那么占有人就不得将该推定作为其行使权利的依据。例如，占有人不得依据该推定，而将其作为为占有标的物进行登记的依据。

第四，占有的权利推定，不仅适用于对占有人有利益的情形，并且还可以适用于对占有人不利的情形。也就是说，创立占有的权利推

---

① 崔建远. 物权法. 北京：中国人民大学出版社,2009,第158页

定制度的目的并不仅仅是为了保护占有人的利益，而是同时在对占有人不利益时也应该采用。例如，承租人所占有的动产放在承租的房屋，就可以推定动产为承租人所有，如果承租人不对出租人给付房屋租金，那么出租人就有权留置该动产。

第五，占有权利推定是法律上权利的推定，这种推定并不是推定法律效果的要件事实，而是直接推定法律效果或权利状态。因此，想要吧这种推定推翻，就需要证明取得权利的原因事实是不存在的。通常情况下，这种证明并不容易，甚至会导致对于真实权利人的要求过于严苛，因此需要采取一定的措施来进行调和。例如，减轻欲推翻推定者的证明责任、使占有权利的推定在人的方面、物的方面以及内容方面受到限制等。

第六，占有权利的推定，其不仅可以适用于现占有人，同时也可适用于过去占有人。例如，甲占有的汽车被乙毁损之后，出售并交付于丙。在这种情况下，虽然甲不是现占有人，但是却可以援用过去占有期间为所有权人的推定，从而向乙请求侵权损害赔偿。

二、占有的保护

占有的保护，可以分为两种不同的形式：第一种是物权法的保护，其又可以分为占有人的物上请求权和占有人的自力救济权两种；第二种是债法的保护，其又包括侵权行为损害赔偿请求权和不当得利返还请求权两种。我国的《物权法》中，并没有对占有的保护做出明文的规定，只是在该法的第245条第1款规定："占有的不动产或者动产被侵占的，占有人有权请求返还原物；对妨害占有的行为，占有人有权请求排除妨害或者消除危险；因侵占或者妨害造成损害的，占有人有权请求损害赔偿"。《物权法》的该项规定，确定了保护占有的三种物上请求权，即占有物返还请求权、占有妨害排除请求权和占有妨害防止请求权。除此之外，虽然《物权法》没有对占有人的自力救济权作出明确的规定，但是从比较法及体系化的角度，在对其进行解释时应该对该种保护占有的方式予以肯定。

占有的实质是对物的事实支配，因此在对占有进行确定时，首先应该看该种事实支配能够继续维持，如果该种事实支配被破坏，那么对于该事实支配的人来说无疑是对其占有的侵害，但是对于侵害者来说，却是另一种事实支配的开端。由此可见，从旧支配事实的侵害到新支配事实的确定，通常都要经过三个阶段，即旧支配事实的干扰期、旧支配事实的衰弱期（支配事实的暂定期）与新事实支配的确定期。在旧支配事实干扰期，由于该事实支配正在遭受干扰，因此为了维护正常的社会秩序，民法就会赋予该占有人自力救济权，以消灭对事实支配的侵害，恢复原有的秩序。在经过旧支配事实干扰期之后，就会进入衰弱期，随后是新事实支配（即侵害人的占有）进入逐渐稳定期。法律不允许通过自力的救济手段恢复所有人的占有，以维护社会的正常秩序，但原有的事实支配还没有完全消除，因此为了对其进行保护，法律就赋予了占有人物上请求权，允许其依赖公权力的手段恢复占有。

（一）占有人的自力救济权

1. 自力防御权

自力防御权是一种自力救济行为。占有人在面对他人的侵权行为时，可以通过自己的力量来进行防御，从而维护自己的合法占有，这种行为就称为占有人的自力防御权或己力防御权。占有人在行使自力防御权时，需要注意以下几方面内容。

（1）只有直接占有人或是辅助占有人才能行使自力防御权

为了保护占有人对物的事实管领力，因此规定直接占有人或辅助占有人可以使用自力防御权打击他人对占有的侵权行为，而间接占有人则不享有此项权利。在间接占有人为侵夺或妨害占有的行为时，直接占有人可以以己力进行防御。对于直接占有人老说，无论其对标的物的占有是善意占有、恶意占有或其他有瑕疵占有，在面对妨害占有的侵权行为时，都可以使用自力防御权。但需要注意的是，侵夺或妨害占有的人，对于原占有人，即其占有受侵夺或妨害的人，不得使用此项权利。这是因为，新的占有事实还没有被确定下来，对原占有人而言还未取得占有。而且，如果允许侵夺或妨害占有的人行使自力防御权，那么就会导致一种循环侵夺的现象出现，使得纠纷不断，不利于维护社会秩序的正常运行。

（2）可以通过自己的力量进行防御

占有人或占有辅助人可以直接使用自己的力量来抵抗或排除他人对占有物的侵夺或侵害，不用等待公权力的救济。例如，占有人在面对掠夺或侵害占有的行为时，可以采取一定的措施进行反抗；对于出租人无故进入承租人承租的房屋者，承租人可以将其逐出；对于那些向自己住所倾倒垃圾者，可以予以制止。当前在学术界，各学者对自力防御权与正当防卫的关系有着不同的看法。在多数人看来，正当防卫也属于自力救济的一种，其目的是保护一般的权利，而占有人的自力防御权，则是在维护占有人已安定的事实管领力，从这个角度来看，自力防御权应该被看作是正当防卫的一种具体体现。自力防御权是占有人行使权利的一种外在表现，因此如果由于行使该权利而对相对人造成损害，如果是在法律限定的范围内，那么占有人不用承担损害赔偿责任。[①] 需要注意的是，如果占有人误认为存在侵夺或妨害行为，或是其防御超过了法律规定的范围，那么其防御行为就带有了不合法性，应该为其故意或过失承担相应的赔偿责任。

（3）行使自力防御权须针对侵夺或妨害其占有的行为

侵夺占有指的是加害人以暴力夺取占有人对于物的管领力，使其

---

① 谢在全.民法物权论.北京:中国政法大学出版社,2007,第 598 页

不能实行管领，最终使得旧占有被新占有所代替，如强占他人的房屋而居住、抢夺他人的手机或在他人的墙壁上擅自悬挂广告牌等行为。妨害占有指的是，通过侵权以外的方式，使得占有人不能对其占有物实现事实上的管理力，在结果中造成新占有与旧占有共同存在而使旧占有处于衰弱的状态，如在他人的土地上堆放垃圾、将汽车停放在他人车库的人口处以及释放臭气、煤烟、热气等侵入邻地等行为。如果侵夺或占有的妨害来自于原占有人，那么就不能使用自力防御权；如果来自于间接占有人，那么就可以行使此项权利。例如，质权人于出质人不法夺回其出质的动产时，就可以采用自力防御权对占有进行保护。需要注意的是，占有的侵夺或妨害必须是现实中依然存在的，如果侵夺或妨害是过去的事情，那么占有人就不能再使用自力防御权。

2. 自力取回权

自力取回权又叫做自力夺回权、自力夺还权或取回权，指的是占有物被侵夺后，占有人可以即时排除加害人恢复占有，或是可以就地追踪向加害人取回。当占有人的占有标的物被非法侵夺时，占有人就可以使用自力防御权来维护自身的合法权益，从而达到排除侵害的目的。为了进一步加强对占有的保护，因此法律赋予了占有人可取回占有物的积极权能，也就是自力取回权。实际上，自力取回权是一种自助行为。在形式自力取回权时，应注意以下几点要求。

（1）自力取回权只限于直接占有人或辅助占有人

占有人在行使请求权时，只限于直接占有人或辅助占有人，该点与自力防御权是一样的。

（2）自力取回权只限于对侵夺行为

如果占有人是由于他人的侵夺行为而丧失占有的，那么占有人则有权行使自力取回权，从而恢复占有。如果他人是通过侵夺以外的方式对占有人的占有造成了妨害，由于还没有丧失占有，因此占有人此时只能行使自力防御权，没有必要再使用自力取回权。

（3）行使自力取回权有时间上的限制

法律对占有人所赋予的自力救济权，其中的一个重要目的是维护占有人原有的事实上管领力，但是如果这种管领力由于新的管领力的介入而变得衰弱，并且很可能会成立新的占有时，法律就没有必要在赋予占有人自力救济权以私力破坏形成中的新占有的事实，否则会对正常的社会秩序造成破坏。因此，法律所赋予的自自力取回权必须要有一定的时间限制。如果超过了法律所规定的时间限制，虽然占有人还可以行使物上请求权，但是却不能再行使自力取回权，否则就会违法。对于那些由于过错而造成的损害，应该依据《侵权责任法》的相关规定承担相应的赔偿责任。

自力取回权的时间限制并不是固定不变的，在动产和不动的区分中也会有所不同。如果占有物是不动产，那么占有人就可以在侵夺之后，即时排除加害人来取回。所谓的"即时"，指的是依一般社会观念，实行排除加害而取回占有物所必须的最短时间。例如，占有人所占有的农田遭他人强占插秧，就可以立即予以去除而夺回。如果占有物是动产，那么占有人在被侵夺后，可以就地或追踪向加害人取回。所谓的"就地"，指的是占有人在被侵夺时，事实上管领力所能及的空间范围；所谓"追踪"，指的是加害人虽已离开占有人事实管领所能及之的空间范围，但仍在占有人的尾随追踪中。[①] 不能尾随追踪时，由于已经形成了新的占有，因此只能通过别的方式，如占有人的物上请求权或占有物的本权诉讼恢复标的物的原有占有状态。对于间接占有人无自力取回权以及占有人行使占有物的自力取回权的，侵夺人无权提出抗议。

---

① 姚瑞光．民法物权论．北京：海宇文化实业有限公司,1999,第 420 页

（二）占有人的物上请求权

1.占有人的物上请求权的概念

占有人的物上请求权，也称占有保护请求权、占有诉权，是指占有人的占有物被非法侵夺或妨害时，于法定期间内，得请求侵害人返还占有物、排除妨害、除去妨害危险的实体权利。通说认为，占有物上请求权包括三种类型：占有物返还请求权、占有妨害防止请求权、占有妨害排除请求权。

2.占有物返还请求权

占有物返还请求权又叫做回复占有请求权，指的是占有人在其有物遭受侵害时，有权要求侵权人返还其占有物的权利。占有人在行使占有物返还请求权时，需要注意以下几点内容。

（1）能够行使该请求权的应为占有人

上述所指的占有人包括直接占有人、间接占有人、自主占有人和他主占有人。无论这些占有人对标的物的占有是有权占有还是无权占有、是善意占有还是恶意占有，占有是否存在问题都不会对该请求权的行使产生影响。如果不是物的占有人，那么即使其对占有物有着合法的权源，也能使用此项权利。

（2）占有物返还请求权的行使应以占有物被实际侵占为前提

如果占有物没有被侵占，那么即使对占有物有合法的权源，那么也不能行使占有物的返还请求权。占有被侵占指的是，违反占有人的本意，以积极的不法行为将占有物的全部或一部归由自己管领，排除占有人的事实管领的行为。占有的动产被盗、被抢、房屋被霸占等都属于此种行为。侵占占有应该以存在外表可见的积极行为为必要条件，因此借用人在借用期满之后，如果不将借用物返还的，不能被看作是侵占出借人的占有。

（3）占有物返还请求权的相对人是侵夺占有物的人及其继受人

上述所指的继受人还包括恶意的特定继受人。对于善意的特定继受人来说，如果其是善意取得动产的，那么其占有就会受到法律的保护，占有人不得对其请求返还占有物。除此之外，侵夺占有物者，对于该物虽然具有实体上的权利，但是占有人仍可以自己的占有物被侵夺为理由，请求返还。[①]

（4）占有物返还请求权的行使期间

《物权法》第245条第2款规定："占有人返还原物的请求权，自侵占发生之日起一年内未行使的，该请求权消灭"。人们对于该期间法律的性质，有着诉讼时效说和除斥期间说的不同观点，但是人们通常认为该1年的期间，其性质应该是除斥期间是没有争论的。这种观点的主要依据是，诉讼时效可以由于事实而被断或是中止，并且其以受害人知道或者应当知道受侵害的时间开始计算，如果按照诉讼时效来规定，那么该期间可能会超过1年，这样就会使权利处于长期不稳定的状态。除此之外，在通常情况下，如果占有物返还请求权因除斥期间经过而未行使的，同时占有人对物还享有其他种类的实体权利，那么就可以依照其实体权利提出返还请求，因此也就没有必要规定更长的期间来进行保护。[②]

3. 占有妨害防止请求权

占有妨害防止请求权，是指占有有被妨害的危险时，占有人具有的可请求防止其妨害的权利。但究竟有无此项危险，非依占有人的主观意思加以认定，而应就具体事实，依一般社会观念，客观地加以判断。例如，邻地的围墙，由于遭受地震的原因可能会有坍塌的危险，可能就会出现妨害占有人占有土地的危险；挖掘隧道导致地陷，危及邻近大楼，就属于占有有被妨害的危险。需要注意的是，占有妨害防

---

① 姚瑞光.民法物权论.北京:海宇文化实业有限公司,1999,第423页
② 王胜明.中华人民共和国物权法解读.北京:中国法制出版社,2007,第523页

止请求权，请求权的主体必须是现实中的占有人，其相对人应为造成妨害占有的危险状态的人。

4.占有妨害排除请求权

占有妨害排除请求权与占有物的被侵夺不同，此妨害是指以侵夺以外的方法妨碍占有人管领其物。此项请求权并非损害赔偿请求权，不发生金钱赔偿的问题。

在通常情况下，不动产是占有被妨害发生最常见的场合。例如，占有人所占有的房屋的一部分被邻居堆放杂物，丢弃垃圾、废土于他人的庭院或空地，擅自在邻地架设管线，排放污水，释放煤烟、臭气、热气到邻地并超过了社会生活能够容忍的限度，树木被强风吹倒于他人的门前以及停车不当，阻挡他人使用自己的停车位或车库等，这些都属于对占有的妨害。

请求排除对占有的妨害的人为占有人，其相对人为妨害人。这里的妨害人主要指的是两种人：一种是其行为妨害占有的人，被称为是行为妨害人，如将废物丢弃在他人的庭院的人；另一种是其意思容许妨害占有的状态存在的人，被称为是状态妨害人，如树木被强风吹倒于邻地而未清除的人。

占有妨害的费用应该由妨害人来承担，受害人以自己的费用排除妨害的，可以基于无因管理或不当得利的规定，请求妨害人来承担赔偿的责任。如果受害人的行为造成了妨害的发生或扩大，那么就应该减轻妨害人应负担的费用数额。在《物权法》中虽然没有对排除占有妨害的费用负担做出明确的规定，但是却可以将该项费用作为"因侵占或者妨害造成损害"的组成部分，占有人（受害人）在以自己的费用排除妨害后，可以根据该法第245条第1款第3句关于"因侵占或者妨害造成损害的，占有人有权请求损害赔偿"的规定，请求侵占或妨害占有之人予以偿付。[①]

① 崔建远.物权法.北京：中国人民大学出版社,2009,第173页

参考文献

[1] 梅夏英. 财产权利构造的基础分析. 北京：人民法院出版社，2002.

[2] 吴汉东，胡开忠. 无形财产权制度研究. 北京：法律出版社，2001.

[3] 王利明. 物权法专题研究. 长春：吉林人民出版社，2002.

[4] 陈华彬. 现代建筑物区分所有权制度研究. 北京：法律出版社，1995.

[5] 柳经纬. 物权法. 厦门：厦门大学出版社，2005.

[6] 陈信勇. 物权法. 杭州：浙江大学出版社，2004.

[7] 屈茂辉. 物权法·总则. 北京：中国法制出版社，2005.

[8] 江平. 中国物权法教程. 北京：知识产权出版社，2007.

[9] 崔建远. 我国物权立法难点问题研究. 北京：清华大学出版社，2005.

[10] 常鹏翱. 物权法的展开与反思. 北京：法律出版社，2006.

[11] 王效贤，夏建三. 用益物权制度研究. 北京：法律出版社，2006.

[12] 黄松有. 《中华人民共和国物权法》条文理解与适用. 北京：人民法院出版社，2007.

[13] 全国人大常委会法制工作委员会民法室. 《物权法》（草案）参考. 北京：中国民主法制出版社，2005.

[14] 杨立新. 大众物权法. 北京：北京大学出版社，2007.

[15] 徐涤宇. 《物权法》热点问题讲座. 北京：中国法制出版社，2007.

[16] 吴高盛. 《中华人民共和国物权法》解析. 北京：人民法院出版社，2007.

[17] 王胜明. 《物权法》学习问答. 北京：中国民主法制出版社，2007.

[18] 江平. 《中华人民共和国物权法》解读. 北京：中国政法大学出版社，2007.

[19] 屈茂辉．用益物权制度研究．北京：中国方正出版社，2005.

[20] 许明月．抵押权制度研究．北京：法律出版社，1998.

[21] 苏力．法治及其本土资源．北京：中国政法大学出版社，1996.

[22] 何美欢．香港担保法．北京：北京大学出版社，1995.

[23] 苏永钦．民法物权争议问题研究．台北：五南图书出版社，1999.

[24] 杨仁寿．法学方法论．台北：三民书局，1995.

[25] 彭万林．民法学．北京：中国政法大学出版社，2002.

[26] 史尚宽．物权法论．北京：中国政法大学出版社，2000.

[27] 郑玉波．民法物权．台北：三民书局，1988.

[28] 王利明．中国物权法草案建议稿及说明．北京：中国法制出版社，2001.

[29] 王利明．民商法研究（1～5）．北京：法律出版社，2001.

[30] 魏振瀛．民法．北京：北京大学出版社，2000.

[31] 梁慧星，陈华彬．物权法．北京：法律出版社，2003.

[32] 郭明瑞．担保法．北京：法律出版社，2004.

[33] 徐国栋．罗马法与现代民法．北京：中国法制出版社，2000.

[34] 王泽鉴．民法物权：通则·所有权．北京：中国政法大学出版社，2001.

[35] 王泽鉴．民法物权：用益物权·占有．北京：中国政法大学出版社，2001.

[36] 王利明．物权法研究．北京：中国人民大学出版社，2002.

[37] 王利明．物权法教程．北京：中国政法大学出版社，2003.

[38] 董安生．民事法律行为．北京：中国人民大学出版社，2002.

[39] 张俊浩．民法学原理．北京：中国政法大学出版社，2000.

[40] 徐国栋．民法基本原则解释（增订本）．北京：中国政法大学出版社，2001.

[41] 王轶．物权变动论．北京：中国人民大学出版社，2001.

[42] 龙卫球．民法总论．北京：中国法制出版社，2001.

[43] 白非 . 物权法例论 . 北京：法律出版社，2005.

[44] 孙宪忠 . 德国物权法 . 北京：法律出版社，2003.

[45] 王效贤，刘海亮 . 物权法总则与所有权制度 . 北京：知识产权出版社，2005.

[46] 温世扬，廖焕国 . 物权法通论 . 北京：人民法院出版社，2005.

[47] 尹田 . 物权法理论评析与思考 . 北京：中国人民大学出版社，2004.

[48] 高富平 . 物权法原论·中国物权立法基本问题研究 . 北京：中国法制出版社，2001.

[49] 陈华彬 . 物权法 . 北京：法律出版社，2004.

[50] 高圣平 . 动产抵押制度研究 . 北京：中国工商出版社，2004.

[51] 孙宪忠 . 中国物权法原理 . 北京：法律出版社，2004.

[52] 梅夏英 . 物权法·所有权 . 北京：中国法制出版社，2005.

[53] 程啸 . 物权法·担保物权 . 北京：中国法制出版社，2005.

[54] 尹飞 . 物权法·用益物权 . 北京：中国法制出版社，2005.

[55] 高圣平 . 担保法新问题与判解研究 . 北京：人民法院出版社，2001.

[56] 刘保玉 . 物权体系论 . 北京：人民法院出版社，2004.

[57] [德] 卡尔·拉伦茨 . 德国民法通论（下册）. 北京：法律出版社，2003.

[58] [德] 鲍尔·施蒂尔纳 . 德国物权法 . 北京：法律出版社，2004.

[59] [德] 迪特尔·梅迪库斯 . 德国民法总论 . 北京：法律出版社，2000.

[60] [英] 巴里·尼古拉斯 . 罗马法概论 . 北京：法律出版社，2004.

[61] [美] 克里斯特曼 . 财产的神话：走向平等主义的所有权理论 . 南宁：广西师范大学出版社，2004.

[62] [日] 三潴信三 . 物权法提要 . 北京：中国政法大学出版社，2005.